LETTRES

D'UN

VOYAGEUR RUSSE

KARAMZINE

LETTRES
D'UN
VOYAGEUR RUSSE
EN FRANCE
EN ALLEMAGNE ET EN SUISSE
(1789 — 1790)

TRADUITES DU RUSSE

ACCOMPAGNÉES

De notes et d'une notice biographique sur l'auteur.

PARIS
ÉMILE MELLIER, LIBRAIRE
17, RUE SÉGUIER, 17
—
1867

Tous droits réservés.

A LA MÉMOIRE

DE

NICOLAS, KARAMZINE

LE TRADUCTEUR.

PRÉFACE

Pendant longtemps et dans toute l'Europe, *parler* et *écrire,* ces deux opérations de l'esprit, n'eurent rien de commun ni dans leur but, ni dans leurs moyens respectifs. La parole écrite n'était pas celle qui vivait dans la bouche du peuple : c'était quelque chose d'artificiel et d'insolite. Le latin de la décadence semblait suffire aux besoins de l'Église et de l'État; il défrayait les disputes et les élucubrations de l'École dont il subissait la loi, tandis que la multitude s'exprimait à sa guise, dans sa langue maternelle, qui restait inculte, grossière et incorrecte.

On a nommé « Renaissance » ce moment unique dans l'histoire où les chefs-d'œuvre de l'antiquité, reparaissant dans leur vérité et leur beauté originelle, ravirent les âmes et désespérèrent les imitateurs de Virgile et de Cicéron. Admirons les voies de la Providence, dont la sagesse éclate jusque dans les entraves qu'elle suscite à l'effort irréfléchi des humains. C'est quand ils eurent acquis la certitude de leur impuissance à égaler les anciens, que des esprits capables et sérieux portèrent leur sollicitude sur l'idiome national, lequel, en retour, s'épanouit au souffle de leur génie et dota le monde de littératures originales, aussi riches que belles, et appelées à un développement indéfini.

En Russie, on suivit à peu près les mêmes errements. Bien qu'une langue morte, comme le latin, n'ait jamais eu cours dans ce pays, on se servait dans les livres d'un langage particulier, composé du slavon de la Bible et de termes forgés sur son modèle, ou empruntés soit à l'étranger, soit à divers dialectes. Ce langage, regardé comme l'organe du vrai savoir et de l'éloquence, était obligatoire pour quiconque se piquait de bien écrire ou de parler avec distinction. Aussi ceux qui s'arrogeaient ce privilége en usaient-ils largement pour se rendre inintelligibles, croyant être sublimes, alors qu'ils n'étaient que bizarres et ridicules à force de barbarismes et de prétention. Bref, on avait ouvertement rompu avec la nature, et ce qu'on prétendait être la science n'était qu'une phraséologie aride, inflexible et creuse, qui tenait lieu de l'observation des faits et des réalités de la vie pratique. Il y avait d'ailleurs à cela une raison toute personnelle. Comme la plupart des lettrés appartenaient à l'Église, ils étaient portés par esprit de caste à se mettre en dehors du cours ordinaire des choses et à se singulariser par un langage de convention, qui semblait être pour eux une présomption d'infaillibilité aux yeux de la foule.

Un écrivain né dans une autre condition vint tout à coup changer ces tendances et ces pratiques surannées. Karamzine se servit de la langue vulgaire en artiste : voilà en quelques mots son secret et ce qui le distingue de beaucoup de ses prédécesseurs. Il substitua aux figures guindées de la rhétorique la naïve vivacité de ses impressions et les élans d'une pensée convaincue; il donna pleine carrière à son imagination, à son cœur, à toutes les énergies de sa belle nature. Son style fut l'écho de son âme.

Doué d'un esprit intelligent et curieux, il reçut une éducation libérale, étudia les langues, fit de bonnes études historiques, et, muni de ces connaissances, il entreprit, à peine âgé de vingt-deux ans, un voyage dans les pays étrangers. Il vit et connut ce qu'il y avait de plus remarquable, hommes et choses ; il conversa avec Kant, Wieland, Bonnet, Barthélemy, fit amitié avec Matthisson, et consigna le fruit de ses observations dans une série de lettres à ses amis, lettres qui furent publiées depuis (en 1792) dans le *Journal de Moscou*, Revue qu'il avait fondée lui-même. Elles firent révolution dans le monde pensant et lettré de cette époque.

On lut avec une curiosité mêlée de surprise ces relations d'un voyageur qui parlait en témoin oculaire, de pays peu connus alors, quoique voisins de la Russie, de leur état physique et social, des monuments publics, des arts et des sciences, et qui en parlait non pas sèchement, comme s'il eût fait une compilation de géographie, mais d'une façon attrayante et sympathique, en causeur plutôt qu'en savant de profession, dans un style aisé et familier, en même temps que pur, correct, élégant. On en fut charmé : on s'empressa de suivre la voie qu'il avait indiquée, et la littérature russe, qu'on nous passe l'expression, fit réellement « peau neuve » ; elle s'étendit à tout et aborda avec succès les sujets les plus difficiles. Tout homme de cœur et d'imagination put désormais exprimer ses idées simplement et au courant de la plume, maître de sa pensée comme de l'expression qu'il entendait lui donner : chacun enfin osa être lui-même.

On comprend tout ce qu'il y a d'encourageant et de vraiment généreux dans cet aveu qu'on se fait de sa propre puissance, d'une force qui se révèle et devient tout à coup un fait ou un acte. La littérature étant entrée dans le domaine public, la *caste* des lettrés s'évanouit ; on voit se former une langue littéraire, puisée cette fois à sa source naturelle, au cœur même de la société, vivant et se modifiant avec elle. La nationalité russe s'affirme dès lors par l'art tout-puissant de la parole ; art tout-puissant en ce sens que ce sont surtout les *belles-lettres* qui empruntent et qui prêtent le plus au principe de nationalité. Toutes les parties du monde fournissent au peintre ses couleurs ; Carrare envoie ses marbres au sculpteur, mais le poëte, mais l'écrivain (à moins d'être un simple interprète, comme nous le sommes en ce moment), tire ses expressions et les accents de sa lyre du fond commun de la vie nationale, et ne peut les tirer que de là.

Karamzine, à cet égard, doit être mis au nombre de ceux qui ont réagi contre les procédés révolutionnaires de Pierre le Grand. Préoccupé du fond des choses, ce prince avait fait bon marché des formes traditionnelles qui donnaient à son peuple un cachet particulier, ou plutôt c'est en s'appuyant sur des principes étrangers, appliqués un peu au hasard, qu'il hâta le progrès de ce peuple dans la civilisation et rattacha la Russie à l'Europe. Il a assuré l'existence matérielle de l'État, en alignant ses limites, en créant une flotte, une armée, une administration civile. Mais du milieu des décombres qu'il laissa après lui dans sa marche rapide, alors qu'il effaçait tant d'usages incompatibles avec l'ordre de choses nouveau, les éléments impérissables de l'individualité morale de la nation devaient tôt ou tard se dégager et s'affirmer dans leur vitalité. Il faut compter au nombre de ces éléments la langue, qui doit à Karamzine et à son école d'être devenue le signe de ralliement, le point de repère de la vie russe proprement dite, un objet de culte assidu et un véritable pouvoir social ; car la langue est ici ce qu'elle est partout — le dépôt de l'expérience, le véhicule des idées, le trait d'union des âmes, et le lien le plus solide comme le plus délicat des générations présentes et à venir.

Sous d'autres rapports, Karamzine a marché dans la voie indiquée par le génie du Tsar. Il a, comme lui, voyagé, pour signaler à l'attention de ses compatriotes le but auquel tendaient ces innovations, et pour les attirer vers ce but en faisant valoir les avantages et la grandeur des résultats qu'il avait vus réalisés chez d'autres peuples.

« Les voyages, dit-il dans une de ses lettres, fournissent un aliment substantiel au cœur comme à l'esprit de l'homme. Voyagez donc, vous qui êtes obsédés d'hypocondrie, afin d'être délivrés de vos humeurs noires ! Misanthropes ! voyagez à votre tour pour apprendre à aimer vos semblables ! Voyagez enfin vous tous qui en avez le loisir et les moyens ! » Ces conseils, nouveaux alors, n'ont été que trop bien suivis depuis ; mais, avec le tempérament qu'y mettait Karamzine, ils ne pouvaient être qu'utiles et salutaires. D'ailleurs, il prêchait d'exemple : naïf et sans préjugés, sensible aux beautés de la nature et aux charmes de l'esprit chez les autres, il rechercha les plaisirs honnêtes, les entretiens sérieux, et fréquenta autant qu'il put les hommes de mérite et de savoir. Il jouit de leur intimité sans être ébloui de leur gloire, parce qu'il se sentait capable de faire un jour à son pays le bien que ces hommes éminents avaient pu faire à leurs concitoyens. Effectivement, en publiant plus tard ses impressions de voyage et ses souvenirs, il mettait le public russe en communion d'intelligence avec les coryphées de l'art et de la science en Europe, et complétait ainsi l'œuvre immortelle de Pierre le Grand.

Telle est, ce nous semble, la part à faire aux services rendus par Karamzine, soit à la cause nationale, soit à l'union fraternelle des hommes et au « patriotisme européen », suivant le mot heureux échappé à M. Villemain dans une circonstance mémorable.

On a cru pouvoir reprocher à l'auteur des « Lettres d'un voyageur russe » son indifférence apparente pour le fait le plus marquant de son époque. « Il était venu en France en 1790, et il parle à peine de la Révolution et des personnages qui y ont figuré : il ne cherche pas à les connaître. Ce qui le préoccupe à ce moment, c'est la vie extérieure, c'est l'aspect de Paris, les théâtres, les établissements publics, les mœurs, etc. Il paraît ne pas comprendre qu'il y a là quelque chose de plus sérieux à voir et à juger. »

Ce reproche est-il fondé? Il l'est en partie, au point de vue de notre temps, attentif aux moindres détails d'un passé qui l'a enfanté et qui l'explique. On comprend, à ce point de vue, l'intérêt tout particulier qui s'attache aux mémoires secrets, aux correspondances inédites, jusqu'aux tablettes des voyageurs qui ont résidé un certain temps dans le pays. Mais que peut-on exiger de celui qui n'est resté à Paris que trois mois à peu près, et qui n'y a trouvé qu'une société en désarroi, le bouillonnement des passions, le chaos? Les anciennes célébrités ont pâli ou sont en fuite; les nouvelles sont en train de se faire. La foule, ballottée en sens divers, subit les événements sans les prévoir, incapable de les prévenir et même de s'en rendre compte. Arthur Young est souverainement choqué du peu d'attention que les affaires publiques excitent en province, à quelques lieues de Paris. Arrivé à Moulins, il écrit dans son journal (le 7 août 1789) : « J'allai pour lire les journaux au café de Mme Bourgeau, qui est le meilleur de la ville et où il y avait au moins vingt tables pour recevoir la compagnie ; mais on m'aurait aussi tôt donné un éléphant qu'un papier-nouvelles. »

Les débuts de la Révolution, qui, vus à distance, paraissent admirables aujourd'hui, étaient alors jugés autrement par les Français eux-mêmes. La plupart n'y voyaient que des excès condamnables et passagers. On se détournait du présent : les uns étaient impatients de voir l'ordre ancien rétabli ; les autres rêvaient un ordre nouveau sortant de ce trouble profond que des esprits chagrins regardaient à leur tour comme le paroxysme de l'anarchie, prélude désespérant de la décadence et d'un naufrage universel. Pour un Russe du siècle de Catherine II, cette dernière manière de voir devait paraître la plus naturelle. Né dans un pays où le pouvoir absolu était non-seulement un besoin public, mais encore l'idéal du gouvernement et l'objet d'une vénération sans limites, Karamzine ne pouvait qu'abonder dans le sens de l'opinion *autocratiste*, tout en professant un libéralisme intelligent et sincère. Il n'était d'aucun parti, et il réprouvait dans sa conscience les excès de tous les partis. Peut-être doit-on lui savoir gré de sa modération, qui l'empêcha de porter des jugements hasardés ou téméraires sur tant de choses qui, leur grand côté mis à part, ne laissaient pas que de l'étonner, de blesser même ses convictions personnelles. Quand il parle de la Révolution (car il en parle) à ses amis, il se contente de les renvoyer à la lecture des feuilles publiques qui racontent jour par jour « ce qui se passe ». Sans vouloir faire de la politique dans ses lettres, il n'en a pas moins le sentiment de la gravité des circonstances. Son coup d'œil ne manque pas d'étendue et de pénétration ; il aime la France, et le peu qu'il en dit peint assez bien l'ordre de choses existant et l'état des esprits en 1790.

Nous avons nommé Arthur Young. Ses voyages, entrepris à la même époque, lui ont fourni le sujet d'un livre intéressant, nourri de faits et d'observations fines, lumineuses, très-originales, nous sommes loin de le nier. Mais Young était singulièrement intéressé à se procurer les informations les plus précises et les plus détaillées. Il venait en France (il y est venu trois fois) avec le projet de s'y établir et d'y faire fortune. S'il n'y est pas resté, parce qu'il n'avait que trop bien apprécié la situation, ses notes lui ont du moins servi à en faire un tableau assez complet. C'est l'œuvre d'un agriculteur pratique et d'un *libéral* anglais, mûri par l'âge et l'expérience, notamment par l'expérience politique de son propre pays, et voyageant dans un but spécial. Karamzine, au contraire, est un gentilhomme russe; il n'a que vingt-trois ans; il est homme de lettres, passionné pour la philosophie et les beaux-arts; c'est un rêveur enfin. Différant entre eux sous tant de rapports, ces deux écrivains peuvent néanmoins avoir chacun leur mérite particulier.

Un autre exemple fera mieux comprendre notre pensée. En 1807, deux personnages qui ne s'étaient jamais vus et ne se connaissaient pas; Chateaubriand et Seetzen, visitaient simultanément la Terre sainte. Quelle différence dans le but de leur voyage et dans ses résultats! Alors que le savant Allemand enrichissait les sciences géographiques de découvertes précieuses et de données positives, en faisant connaître le cours du Jourdain, en fixant la position des deux Bethsaïde, en explorant pour la première fois les côtes orientales de la mer Morte, Chateaubriand, lui, suivait les voies battues des anciens pèlerins, afin d'y recueillir des inspirations poétiques. « J'avais arrêté le plan des *Martyrs*, dit-il au début de son *Itinéraire*. Je ne crus pas devoir y mettre la dernière main avant d'avoir vu le pays où ma scène était placée. » Là-dessus, il s'embarque pour l'Orient, et, sa récolte faite, voici comment il rend compte du motif de ses pérégrinations : « J'allais chercher des images, voilà tout. Je prie donc le lecteur de regarder cet *Itinéraire* moins comme un voyage que comme des *mémoires* d'une année de ma vie. » Ces mots pourraient servir d'épigraphe aux *Lettres d'un voyageur russe*.

Nous avons essayé de les faire connaître en partie par une traduction aussi fidèle que possible. Nous savons bien qu'une traduction est un moyen très-imparfait pour donner une juste idée du mérite d'un écrivain, mérite qui chez Karamzine consiste principalement dans la beauté de la forme littéraire et qu'on ne peut bien apprécier qu'en lisant l'original. Nous espérons toutefois qu'on en saisira quelque chose.

Disons, pour motiver notre choix, que nous n'hésitons pas à mettre ces lettres à côté de celles de Balzac, l'un des meilleurs écrivains français du XVIIe siècle, qui porta, comme Karamzine, le titre (rien que le titre) d'*historiographe,* et qui, lui aussi, doit sa réputation à un recueil de lettres familières[1]. Balzac sera toujours regardé comme l'initiateur de la prose française, à laquelle il a donné, sinon la force et la chaleur qui sont venues après, du moins, et à un haut degré, la politesse, la propriété de l'expression et la limpidité qu'elle n'avait pas avant lui.

---

1. Jean-Louis Guez de Balzac, gentilhomme, né à Angoulême en 1594, mort dans son château près de cette ville en 1654. Ses *Lettres* parurent en 1624.

« En notre langue, avait dit Montaigne, je trouve assez d'étoffe, mais un peu faute de façon. » (*Essais*, liv. III, ch. v.) Quant à l'*étoffe* de la langue, Balzac y a bien ajouté quelque chose ; il a, dit-on, le premier employé les mots *bienfaisance* et *urbanité*, de même que Karamzine a trouvé une expression qui est restée, pour désigner l'*industrie*. Mais la façon — voilà l'essentiel !

On sera peut-être surpris de voir que dans deux pays aussi différents et aussi éloignés l'un de l'autre que le sont la France et la Russie, c'est par quelques lettres plus ou moins intimes que la réforme du style a été inaugurée. Cependant, rien n'est plus aisé à comprendre : la facilité et le naturel manquant à la littérature, là comme ici, aucun autre genre d'écrits n'était plus propre à lui donner ces précieuses qualités.

> Notre langue, encore altière,
> Résiste au style épistolaire.

C'est là le reproche demi-sérieux, demi-badin, que Pouchkine faisait, il y a à peine trente ans, à la langue russe.

Écrire facilement, — quel effort pour celui qui le tente le premier ! N'est-ce pas prêter à un bloc de fer massif la légèreté du plus fin duvet ? n'est-ce pas donner le poli au diamant encore opaque et informe ? n'est-ce pas donner des ailes à la chrysalide ? Et c'est là ce que Karamzine a fait, non point de prime abord, mais par suite d'un travail opiniâtre et intelligent ; car ses premiers essais de traduction ne s'éloignaient pas beaucoup de la manière habituelle d'écrire de son temps.

Le prestige de la forme exerça une influence légitime et marquée sur le public russe, en lui inspirant le goût de la lecture, qui, depuis, alla toujours croissant. Or, la portée de ce fait est immense; car le goût de la lecture, c'est en germe toute la civilisation qui peut se donner par les livres. Supprimez-la, cette curiosité féconde, et l'art de Gutenberg n'est plus qu'un procédé mécanique, ingénieux, mais inutile. Honneur à celui qui, chez un peuple pour ainsi dire illettré, a eu le talent de se faire lire! *Omne tulit punctum...* Il règne sur l'imagination des hommes par l'attrait du plaisir intellectuel qu'il leur procure, par la puissance d'un besoin qu'il fait naître en même temps qu'il le satisfait. Nous touchons ici aux plus profonds mystères de cet art suprême, *l'art de bien dire*.

Il y a un rapport intime et nécessaire entre l'idée et l'expression qu'elle revêt; elles s'appellent et s'illuminent réciproquement. Une idée confuse ou lâche se trahit par les défaillances de la parole; un sophisme est toujours déclamatoire et en définitive incohérent et incorrect dans sa forme: c'est un mot usurpant la place d'un autre mot ou dont l'acception a été forcée, détournée, tronquée; c'est une période redondante, mais mal agencée, etc. Pour bien écrire, il faut bien penser : c'est là une de ces vérités banales qui peuvent se passer de preuve. L'inverse n'est pas moins vraie, et il s'agirait de montrer à quel point le culte de la forme réagit sur le fond même de nos conceptions.

Nous ferons observer que le progrès du savoir ne consiste en quelque sorte que dans la précision qu'on sait donner à l'expression de la pensée, expression orale ou écrite, peu importe, car Socrate n'a pas écrit. La fleur de toute science c'est la *définition* : or, qu'est-ce qu'une définition, sinon l'invention d'une formule adéquate à son objet? Les discours académiques, si soignés pour le style et qui, pour la plupart s'inspirent de sujets si ingrats, doivent en partie aux soins prodigués à leur appareil oratoire les aperçus ingénieux qui font leur mérite et leur fortune. Il y a tel écrivain réputé *un styliste* qui, tout en ne cherchant que l'élégance et la propriété de l'expression, s'élève par cela même à des pensées neuves et hardies, étincelantes de vérité. Balzac a dit : « Les règles s'apprennent par le temps, et l'étude donne l'art aux moins heureuses naissances. Il n'y a que cette force secrète dont les paroles sont animées qui vienne immédiatement du ciel, d'où viennent avec elle la grandeur et la majesté. » En effet, la parole est une image animée : l'idée qui brille en elle s'en dégage naturellement sous la main de l'artiste, et c'est encore Balzac, celui qu'on a appelé « un artisan habile de phrases et de périodes », qui va nous en fournir les preuves. Sa lettre à Mme Bourdet, sur les *sachets*, n'est, sans doute, qu'une symphonie d'éloges finement exprimés : soit. Mais quand il écrit à Mme des Loges affligée de la perte de son fils : « L'absence, qui sépare ceux qui vivent de ceux qui ne vivent plus, est une chose trop courte pour mériter une longue plainte. La cause des douleurs opiniâtres ne peut être soutenue qu'en présupposant une éternité à cette vie ou un désespoir de la vie future, » — il échappe, par un tour de phrase qui est en même temps une observation pleine de sens et d'à-propos, à la banalité ordinaire des lettres de condoléance. Ailleurs, parlant de la beauté de sa nièce, il fait un retour sur la fragilité de ce don précieux : « Les reines et les princesses vieillissent ; il n'y a point d'ancienne beauté que celle de Dieu, de son soleil et de ses étoiles. » Il a beau dire à son ami Conrart : « La louange de bien écrire n'est pas celle que je cherche principalement ; il me semble qu'il y a quelque chose de plus haut, où il faut viser dans ses écrits, » — c'est le désir d'être éloquent ou gracieux, et de mettre de la variété dans la manière de l'être, qui le rend ingénieux, vrai, observateur. Il lui arrive de dire ailleurs : « Une petite lettre me coûte plus qu'un gros livre à ce dévoreur de livres (M. de Saumaise). » — Un jour, pour remercier sa cousine, qui, de la campagne, lui envoie de beaux fromages, il lui écrit : « Vous me faites des festins depuis quatre jours, et le goût n'a point de délices, ou je les trouve dans vos fromages : ce n'est pas simplement de la crème assaisonnée, c'est je ne sais quoi de merveilleux, qui, avec une pointe qui pique la langue, conserve une douceur qui remplit toute la bouche. » On croit, en lisant ces lignes, entendre parler un Sybarite; cependant (écoutez ceci!) il ajoute : « Mais aux lieux où se trouvent de telles richesses, il me semble qu'il faudrait borner la bonne chère par là, et ne point chercher une autre abondance. Il y a longtemps que vous devriez avoir cassé votre chasse et purifié votre cuisine. Et quelle honte de vivre de meurtre et de cruauté auprès de ces viandes innocentes! » Cette réflexion, pour se trouver dans une lettre frivole, n'en est pas moins élevée, juste et très-humaine. Bossuet reprendra plus tard la pensée de Balzac et la développera dans un passage de son *Discours sur l'histoire universelle*.

Cet accident littéraire, si naturel d'ailleurs, ne prouve-t-il pas que les beaux et les graves esprits se rencontrent quelquefois? Puissent-ils être toujours d'accord, pour inspirer aux hommes, sinon des habitudes pythagoriciennes, du moins ces sentiments de mansuétude et de pitié pour tout ce qui vit et respire, qui font partie de notre moralité dans son acception la plus générale! L'âme n'a ni compartiments, ni clôtures, et l'on ne peut être bon sur un point et méchant sur un autre. Il y a solidarité entre les manifestations diverses de la bienveillance, comme entre tous les êtres qui peuvent en être l'objet et qui la réclament [1].

Un mot de Balzac bel esprit nous a conduit à des considérations d'un ordre abstrait et philosophique, sans toutefois nous faire sortir de notre sujet. Tout ce que nous avons voulu dire et prouver, c'est qu'à part les bonnes pensées et les bons sentiments qu'un écrivain trouve dans son esprit et dans son cœur (et que Karamzine a répandus dans ses nombreux écrits), il en est dont l'origine est purement esthétique, qui naissent d'une façon pour ainsi dire imprévue, par l'opération du goût, d'un goût exquis à la recherche de l'harmonie, de la délicatesse et de la pureté des formes dans toutes les manifestations de la vie humaine. Aussi, en attribuant à notre auteur une grande part dans le perfectionnement de la langue, nous avons prétendu signaler un mérite qui n'est pas médiocre en lui-même et qui en suppose beaucoup d'autres. Les Romains disaient *forma* pour désigner la beauté en général, qui est un concept de l'intelligence et une idée morale.

Dans sa correspondance, Karamzine a souvent de ces retours de méditation, de ces éclairs de l'âme qui rappellent le vieux Balzac. Il est comme lui réfléchi et généralisateur; il analyse ses sensations, et il sait, par d'heureux rapprochements, ennoblir les choses vulgaires, rendre intéressantes ses impressions personnelles les plus fugitives. Sa touche est délicate. La tendre affection qu'il

---

1. Nous regardons comme un progrès, ou plutôt comme une promesse de progrès dans l'avenir, la formation récente de trois sociétés pour la protection des animaux en Russie, à Odessa, à Saint-Pétersbourg et à Riga. Cette question est, du reste, depuis 1847, à l'ordre du jour.

porte à ses amis le rend sympathique à tout ce qu'il voit. Le sentiment de la belle nature le ramène sans cesse au Créateur. Il aime les hommes, il les devine et compatit à leur misère. Il ne connaît ni haine, ni colère, ni prévention d'aucune espèce : un reptile, à Lausanne, le menace de son dard venimeux ; il le renvoie sans lui faire de mal. Tel est Karamzine ! La sensibilité, qui est le fond de son caractère, coule à pleins bords dans ses ouvrages et se communique à ses lecteurs.

Eh bien ! quand il n'aurait eu d'autre vertu que d'avoir fait vibrer cette corde dans l'âme de ses concitoyens, d'avoir réagi contre leur rudesse ou plutôt contre leur indifférence pour le mal physique et moral qu'il est en leur pouvoir de combattre ou de soulager, il aurait, disons-le hautement, bien mérité de sa patrie et de l'humanité; car l'humanité n'est pas un être abstrait, comme on ne l'entend que trop souvent : son avancement est le résultat des efforts individuels et incessants que les hommes et les peuples font pour arriver à une plus grande perfection.

Karamzine a servi la cause des lettres ; il a travaillé à la propagation des lumières et à l'adoucissement des mœurs : *Emollit mores nec sinit esse feros.*

La Russie, aujourd'hui, célèbre le centième anniversaire de sa naissance. Puisse ce petit livre, publié pour la première fois dans une langue qu'on pourrait dire universelle, lui faire de nombreux amis à l'étranger et leur inspirer quelque chose de la haute et sincère estime que nous professons pour sa mémoire !

V. DE POROCHINE.

Paris, 1er décembre 1866.

NOTICE BIOGRAPHIQUE

Nicolas Mikhaïlovitch Karamzine naquit en 1766, de parents nobles[1]. On ne sait pas au juste s'il est né à Simbirsk, ou dans une autre localité de cette région trans-volgaïque dont Simbirsk était alors comme la métropole, et où son père, capitaine en retraite, avait une petite propriété. Il perdit sa mère en bas âge.

A dix ans on le plaça dans la pension de Schaden, professeur de l'Université de Moscou, et excellent pédagogue, qui lui inculqua, en même temps que des connaissances solides, des principes d'une morale pure et élevée. Il y apprit l'allemand et l'anglais et se perfectionna dans le français dont il possédait déjà les éléments; il acquit aussi, mais plus tard, des notions de latin et de grec. Ses premières lectures avaient été des

---

1. On est convenu de regarder le 1er décembre comme le jour de naissance de Karamzine, parce que lui-même dans sa lettre de Genève, du 1er décembre 1789, a dit : « J'ai aujourd'hui vingt-trois ans accomplis. » Or, comme il datait ses lettres d'après le calendrier grégorien, il s'en suivrait qu'il est né le 20 novembre vieux style.

romans et une mauvaise traduction russe de l'*Histoire ancienne* de Rollin. Bientôt, grâce à une direction plus éclairée, il fit un meilleur emploi de son temps, étudia les auteurs classiques, s'exerça dans la traduction et s'essaya à la poésie dans sa langue maternelle.

Une loi récente à cette époque avait affranchi la noblesse de l'obligation de servir l'État, laissant chacun suivre ses goûts ou sa vocation. Cependant l'ancien usage prévalait toujours dans l'opinion et se perpétuait au moins en apparence. Karamzine, encore enfant, fut donc porté sur les listes d'un régiment des gardes impériales; et dans la suite, parvenu à l'âge de dix-sept ans, il obtint son congé avec le grade de lieutenant, sans avoir tiré l'épée ou brûlé une amorce. Son père étant mort en 1783, il demeura à Moscou dans l'intimité de Novikov, chef des martinistes qui formaient alors en Russie une Société influente et très-active.

Cette Société avait pour but de travailler à la propagation des lumières, de la vraie piété et de la philanthropie : ses membres se regardaient comme frères et se prêtaient une assistance mutuelle. Un sujet aussi capable que Karamzine y fut nécessairement le bienvenu, et ne tarda pas à prendre part aux travaux de la Société. Il traduisit pour elle divers ouvrages de philosophie religieuse et mystique, tels que *De l'origine du mal,* de Haller, les *Méditations* de Sturm et autres, et coopéra à un journal de Novikov intitulé « Lectures pour les enfants », en y insérant les *Veillées du Château,* de Mme de Genlis, des fragments de la *Contemplation de la nature,* de Bonnet, les *Saisons,* de Thomson, et une « nouvelle » de sa composition, *Eugène et Julie.* C'est à Lenz, poëte allemand, qui vint habiter Moscou et qui fut charitablement accueilli par la Société, que Karamzine doit d'avoir été initié aux beautés de Shakespeare, dont il traduisit en 1787 la tragédie de *Jules César*, en s'aidant de la version de Le Tourneur; il donna ensuite *Emilie Galotti*, de Lessing. Addison, Klopstock, Herder, furent également mis à contribution par le laborieux jeune homme. Enfin il vendit son modeste héritage et partit pour l'étranger le 18/29 mai 1789.

Ses *Lettres* rendent compte de ce voyage, qui influa puissamment sur son esprit et sur son caractère. Ce n'est point là une œuvre de fantaisie sous forme d'épîtres; ces lettres ont été réellement écrites à des amis, car on possède quelques-unes de leurs réponses. Parmi ces amis nous distinguons principalement Alexandre Pétrov, homme de lettres aussi, très-instruit, plein de cœur, esprit indépendant. Karamzine doit beaucoup à ses bons conseils, dont la franchise allait quelquefois jusqu'à la rudesse. Ainsi, nous avons une lettre inédite de Petrov, dans laquelle il reproche avec beaucoup de sens à son ami son éloignement pour la vie champêtre et son indifférence pour les beautés de la nature. Ce reproche nous paraît étrange ou déplacé, appliqué à Karamzine tel que nous le connaissons; mais en 1787 il était sans doute fondé : révélation psychologique qui prouve que la sensibilité n'apparaît chez nous qu'à un moment donné de la vie et dans des circonstances qui sont particulièrement favorables à son réveil. Karamzine céda aux vives émotions que lui causait le monde nouveau où il se vit tout à coup transporté : ce sont les chalets de la Suisse et les belles campagnes des bords du Rhin, qui l'ont, en quelque sorte, converti au sentiment de l'harmonie répandue dans la création. Les voyages développèrent également son goût pour les arts. Au début, il voit la galerie de tableaux de Dresde, et ne donne dans sa lettre qu'une sèche nomenclature des peintres et de leurs productions. Un an après, à Paris, il demeure ravi et comme attendri devant la *Madeleine* de Le Brun, et non-seulement il l'admire, mais il fait encore une analyse raisonnée des perfections de ce tableau et des sentiments qu'il excite en lui. Dans une autre lettre il parle longuement et en amateur éclairé des trésors artistiques de Versailles et de la simplicité élégante de Trianon. Le progrès est visible. Il en est de même pour l'expérience qu'il dut nécessairement acquérir des hommes et de la société.

A la fin de septembre 1790, il rentra dans son pays et se fit publiciste, en fondant le *Journal de Moscou*, dans lequel furent d'abord publiées ses *Lettres*. L'édition particulière parut en 1797 en 5 volumes in-12. Elles ont été traduites en allemand par Richter, en 1798. Vinrent ensuite d'autres publications et recueils en vers et en prose, sous les titres suivants : *Aglaé, les Aonides*, le *Panthéon de littérature*, le *Messager de l'Europe* (Revue). Les lecteurs, se multipliant à vue d'œil, prirent goût à ces ouvrages périodiques, qui leur offraient un heureux mélange de poésies légères, de contes moraux dans le genre de Marmontel, de dissertations historiques mises à la portée de tout le monde, d'articles sur la politique contemporaine, etc. L'*Éloge de Catherine*, publié en 1801, est une œuvre considérable, dans laquelle l'auteur a su allier à une haute éloquence l'exposition sérieuse des événements de ce règne mémorable.

En 1803 Karamzine prit une position plus accentuée dans son pays. Il obtint le titre d'historiographe et l'accès aux archives, avec la mission d'écrire l'histoire de Russie. L'empereur Alexandre s'intéressa à son travail, et l'auteur eut la satisfaction de lire lui-même à Sa Majesté plusieurs parties de l'ouvrage, qui fut publié par lui aux frais du Trésor, les premiers huit volumes en 1816, le onzième en 1824 ; l'édition du douzième volume fut confiée après la mort de Karamzine à son ami M. Bloudov, et ce volume n'a paru qu'en 1829. Karamzine a conduit son récit jusqu'en 1613. L'appréciation de l'*Histoire de l'Empire de Russie* ne saurait trouver place dans cette courte notice. Les savants étrangers lui ont rendu justice[1]. Ce livre a été traduit en français : les neuf premiers volumes par MM. Saint-Thomas et Jauffret (en 1820), et les volumes suivants par le comte Pierre Divov. Une traduction allemande a été faite et publiée à Riga. Il existe en outre des traductions anglaise, italienne et chinoise (du premier volume). C'est l'œuvre capitale à laquelle Karamzine a consacré sa vie et qui a illustré son nom à jamais.

Il mourut le 3 juin (22 mai) 1826 d'une maladie de poitrine. Alexandre l'avait affectionné ; Nicolas, touché de l'état de sa santé, fit préparer une frégate pour le conduire en Italie ; mais il ne put profiter de ces attentions impériales, et n'eut que la consolation de voir en mourant le sort de sa famille assuré par l'assignation à sa femme d'un douaire de cinquante mille roubles, réversible sur la tête de ses enfants. Il a été marié deux fois et a laissé, du second mariage, trois fils et deux filles. L'aîné de ses fils, André, a été tué en 1854 sous les murs de Silistrie.

En 1845, la noblesse de Simbirsk a érigé dans cette ville un beau monument à l'historien de la Russie. Une bibliothèque publique y porte son nom.

Nous avons indiqué la place qu'il tient dans l'histoire

---

1. Voir un article de M. Daunou dans le *Journal des Savants* 1819, novembre, et celui de M. Depping dans le t. VI de la *Revue encyclopédique*.

des lettres. Pourrait-on nous reprocher d'avoir surfait son mérite? Des écrivains qui l'ont précédé ont, nous le savons bien, contribué par leurs écrits aux progrès de la langue russe. Ainsi, Fonvisine a laissé des lettres d'un style facile et agréable; mais ces lettres sont en petit nombre et elles ont été peu répandues dans le public. Il a fait aussi des comédies d'une grande valeur; mais ces comédies n'étaient connues qu'à la cour, car le théâtre alors n'existait que pour elle; d'ailleurs, l'ironie qui blesse est un moyen de propagande qui n'agrée pas à tout le monde. Nous convenons que Derjavine, que Lomonossov même ont parfois des expressions très-heureuses, qu'on trouve des traits de noble simplicité et de naturel dans leurs chants mélodieux; mais la poésie n'exerce son empire qu'exceptionnellement et n'agit que dans un cercle plus ou moins restreint. Karamzine a su choisir la base la plus large pour asseoir son influence. Il a traité avec talent des sujets dont l'attraction est universelle, dont l'intérêt est permanent et facile à saisir, et l'essor qu'il a donné à la littérature nationale date de la publication de l'ouvrage que nous offrons ici au public.

LETTRES
D'UN
VOYAGEUR RUSSE

I.

Weimar, le 20 juillet 1789.

Je n'ai trouvé, sur mon passage de Leipzig à Weimar, rien de remarquable, si ce n'est la jolie vallée dans laquelle est située la ville de Naumbourg, et un petit village où les enfants nous jetèrent des poignées de fleurs dans notre voiture ; je dis *nous*, car j'étais en compagnie d'un jeune *attaché* à l'ambassade française à Dresde. Nous donnâmes quelques *gros* aux gamins et reçûmes en retour force *merci* joyeux. Mon Français ne sachant pas un mot d'allemand, je lui servais d'interprète. Aussi, quand il fallut nous séparer, il en fut affecté jusqu'aux larmes.

Au point du jour, nous arrivâmes à Buttelstædt, où le maître de poste me donna une petite calèche pour aller jusqu'à Weimar.

Weimar est passablement bien situé. Les villages, les champs et les bois qui l'entourent font un assez bel effet. La ville n'est pas grande, et, à part le château ducal, on n'y voit pas une seule maison considérable. A l'entrée, on me fit les questions d'usage; après quoi, je demandai à mon tour au factionnaire : « Wieland est-il ici? Herder est-il ici? Gœthe est-il ici? — Oui, oui, oui, » répondit-il ; et je me fis conduire à l'hôtel de l'*Éléphant*.

J'envoyai aussitôt un garçon de place s'informer si Wieland était chez lui. Il revint me dire que Wieland était au château. « Et Herder ? — Il est au château. — Et Gœthe? — Au château. »

« Au château! au château! » répétai-je avec dépit et cherchant à contrefaire cet homme.

J'allai faire un tour dans le parc de la ville. Un grand pré vert planté d'arbres et nommé l'*Étoile* me plut infiniment; mais ce qui me plut davantage encore, ce fut un cours d'eau aux bords escarpés et agrestes, au bruit duquel, assis sur une pierre moussue, je lus d'un seul trait tout le premier livre de *Fingal*.

Les personnes qui se promenaient dans le parc me regardaient d'un air de curiosité qu'on ne trouve guère dans les grandes villes, où chacun est habitué à voir sans cesse des visages nouveaux et inconnus.

Ayant appris que Herder[1] était enfin rentré, je me dirigeai vers sa maison. « Il n'a qu'une pensée, a dit de lui un écrivain allemand[2], mais cette pensée est un monde. » J'avais lu son livre des *Origines*[3]; je n'avais pas tout compris, sans doute; mais ce que j'ai compris m'a paru bien beau.

Quel magnifique tableau il fait de la création! quel brillant coloris! J'avais également lu *Dieu, Entretiens sur le système de Spinoza*[4], l'une de ses plus récentes productions, où il prouve que Spinoza a été un profond philosophe et un adorateur

---

1. Jean-Godefroi Herder (1744-1803), théologien, philosophe et profond critique : vaste érudition, style ardent et fleuri, une foi vive dans le progrès de l'espèce humaine. Son ouvrage le plus connu, *Idées sur l'histoire de l'humanité* (1784), a été fidèlement traduit en français par M. E. Quinet, sauf le titre.
2. Iung Stilling.
3. *Aelteste Urkunde des menschlichen Geschlechts* (1774), littéralement : « Tradition primitive du genre humain. » C'est une sortie juvénile, bien que savante, contre le rationalisme des théologiens basé sur les lumières naturelles et sur les progrès des sciences physiques. Herder combat Michaelis et son école au moyen d'un rationalisme sentimental et poétique.
4. *Gott. Einige Gespräche über Spinoza's System* (1787).

sincère de la Divinité, aussi éloigné du panthéisme que de l'athéisme[1]. Il y expose à ce sujet ses propres idées sur Dieu et la création, idées à la fois belles et consolantes. La lecture de ce petit ouvrage charma quelques heures de ma vie. J'en ai extrait plusieurs passages. Voici un fragment que je retrouve dans mon portefeuille et que je me plais à transcrire ici, pour vous, mes chers amis ! L'auteur y parle de la mort.

« Voyez le lis des champs. Il aspire l'air, la lumière, tous les éléments, et se les assimile afin de croître, de se développer et de fleurir ; il fleurit, et disparaît ensuite pour toujours. Cette plante a pro-

---

[1]. L'athéisme est l'opinion de ceux qui nient l'existence de Dieu ; le panthéisme, un système de philosophie qui implique la confusion de Dieu avec le monde, le monde n'étant alors qu'une série de *modifications* de la substance divine. — Baruch ou Benoît Spinoza (1632-1677). Israélite de naissance, il fut banni de la synagogue à cause des hardiesses de sa pensée ; sage et honnête, il mourut dans l'obscurité en Hollande. Herder a essayé de rétablir le sens de ses opinions, soit en les rapprochant de celles des anciens philosophes et de la théorie de Leibnitz sur « l'harmonie préétablie, » soit en invoquant ce passage de saint Paul (que Spinoza a cité dans ses lettres) : « C'est en Lui que nous avons la vie, le mouvement et l'être. » On fait également observer, dans ces *Entretiens*, que si Dieu, suivant Spinoza, ne doit pas être cherché hors de ce monde, c'est parce qu'il est au fond de toute chose, et que les mots *dehors, au delà, au-dessus* n'ont aucun sens par rapport à l'Être suprême, qui est indépendant de l'espace et du temps.

digué ses forces, son amour, sa vie, pour arriver aux joies de la maternité, pour laisser son image ici-bas, pour propager son espèce. Le lis a disparu; il s'est usé au service de la nature, préparé à mourir dès sa naissance. Or, ce qui s'évanouit ainsi, ce n'est qu'un phénomène qui ne pouvait durer, et qui, ayant atteint son plus haut degré de perfection, se replie, pour ainsi dire, sur soi-même, non point pour rentrer dans le néant, — c'eût été pour nous un bien triste symbole, — mais pour renaître; car la puissance vitale de la plante persiste et se conserve dans sa racine. Elle renaîtra après son sommeil d'hiver, dans une splendeur nouvelle, à côté de sa progéniture, auprès de ses charmantes filles, qui seront dès lors comme ses compagnes et ses sœurs. Il n'y a donc pas de mort dans la nature, ou plutôt la mort n'est que *l'élimination de ce qui ne peut plus durer, c'est-à-dire l'action d'une force inépuisable, toujours jeune,* qui par essence ne saurait rester un instant oisive ou immobile. C'est une belle loi de l'éternelle sagesse, que tout tende ici-bas à se transformer et se transforme incontinent, en se revêtant des attributs d'une jeunesse et d'une beauté nouvelles[1]. »

1. Ce passage est tiré du Ve *Entretien,* t. IX, p. 263 de l'édition Cotta (1827). Ceux qui seraient tentés d'y voir une tendance au naturalisme feront bien de relire le liv. V, ch. v, des *Idées.*

Tout dans ces paroles de l'illustre auteur est simple, clair, conséquent. Ce n'est point ici l'improvisation d'un jeune esprit qui brille, en scintillant, comme un météore dans les ténèbres; c'est l'accent profond et réfléchi de l'immuable vérité.

J'ai lu aussi ses *Paramythies* « Consolations », qui respirent le génie gracieux de l'antiquité.

J'approchai; il vint à moi, et me reçut avec tant d'affabilité que je ne vis plus devant moi le grand écrivain; je ne trouvai en lui qu'un homme aimable et affectueux. Il me fit avec infiniment de réserve quelques questions sur l'état politique de la Russie, et notre entretien roula ensuite sur la littérature contemporaine.

Je lui dis que j'aimais les poëtes allemands, et il me demanda quel était celui que je préférais. Cette question m'embarrassa.

« Je regarde Klopstock, dis-je avec quelque hésitation, comme le plus *sublime* des chantres de l'Allemagne. — Vous avez raison, répondit Herder; seulement, il est aussi le moins lu, et je ne connais pas beaucoup de personnes qui aient pu dépasser le *dixième* chant de la *Messiade*. »

Il vanta Wieland, encore plus Gœthe, et, s'étant fait apporter par son jeune fils la nouvelle édition des œuvres de ce dernier poëte, il me lut avec enthousiasme quelques-unes de ses pièces fugitives. Son admiration se porta principalement sur la pièce de vers intitulée *Meine Göttinn* « Ma déesse », et qui commence ainsi :

> Welcher Unsterblichen
> Soll der höchste Preis seyn?
> Mit niemand streit' ich,
> Aber ich geb' ihn
> Der ewig beweglichen,
> Immer neuen,
> Seltsamen Tochter Jovis,
> Seinem Schooskinde
> Der Phantasie, etc.[1]

« C'est le chant d'un ancien, d'un Grec, dit-il en fermant le livre. Quelle langue! quelle pureté! quelle grâce légère! »

En effet, les grands poëtes de l'Allemagne ont su adapter leur idiome aux plus beaux modèles de l'antiquité. Aussi est-ce chez les Allemands que l'on trouve les meilleures traductions des auteurs grecs. Ils ont Homère, mais le véritable Homère dans sa noble simplicité; ils lui font parler leur langue avec la naïveté des premiers âges, alors que les reines allaient puiser de l'eau à la source et que les rois savaient le compte de leurs moutons[2].

---

1. « Quelle est l'Immortelle qui mérite le premier prix? Je « ne le conteste à aucune; mais je l'accorde à la *Fantaisie*, « cette fille étrange de Jupiter, son enfant bien-aimée, « toujours jeune, éternellement inspirée, » etc.

2. En 1789, la Russie n'avait rien à opposer à l'excellente version de Voss (l'*Odyssée* publiée en 1781). Mais, depuis,

Je quittai Herder, charmé de son doux commerce et bien décidé à revenir le lendemain.

J'entrai dans l'église Saint-Jacques pour y voir, sculpté dans le mur, le portrait du professeur Musäus, auteur du *Voyage physionomique* et des *Contes populaires allemands*. Au-dessous de ce bas-relief est gravée une urne avec cette inscription :

« Au souvenir impérissable de Musäus. »

Digne Amélie [1]! la postérité vous saura gré d'avoir su honorer les hommes de talent de votre siècle !

II.

21 juillet.

Hier, je suis allé deux fois chez Wieland [2], et deux fois on me dit qu'il n'y était pas. J'y suis retourné

---

la traduction de l'*Iliade* par N. Gnéditch (1829) et celle de l'*Odyssée* par B. Joukovsky (1849), l'une et l'autre en vers hexamètres russes, peuvent revendiquer la palme de ces sortes de travaux. Le génie des dialectes slaves, si rapproché du grec, a permis d'allier ici la fidélité à l'élégance.

1. La duchesse de Weimar, mère du duc régnant.

(*Note de l'auteur.*)

2. Christophe-Martin Wieland (1733-1813), écrivain de premier ordre, plein de science, de verve et de talent, aussi spirituel que fécond, tant en vers qu'en prose.

aujourd'hui à huit heures du matin, et j'ai pu enfin le voir. Figurez-vous un homme d'assez grande taille, maigre, blond, presque chauve, visage ovale, un peu grêlé, des yeux autrefois gris, mais rougis par la lecture : tel est Wieland.

« Le désir de vous voir, lui dis-je, m'amène à Weimar. — Ça ne valait pas la peine, me répondit-il d'un ton froid et avec un air que je ne m'attendais pas à trouver chez lui. Il me demanda ensuite comment j'avais fait pour apprendre, à Moscou, à parler allemand. Je lui dis que j'y avais rencontré des Allemands très-versés dans leur langue, et je nommai entre autres Lenz, qu'il a jadis connu. Nous en causâmes ; mais, tout en parlant, je m'aperçus que nous restions debout, ce qui me fit penser qu'il ne tenait pas à me garder longtemps.

« Ma visite est sans doute inopportune? lui demandai-je.

— Non, répliqua-t-il, quoique en effet on ait toujours quelque chose à faire le matin.

— En ce cas, permettez-moi de revenir à l'heure que vous voudrez bien m'indiquer. Je suis, encore une fois, venu à Weimar exprès pour vous voir.

— Que me voulez-vous?

— Vos œuvres m'ont inspiré le plus vif désir de connaître leur auteur. Je ne vous demande que la permission de revenir ici.

— Vous m'embarrassez. Faut-il vous parler franchement?

— Dites.

— Je n'aime pas faire de nouvelles connaissances, surtout avec des personnes qui me sont totalement inconnues. Je ne vous connais pas, moi.

— C'est vrai; mais qu'avez-vous à craindre?

— Il est de mode aujourd'hui, en Allemagne, de voyager et de publier ses voyages. Une foule de personnes vont de ville en ville et cherchent à s'introduire chez des hommes de quelque renom, pour divulguer ensuite tout ce qui s'est dit en particulier. Je me méfie de moi-même; je pourrais être parfois *trop franc*.

— Vous oubliez que je ne suis pas Allemand, et que je ne puis rien révéler à un public qui ne me connaît pas. Vous auriez en outre, comme garantie, ma parole d'honneur.

— Mais à quoi bon cette connaissance? Supposons que nous nous convenions sous le rapport des idées et des sentiments; ne faudra-t-il pas néanmoins nous quitter? Vous ne pensez pas rester dans cette ville, n'est-ce pas?

— Je pourrais demeurer à Weimar une dizaine de jours, pour avoir le plaisir de vous voir, et pour me dire en vous quittant : j'ai connu Wieland au milieu des siens, de sa famille et de ses amis.

— Vous êtes très-sympathique. Je dois me tenir sur mes gardes, pour ne pas être mal jugé de vous sous ce rapport.

— Vous plaisantez.

— Nullement. D'ailleurs, je m'en voudrais si vous ne restiez ici que pour moi. Peut-être seriez-vous mieux dans une autre ville, à Gotha, par exemple ?

— Vous êtes poëte, et moi j'aime la poésie. Combien je serais heureux d'en causer un peu avec vous !

— Je ne sais trop que dire : peut-être êtes-vous mon maître en poésie.

— Oh ! c'est trop d'honneur pour moi. Ainsi donc, je n'ai plus qu'à prendre congé de vous, pour la première et la dernière fois de ma vie ? »

Wieland me regarda en souriant et me dit :

« Je ne suis pas physionomiste; cependant vos manières m'inspirent de la confiance. J'aime votre franchise, et c'est le premier Russe que je vois tel que vous. J'ai connu votre Ch......[1], homme d'esprit, mais imbu du génie de ce vieux-là, ajouta-t-il

---

1. Le comte André Petrovitch Chouvalov (1727-1789), chambellan d'Élisabeth et intermédiaire de Catherine II avec les écrivains français, maniait la langue française en perfection. Son *Épître à Ninon Lenclos* (1744), entre autres, lui valut de grands éloges.

en montrant un buste de Voltaire [1]. Vos compatriotes cherchent ordinairement à imiter les Français, tandis que vous...

— Merci.

— Par conséquent, si vous tenez à passer quelques heures avec moi, revenez cette après-dînée à deux heures et demie.

— C'est une concession de votre part.

— Non, c'est le désir d'être avec vous, et je vous prie de croire que ce désir n'est pas moins sincère que le vôtre.

— Je vous salue.

— Vous viendrez, n'est-ce pas? Je vous attends.

— Je n'y manquerai pas.

— Au revoir. »

Voici, mes amis, la reproduction fidèle de mon entretien avec Wieland, entretien qui avait commencé d'abord par piquer au vif mon amour-propre : le dénoûment me calma un peu. J'arrivai néanmoins chez Herder encore tout ému. J'étais décidé à quitter Weimar le lendemain même [2].

---

1. Personne mieux que Wieland lui-même n'a mérité le surnom de *Voltaire de l'Allemagne,* qui lui fut donné.

2. La mésaventure du jeune visiteur, qui avait peut-être eu tort de négliger la formalité banale d'une recommandation, a quelque chose de piquant et de vrai en même temps. Wieland était d'humeur inégale et d'un abord généralement difficile. Voici ce que disait de lui Mlle Flachsland,

Herder me fit le même accueil qu'hier, toujours aussi souriant, aussi bienveillant et sincère. Nous parlâmes de l'Italie, d'où il est revenu depuis peu. En causant, une pensée me vint tout à coup à l'esprit. Que serait-ce, si je me transportais en Italie, si je jetais, moi aussi, un coup d'œil sur la Vénus de Médicis, sur l'Apollon du Belvédère, sur l'Hercule de Farnèse, sur le Jupiter Olympien ? Je m'y

---

dans une lettre adressée à Herder son fiancé : « Wieland ne plaît pas au premier aspect : il est maigre, marqué de la petite vérole et sans expression dans la physionomie. Il a l'air froid. Il faut être resté longtemps avec lui pour le connaître, et ce n'est qu'une heure avant de partir que je me suis aperçue qu'il pouvait avoir de l'âme et du sentiment. Darmstadt, 4 juin 1771. » A quoi Herder répond : « Ne vous pressez pas de le condamner. Je conviens, du reste, qu'il est plus capable d'éclairer que de faire fondre ou de fondre lui-même. » (V. les p. 65 et 70 de la *Correspondance inédite* de Herder, publiée à Francfort, 1857, en 3 vol. in-12.)

Nous avons trouvé dans la *Biographie universelle* (art. WIELAND) le passage suivant : « Pour achever de peindre Wieland, nous donnerons l'extrait d'une lettre adressée à un jeune étranger auquel il témoignait de l'affection, mais que, dans un moment d'irritabilité, il avait fort mal reçu. « Mon cher ***, pardonnez-moi et oubliez, si vous le pouvez,
« la mauvaise disposition dans laquelle vous m'avez trouvé
« il y a quelques jours. Mon cœur n'y a aucune part. De
« pareils moments sont rares chez moi ; mais quand ils m'ar-
« rivent, mon propre fils ne serait pas mieux reçu que vous
« ne l'avez été par moi. Je suis fâché de ce que ce soit
« vous, mon cher ***, qui ayez fait cette expérience. Au
« surplus, ce qu'il y aurait de mieux serait d'oublier pour

asseyerais, comme tant d'autres, sur les ruines de la Rome antique, déplorant l'instabilité des choses humaines ! Cette pensée me préoccupa à tel point, que je ne savais plus où j'étais.

Revenu bientôt de mon rêve, j'avouai à Herder que je n'avais pas tout à fait bien compris ses *Origines*.

« J'ai fait ce livre, me répondit-il, dans ma jeunesse, alors que mon imagination était dans toute sa fougue et qu'elle n'était pas encore contrôlée par la raison [1].

— Votre esprit, lui dis-je en prenant congé de lui, m'avait parlé dans vos œuvres ; mais j'ai voulu de plus avoir votre image dans mon cœur. Je vous ai vu, et me voilà content. »

« toujours cet incident comme un mauvais rêve... Rendez-« moi vos bons sentiments (*werden sie mir wieder gut*), et « pensez quelquefois à moi en songeant à vos amis...»—Cet extrait de lettre sans indication de nom ni de date semble indiquer un fait personnel à l'auteur de l'article, M. Duvau, qui doit être le jeune étranger en question. Émigré français, il pouvait avoir vingt-quatre ans quand il connut Wieland à Weimar. Il a publié, en 1796, la traduction française d'un de ses ouvrages qui avait paru en 1791. En tout cas, la citation est assez caractéristique.

1. Aveu précieux à recueillir, attendu que l'estimable éditeur des œuvres de Herder (J. G. Muller) a cru devoir prendre la défense de l'ouvrage, en déclarant que « ce n'est point là purement un produit de l'imagination.» (V. la préface du t. V, édition Cotta.)

Herder est un homme de taille moyenne et d'un teint très-foncé. Son front et ses yeux indiquent un esprit extraordinaire. (Je crains fort, mes amis, que vous ne me preniez de ce pas pour un physionomiste de profession ou pour un sorcier.) Il a un air grave et agréable en même temps ; rien d'affecté ou qui dénote le désir de *paraître*. Un parler lent et net donne une valeur précise à tout ce qu'il dit. Toutefois on devine difficilement en lui le favori des Muses, le profond et savant métaphysicien. Il me semble à présent que je lirai ses écrits avec un nouveau charme, en me rappelant sa noble figure et sa voix sympathique [1].

9 heures du soir.

J'arrivai chez Wieland à l'heure convenue. Je fus entouré, sur le perron du logis, par ses charmants enfants [2]. « Papa vous attend, me dit l'un

---

1. On a dit de Herder qu'il était d'un caractère insociable. Gœthe l'a traité de « bourru généreux ». Il apparaît ici sous un autre jour. Cela vient sans doute de ce qu'ayant été pasteur à Riga (1764-1769), il avait conservé des accointances en Russie et un bon souvenir de son séjour dans ce pays. Il est aussi, je crois, le seul écrivain allemand qui ait bien parlé des peuples slaves. (V. ses *Idées*, liv. XVI, ch. IV.)

2. Marié en 1765, Wieland a eu trois fils et onze filles.

d'eux. — Venez à lui, reprit l'autre. — Nous allons vous y conduire, » ajouta un troisième. Je les embrassai tous, à tour de rôle, et j'entrai chez leur père.

« Excusez, lui dis-je, excusez-moi si ma visite tantôt vous a paru importune. J'ose croire que vous n'attribuerez point à la présomption ce qui n'a été que l'effet de l'enthousiasme excité en moi par vos chefs-d'œuvre.

— Vous n'avez pas besoin de vous excuser, répondit-il. Je vois avec plaisir que le feu sacré de la poésie se propage au loin, alors que chez nous, en Allemagne, il commence à baisser. »

Nous nous assîmes sur un canapé. Notre conversation s'anima et devint intime et intéressante. En parlant de son amour pour la poésie : « Si le destin m'avait fait naître dans une île déserte, me dit-il, j'aurais produit les mêmes ouvrages et je les aurais polis de même, car je me figure toujours que les Muses entendent mes chants. »

Il voulut savoir si j'étais auteur et si quelque écrit de moi avait été traduit en allemand. Je trouvai, par hasard, dans mon portefeuille, la traduction de mon *Printemps triste*. Après avoir lu ce morceau, il me dit :

« Je vous plains, si vous êtes souvent dans la disposition d'esprit qui vous a inspiré ces lignes. Dites-moi, je vous prie, — car vous me don-

nez l'envie de vous connaître plus particulièrement,
— quels sont vos rêves d'avenir ?

— Une vie tranquille, lui répondis-je sans hésiter. Une fois rentré dans mon pays, après ce voyage, entrepris dans l'intention d'étendre le cercle de mes connaissances, je vivrai en paix avec la nature et avec les hommes, dans la pratique du bien, voué au culte de l'art et des belles-lettres.

— Quiconque aime les Muses et en est aimé, s'écria Wieland, celui-là n'est jamais inactif, et sait se suffire à soi-même, dans l'isolement le plus absolu. Il porte en lui une puissance créatrice qui est une source inépuisable de douces satisfactions. »

Nous parlâmes aussi des philosophes. « Aucun d'eux, me dit Wieland, n'exerce sur ses lecteurs autant de prestige que Bonnet, principalement sur des lecteurs doués d'imagination. Par sa manière d'écrire, il se fait aimer et fait aimer sa philosophie. » Wieland fait aussi grand cas de Kant, sans se donner toutefois beaucoup de peine pour approfondir son système. Il m'a montré un nouvel ouvrage de son gendre, le professeur Reinhold, intitulé *Essai sur la perception*[1], qui vient de paraître, et qui a pour objet d'expliquer la métaphysique de Kant.

---

1. Charles-Léonard Reinhold (1758-1823). *Versuch einer neuen Theorie des Vorstellungsvermögens* (1789).

« Lisez-le, ajouta-t-il, si vous aimez les livres de ce genre.

— Je préfère lire votre *Agathon*; cependant, il m'arrive aussi de toucher à la philosophie.

— Croyez-vous donc qu'*Agathon* n'est pas un ouvrage philosophique? On y trouve la solution des plus grands problèmes de la vie humaine[1].

— Cela est vrai, lui dis-je, je n'y pensais pas. »

Wieland se plaisait à exposer devant moi, avec une aimable franchise, ses opinions sur les sujets les plus délicats qui intéressent l'humanité. Il ne nie rien, mais il établit une différence entre la foi et la certitude. On peut le regarder comme un sceptique, dans la meilleure acception de ce mot.

Il fut, à ce qu'il me sembla, satisfait d'apprendre que quelques-uns de ses ouvrages avaient été traduits en russe.

« Comment est la traduction? demanda-t-il.

---

1. *Geschichte des Agathon* (1767). Cette « Histoire d'Agathon » est le récit des aventures d'un jeune Grec livré aux vicissitudes les plus diverses de la fortune. Enlevé par des pirates, il est vendu comme esclave au sophiste Hippias qui cherche à en faire son adepte. Il est tantôt chef de parti à Athènes, tantôt courtisan et favori de Denys le Tyran à Syracuse, impliqué dans les intrigues de l'amour et de la politique, ramené enfin aux principes d'une sage philosophie par Archytas de Tarente. Ce sujet donne lieu à des peintures animées de l'antiquité et à la déduction de vérités pratiques de la plus haute importance.

— Elle ne réussit pas toujours à rendre les beautés de l'original, lui répondis-je.

— C'est là mon sort, répliqua-t-il ; les traducteurs français et anglais m'ont également défiguré. »

A six heures, je me levai pour prendre congé. Il me serra la main, en me souhaitant toutes sortes de prospérités.

« Vous venez de me voir tel que je suis, me dit-il. Donnez-moi de vos nouvelles, écrivez-moi, je vous répondrai, n'importe où vous serez. Adieu ! »

Nous nous embrassâmes. Il me parut ému, et je partageai son émotion. Arrivés sur le perron, nous nous dîmes encore un dernier et cordial adieu, peut-être pour toujours, hélas ! Jamais, non jamais, je n'oublierai Wieland ! Si vous aviez vu, mes amis, la vivacité de cet homme presque sexagénaire, et comme ses traits s'illuminent quand il parle ! Son âme n'a pas vieilli, et ses facultés sont aussi puissantes qu'elles l'étaient jadis. On dirait même que plus il avance en âge plus ses productions sont parfaites, comme pour témoigner de la vigueur et de la solidité de son talent. Voilà trente-cinq ans qu'il est connu en Allemagne comme écrivain. Il s'est fait un nom par ses *Contes comiques*, qui sont fort goûtés dans son pays et dans lesquels brillent, à un haut degré, son esprit inventif, son goût exquis, l'art de narrer et un style charmant. Il a publié depuis un grand nombre de poëmes, et son activité incessante ne s'endort pas sur les lauriers qu'il a si bien mérités. Si on n'a plus aujourd'hui la mauvaise opinion qu'on avait autrefois de la littérature allemande (opinion qui, à certains égards, était fondée, alors que les Allemands ne s'adonnaient qu'à une aride érudition) ; si les écrivains français les mieux renseignés et les plus impartiaux conviennent que leurs voisins les ont égalés et en partie dépassés dans la carrière littéraire, c'est assurément aux œuvres de Wieland qu'il faut attribuer ce résultat, bien que ces œuvres n'aient été que médiocrement reproduites par les traducteurs.

Hier soir, en passant devant la maison qu'habite Gœthe, je l'aperçus lui-même regardant par la fenêtre ; je m'arrêtai pour le voir à mon tour : une grande figure grecque ! Je suis allé aujourd'hui lui faire visite, mais on m'a dit qu'il était parti pour Iéna.

D'autres écrivains connus habitent également Weimar. La duchesse Amélie, régente, protégea les savants et les hommes de lettres. Elle fit venir à la cour Wieland pour lui confier l'éducation du jeune duc, son fils[1] ; elle y appela aussi

---

[1]. Charles-Auguste, qui prit les rênes du gouvernement en 1775 et donna à son peuple la constitution du 5 mai 1816.

Gœthe lorsqu'il se fut fait une réputation par son *Werther*; elle donna à Herder la surintendance de son clergé.

Adieu, mes amis ! La sérénité de la nuit m'engage à quitter ma chambre. Je prends mon bâton de voyageur et je vais aux champs contempler l'assoupissement de la belle nature et l'éclat réjouissant des étoiles.

III.

Weimar, le 22 juillet 1789.

On m'a conté ici toute sorte d'anecdotes sur notre Lenz. Il était venu à Weimar pour voir Gœthe, son ami, qui l'avait connu étudiant à Strasbourg, et qui depuis a pris position à la cour ducale. Il y fut d'abord bien reçu, à cause de ses talents ; mais on ne tarda pas à s'apercevoir de ses extravagances. Il parut un jour à un bal de la cour en domino, masqué, le chapeau sur la tête, et comme tout le monde en était dans l'ébahissement, il alla, droit et sans sourciller, engager une grande dame à la danse. Le jeune duc, qui aimait les

---

Il mourut en 1828. Son successeur fut le grand-duc Charles-Frédéric, époux de la grande-duchesse Marie Pavlovna de Russie.

folies, fut enchanté de pouvoir rire à son aise et tout son content; mais *messieurs* et *mesdames* de son entourage en furent scandalisés au plus haut degré, et pensèrent que l'insolent eût bien mérité d'être envoyé à l'échafaud.

Dès son arrivée à Weimar, Lenz se déclara amoureux de toutes les jeunes et jolies femmes, et se mit à fabriquer pour elles des sonnets et des madrigaux. La jeune duchesse[1] était alors dans l'affliction à cause de la mort récente de sa sœur. Il fit à ce sujet des vers très-beaux sans doute, mais dans lesquels il ne manqua pas de se comparer à Ixion qui osa aimer Junon. Un jour il rencontra la duchesse dans les environs de la ville, et au lieu de la saluer, il tomba à genoux, leva les mains au ciel et resta ainsi jusqu'à ce qu'elle fût passée. Le lendemain il envoya à tous ses amis un croquis où il était représenté dans cette posture devant la duchesse.

Du reste, ni la poésie, ni l'amour ne pouvaient lui suffire. Il méditait encore une réforme à faire dans l'armée de Son Altesse et ne cessait d'accabler le duc de ses projets, écrits sur d'immenses feuilles de papier. Malgré tout cela on le souffrait

---

1. Louise, épouse du duc Charles-Auguste, princesse accomplie, qui marcha sur les traces de sa belle-mère, et qui par son énergie sut préserver le duché des suites funestes de la défaite d'Iéna.

à Weimar, et les dames s'en amusaient. Mais Gœthe finit par se brouiller avec lui et par lui faire abandonner la ville. Une dame[1] l'emmena à la campagne, où il passa quelque temps à lui lire et à déclamer les tragédies de Shakespeare ; puis il la quitta et s'en alla je ne sais plus où[2].

IV.

Erfurth, le 22 juillet.

Arrivé ici au bout de deux heures de chemin, je ne pris que le temps d'avaler une tasse de café, et j'allai voir sur la montagne de Saint-Pierre le couvent des Bénédictins. Je priai le premier père que j'y rencontrai de m'indiquer le lieu de sépulture du comte de Gleichen. Le *gros père* (notez bien que le couvent est très-riche) me dit d'une voix

---

1. Mme de Stein, à Kochberg.
2. Jacob Lénz, Livonien, doué d'une vive et brillante imagination, fut d'abord regardé comme le rival de Gœthe en poésie ; mais les espérances qu'il donnait furent bientôt déçues. Les faits dont il est question dans cette lettre se sont passés en 1776. Lenz était atteint d'une maladie de cerveau qui empira bientôt après, et dont il ne guérit jamais entièrement. Son frère le ramena dans son pays natal. Il mourut pauvre, à Moscou (1792), où Karamzine l'a connu.

enrouée qu'il fallait m'adresser pour cela au père sacristain. J'eus à traverser de longs corridors où l'on voyait par ci par là, dans les ténèbres, des crucifix et des lampes à demi éteintes. Mon guide me quitta pour aller chercher le père sacristain. Je ne saurais vous dire ce que j'éprouvai, seul, au milieu de cette obscurité et du silence de mort qui régnait autour de moi. Il me sembla que j'étais transporté tout à coup dans l'antre profond du Fanatisme. Je me figurai ce monstre dans toute sa laideur, les cheveux dressés sur la tête, la bouche écumante, les yeux hagards et enflammés, agitant un poignard pour me frapper au cœur. Les malédictions de l'enfer résonnèrent à mon oreille. Je tressaillis, une sueur froide me monta au front. Heureusement l'arrivée de mon guide dissipa soudain ces hideux fantômes. « Le père sacristain, me dit-il, vient de se mettre à table avec les autres pères pour souper. — Mais ne pourriez-vous pas me montrer vous-même le tombeau de Gleichen ? — Je le puis, répondit-il, si vous y tenez absolument. » Nous entrâmes dans l'église ; il souleva deux planches, et je vis au-dessous une grande pierre sépulcrale... Voici le fait dont il s'agit.

A l'époque où le zèle religieux poussait l'Europe aux croisades, Gleichen, comte de l'Empire, prit aussi, avec son cortége, la route de l'Asie pour chasser les infidèles de la Terre-Sainte qu'ils profanaient par leur présence. Après de grands et glorieux exploits, il eut le malheur d'être fait prisonnier, et devint l'esclave d'un riche musulman qui le fit travailler à son jardin... L'infortuné, réduit à cet état misérable, baignait de ses larmes les fleurs qu'il cultivait. Il avait perdu tout espoir, lorsqu'une jeune Sarrasine, la fille de son maître, arrêta sur lui un regard de compassion et d'amour. Souvent, le voyant pleurer et prier, elle pleurait aussi en secret, sans oser lui dire la part qu'elle prenait à son chagrin. Enfin l'étincelle prit feu, toute hésitation disparut et l'aveu d'une passion affolée s'échappa de sa bouche en traits de flammes. Le comte, séduit par les charmes et l'ingénuité de la jeune fille, vit comme un éclair de salut briller pour lui dans cette révélation inattendue, et, oubliant qu'il était marié, il jura à la belle Sarrasine un amour éternel, si elle consentait à le suivre en pays chrétien. Elle accepta; parents, amies, patrie, son amant lui tenait lieu de tout. Ils profitèrent des ombres de la nuit pour fuir, et arrivèrent heureusement dans les États du comte. Ses vassaux le revirent avec bonheur, et sa femme se jeta, ivre de joie, dans ses bras. « Chère épouse ! s'écria le comte, me voici, je suis sauvé ! Je suis sauvé grâce à elle, ajouta-t-il en désignant sa libératrice; je lui dois plus que la vie : elle a tout abandonné pour moi ! j'ai juré de l'aimer ! » La jeune

Sarrasine se découvrant alors, se précipite aux pieds de la comtesse et lui dit : « Me voici ton esclave ! — Ma sœur, reprend la comtesse en la relevant, aimons-le toutes les deux, partageons son cœur entre nous ! » Le comte fut pénétré d'admiration pour la conduite magnanime de son épouse. Le ciel bénit cette triple union, et le pape voulut bien la tolérer. Une heureuse entente régna dans la maison du comte, et, après leur mort, les époux furent inhumés ensemble dans le même caveau, au couvent des Bénédictins. Une seule et même pierre recouvre leurs cendres et porte leurs images confondues à jamais. J'ai vu cette pierre, et j'ai béni la mémoire de ces époux extraordinaires, peut-être uniques dans leur genre.

Après avoir, du haut de la montagne, jeté un coup d'œil sur les alentours de la ville, j'allai visiter la maison de l'Orphelinat, où l'on montre une cellule qu'occupa, de 1505 à 1512, Martin Luther. On y lit, écrite sur les murs, son histoire, et l'on y voit sur une petite table la première édition allemande de la Bible dont il se servait lui-même, et dont les marges sont couvertes de ses notes manuscrites. Au sortir de la cellule, je vis, dans le corridor, une série de tableaux les plus étranges. L'un représente l'empereur d'Allemagne à qui la Mort, sous forme de squelette, vient annoncer, avec une profonde révérence, que son tour de quitter le monde est venu. Plus loin, on voit une actrice, poursuivie par la Mort, un riche diadème sur le crâne, et ramassant, on ne sait trop pourquoi, un masque et un poignard; ailleurs, c'est un imprimeur, en robe de chambre étoffée et en perruque, que la Mort menace de sa faux, avec cette inscription au bas du tableau : « Messieurs les imprimeurs, eux aussi, doivent mourir! » Ainsi de suite.

V.

Francfort-sur-Mein, le 28 juillet 1789.

Me voici à Francfort, mes amis. La route, de Gotha ici, m'a paru très-ennuyeuse. Comme je voyageais en poste ordinaire, j'ai dû coucher, ou du moins séjourner de longues heures à presque toutes les stations. Les chemins sont partout si détestables, qu'il a fallu aller au pas, et les rues mêmes des petites villes ou bourgades sont si mal pavées qu'on a de la peine à avancer. Il est vrai que j'étais à l'aise dans ma calèche, c'est-à-dire presque toujours seul; mais la lenteur de la marche et ces arrêts continuels m'étaient vraiment insupportables. De plus, rien de remarquable le long de la route, et je défierais Yorick lui-même d'y trouver quelque pâture pour son tendre et sensible cœur.

Il n'y a que les environs sauvages d'Eisenach qui ont attiré mon attention, en me faisant rêver à l'état primitif du monde sublunaire. J'ai remarqué aussi le château de la Wartbourg, où Luther fut détenu après la diète de Worms. On voit, non loin de là, deux rocs aigus, dans lesquels l'imagination du peuple croit reconnaître quelque chose comme des figures humaines, et qui ont donné lieu à la légende suivante :

Un jeune moine s'était épris d'amour pour une religieuse. Il eut beau lutter contre sa passion ; il chercha vainement à user son corps par le travail et par le jeûne, son sang bouillonnait; la séduisante image ne le quittait pas un seul instant. Il voulut prier : sa langue, dominée par son cœur, ne put articuler que ces mots : « J'aime ! je l'aime ! » Il ne se lassait point d'aller au couvent qu'habitait sa bien-aimée : en voyant ses joues se colorer d'une flamme sympathique et des larmes briller dans ses yeux, il ne pouvait retenir les siennes. Ils s'aimaient ; leurs cœurs s'entendaient ; mais ils flottaient entre la crainte du péché et l'égarement d'une passion indomptable. Enfin le jeune homme traça d'une main tremblante ce billet qu'il fit tenir à son amante : « Chère sœur ! non loin des portes du couvent, à droite, s'élève une roche escarpée.

J'y serai à la tombée de la nuit. Tu y viendras, mon adorée, ou bien je me précipiterai cette nuit même dans l'abîme, et j'y laisserai à la fois et ma vie et mon âme. » Ces mots la firent tressaillir. « Comment oserai-je jamais, pensa-t-elle, franchir l'enceinte du couvent, et me trouver seule avec lui, par une nuit obscure?... Mais quoi? ne s'agit-il pas d'empêcher un suicide, de le sauver, lui? de sauver son âme?... » Elle sort précipitamment; elle marche au hasard dans les ténèbres, frissonnant au moindre bruit; elle gravit le rocher et se trouve dans les bras de son amant. Alors, tout s'évanouit pour eux; des transports inexprimables... Mais soudain leur sang se glace, leurs cœurs cessent de battre, et la colère divine les change en pierres.

« Les voyez-vous, là-haut? » me demanda le postillon en désignant la cime de la montagne.

Wieland a fait de cette légende un beau poëme, intitulé : *Der Mönch und die Nonne* « Le Moine et la Religieuse ».

Comme nous traversions une bourgade, non loin de Hirschfeld, la chaise de poste s'arrêta à la porte d'une petite maison. Je crus que c'était une auberge; j'y entrai, et je dis à un homme, qui était venu à moi avec un salut respectueux, de m'apporter une bouteille de vin du Rhin et une carafe d'eau. Je m'assis sans façon et je gardai mon chapeau sur ma tête. Il y avait, dans la même pièce, quelques personnes qui m'adressèrent la parole avec bonhomie. On apporta le vin; j'en bus, je le vantai, et je finis par demander ce que j'avais à payer. « Vous ne devez rien, me répondit-on poliment; car vous n'êtes pas ici dans une auberge, mais chez un honnête bourgeois qui est fort heureux de voir que son vin est de votre goût. » Figurez-vous ma surprise. Je me hâtai de mettre chapeau bas et de faire mille excuses. « Ce n'est rien! ce n'est rien! répétait mon hôte; seulement, soyez bon, je vous prie, pour ma fille, qui doit aller avec vous dans la même voiture. — Je serai respectueux et tout ce qu'il vous plaira, » répondis-je à ce brave homme.

Sa fille Caroline entra : c'était une jeune personne d'une vingtaine d'années, d'une figure très-agréable; elle avait un surtout de drap vert et un chapeau noir. Nous nous saluâmes, et nous montâmes en voiture. Caroline m'apprit qu'elle allait chez sa tante, à la campagne. Je ne voulus pas l'importuner de mes questions; je tirai de ma poche le *Vicaire de Wakefield* et je me mis à lire. La demoiselle commença à bâiller, à sommeiller, et finit par s'assoupir complétement : sa tête roula sur mon épaule. Je n'osais bouger, de crainte de l'éveiller, lorsque tout à coup une secousse violente de la voiture la rejeta dans le coin opposé. Je lui offris mon grand oreiller. Elle l'accepta, le posa sous sa tête et se rendormit. La nuit vint : elle dormit d'un sommeil profond jusqu'à l'endroit où nous devions nous séparer. Quant à moi, mon maintien fut tout le temps celui d'un preux chevalier, qui craint de blesser, même par un regard indiscret, la pudique innocence à lui confiée. Les exemples d'une pareille retenue sont rares, mes amis; ils sont rares surtout dans le siècle où nous sommes ! Caroline, dans son ingénuité, était incapable d'apprécier ma réserve à son égard; elle ne m'en sut aucun gré, et me quitta assez sèchement. Dieu la bénisse !

J'arrivai à Francfort la nuit, par un affreux temps de pluie, et je descendis à l'hôtel de l'*Étoile*, où l'on me donna une assez jolie chambre.

VI.

Francfort, le 20 juillet.

Le mauvais temps continue. Je reste chez moi, assis devant ma fenêtre toute grande ouverte ; et quoiqu'une pluie oblique me frappe au visage et me fasse frissonner, je me plais, moi aussi, à la braver fièrement. Il ne sera pas dit qu'un fils du Nord a cédé aux faibles aquilons du Mein.

Cependant, est-ce bien là le temps que je comptais trouver dans ce climat tempéré ? J'espérais, en avançant vers le sud, laisser en arrière les frimas, les brumes et tout ce que la nature a de rude, de déplaisant ou de triste. Vraiment, je pensais que sur les bords du Mein et du Rhin le ciel était toujours bleu, le temps beau, l'air agité uniquement par les zéphirs, et la terre baignée des douces tiédeurs du soleil, émaillée de fleurs... Eh bien ! m'y voici, et j'y trouve un sombre automne au cœur de l'été.

Hier, je ne suis sorti que pour aller chez Villemer, riche banquier de Francfort. Nous causâmes des derniers événements de Paris. Quelles horreurs s'y passent[1] ! Notre cher A.[2], qui est parti d'ici il y a quinze jours, ne s'attendait, certes, pas à y voir de telles choses.

Du reste, ne croyez pas que je m'ennuie dans ma chambrette. Une bibliothèque publique, où l'on prête des livres à domicile, est à trois pas de l'hôtel. J'y ai pris hier la tragédie de Schiller, *Fiesco*, que j'ai lue avec le plus grand plaisir. Rien n'est beau comme le monologue de Fiesco, lorsque, levé au point du jour, il délibère avec lui-même s'il doit rester simple citoyen et se contenter, pour les ser-

---

1. La prise de la Bastille, sans doute.
2. A. M. Koutouzov, un ami intime de l'auteur.

vices qu'il a rendus au pays, de l'amour de ses compatriotes ; ou bien, si, profitant des circonstances, il doit s'emparer du pouvoir suprême dans la république. J'étais touché; j'étais prêt à tomber à ses pieds et à m'écrier : « Non, non, n'usurpez point ! » Quelle vigueur dans les sentiments ! Quel pittoresque langage ! En général, je préfère *Fiesco* à *Don Carlos*, bien que j'aie vu représenter cette dernière pièce et que les critiques la regardent comme supérieure à l'autre.

J'ai lu aussi avec plaisir les drames d'Iffland[1], jolis tableaux de famille, et qui plairaient certainement à notre public, si un écrivain habile se chargeait de les arranger pour la scène russe.

Nous avons dans notre hôtel un jeune docteur en médecine dont j'ai fait la connaissance, et qui est venu hier soir prendre le thé avec moi.

A l'entendre, le mal dans ce monde vient de ce que les hommes ne font pas assez attention à l'état de leur estomac. « Un estomac gâté, me dit-il, est cause non-seulement de nos maladies, mais encore de nos vices et de nos travers, comme de toutes

---

1. Auguste-Guillaume Iffland (1759-1814), auteur et artiste dramatique. Il quitta secrètement la maison paternelle pour embrasser l'état de comédien, et fit au bout de quelque temps les délices de l'Allemagne par son jeu. Il a composé aussi plusieurs drames estimés. On regarde comme son chef-d'œuvre la pièce intitulée *Die Iäger* « les Chasseurs » (1785).

nos mauvaises actions. D'où vient que les moralistes n'ont jamais réussi à corriger les hommes ? C'est parce qu'ils les tiennent pour sains et qu'ils leur parlent comme s'ils étaient en bonne santé, tandis qu'ils sont malades, très-malades, et demandent à être traités en conséquence. Les désordres de l'âme ne sont que la suite des altérations morbides du corps. Quand notre machine est en parfait équilibre; lorsque tous les vaisseaux dont notre corps est composé fonctionnent bien et sécrètent les divers fluides qui doivent y circuler; lorsque, en un mot, chaque partie de nous-même accomplit régulièrement la tâche que lui impose la nature; l'âme alors se trouve dans son état normal; nous raisonnons bien et agissons de même ; nous sommes sages, vertueux et contents. — C'est-à-dire, répliquai-je, que si Caligula n'avait pas eu l'estomac dérangé, il ne se serait jamais avisé de faire bâtir un pont sur la Méditerranée ? — Sans doute, répondit-il. Son médecin n'avait qu'à lui administrer quelques pilules purgatives, pour lui faire abandonner un projet aussi insensé. Pourquoi les hommes étaient-ils bons et heureux pendant l'âge d'or? Parce que, ne se nourrissant que de laitage et de végétaux, ils n'avaient jamais l'estomac fatigué par les excès de la gourmandise. Croyez-moi, si j'étais homme d'État, j'abolirais sur-le-champ les supplices, qui ne sont que cruels, et qui ne servent à rien, et j'enverrais tous les condamnés à l'hôpital, pour y être traités suivant les règles de l'art, jusqu'à ce qu'ils devinssent bons citoyens. Un jour, je compte faire connaître mon système au public et rectifier beaucoup d'erreurs qui ont encore cours parmi nous. Rappelez-vous alors ce que je viens de vous dire ici, mon cher monsieur. »

J'admirai l'argumentation convaincue de mon docteur, et nous nous quittâmes bons amis.

VII.

30 juillet.

Enfin le ciel de Francfort s'est déridé; la pluie a cessé. Pour regagner le temps perdu, je me suis mis à courir la ville presque sans me reposer, et j'ai tant marché que j'ai les jambes tout endolories.

Le maître de l'hôtel m'a conduit lui-même dans les jardins publics et privés de la ville. Nous avons trouvé dans l'un de ces derniers le propriétaire du lieu, homme d'un âge respectable, et, à ce que l'on dit, très-riche. Ayant appris que j'étais un voyageur étranger, il me prit par la main et me dit : « Je vais vous montrer moi-même tout ce qu'il y a de passable dans mon jardin. Comment trouvez-vous cette sombre allée? — J'aimerais beaucoup y prendre le frais par une journée très-chaude, répondis-je. — Et ce petit berceau de marronniers? — On y est bien le soir, quand la lune projette une lueur vacillante à travers leurs branchages sur ce gazon velouté. — Et cette colline? — Ah! que je voudrais y être à l'heure du soleil levant. — Et ce petit bois? — Les rossignols doivent s'y plaire au printemps et y chanter à leur aise aussi gaiement que s'ils étaient dans les sites les plus agrestes, sans se douter que c'est l'art qui leur a créé cet asile. — Que direz-vous de cette maisonnette? — Elle est faite pour être habitée par un vrai philosophe, ami de la simplicité, du calme et de la méditation. — Maintenant, il faut que vous me fassiez le plaisir de prendre une tasse de café chez moi! » Nous entrâmes dans la maisonnette, et nous nous assîmes sur des chaises de bois autour d'une petite table. On nous servit le café, et je pris enfin congé de mon hôte, en le remerciant de sa gracieuse hospitalité.

Tant qu'il a fait mauvais temps, Francfort m'a fait l'effet d'une ville déserte. Je m'aperçois bien à présent que c'est au contraire une cité populeuse. Cela vient de ce que, pendant la pluie, chacun, à peu d'exceptions près, restait enfermé chez soi. Le soleil a reparu, et voilà tout à coup une fourmilière de monde qui s'agite dans les rues.

Francfort est une des villes les plus riches de l'Allemagne, à cause de son commerce étendu et florissant. Sauf un certain nombre de familles aristocratiques qui y ont élu domicile, tout bourgeois est marchand et fait quelque négoce lucratif. On ne voit que magasins remplis de marchandises : tout ici dénote le travail, l'industrie et l'abondance. Je n'ai pas vu un seul mendiant.

Toutefois, on ne peut pas dire que Francfort soit bien bâti. Les maisons y sont construites dans l'ancien style et bariolées, ce qui leur donne un étrange aspect.

Il faut convenir, d'autre part, que la vie n'y est pas chère. Pour un dîner composé de cinq plats et le dessert, je paye cinquante copeks[1], à peu près. Le vin aussi est à bon marché : une bouteille de vieux vin du Rhin ne coûte que quarante copeks.

Après dîner, la chaleur ayant baissé, je sortis de la ville pour faire un tour de promenade. Des jardins, des villas, des vignobles et des prés s'étalaient de toute part devant moi... Que de paysages dignes du pinceau de Salvator Rosa et du Poussin !..

---

1. Le rouble à cent copeks valait, en 1789, un peu plus que trois livres.

VIII.

Francfort, le 31 juillet.

.... J'ai visité aussi la cathédrale des catholiques, dans laquelle l'usage veut que l'archevêque de Mayence pose la couronne sur la tête de l'empereur élu de l'Allemagne.

Je m'arrêtai devant une statue de la sainte vierge Marie vêtue d'une robe de mousseline blanche. « En a-t-elle beaucoup de rechange? demandai-je à mon guide. — Une tous les ans, » me répondit-il.

Quoique la cathédrale appartienne aux catholiques, c'est la confession luthérienne qui est dominante à Francfort, et les catholiques n'ont pas le droit d'y faire des processions dans les rues. Il y a aussi beaucoup de réformés, qui généralement sont des *réfugiés* français; mais ils n'ont aucune part dans le gouvernement de la ville, et il leur est interdit d'avoir un culte public. Par contre, les juifs ont ici leur synagogue! La tolérance n'est pas le principe le plus saillant de la constitution francfortoise.

On compte plus de sept mille juifs à Francfort. Ils ne peuvent habiter qu'une seule rue qui leur a été assignée et qui est d'une malpropreté repoussante.

On a peine à voir ces malheureux si ravalés dans l'opinion de leurs concitoyens. Les vêtements du juif se composent de sales lambeaux qui ne le couvrent qu'à demi. Les dimanches, à l'heure où commence le service divin chez les chrétiens, on barre ladite rue, et les pauvres juifs y restent blottis, comme des bêtes fauves dans leur cage, jusqu'à la fin du service. On les enferme également chaque nuit. En outre, s'il arrive que le feu prenne quelque part dans la ville, les juifs sont obligés d'y porter de l'eau et de travailler à éteindre l'incendie.

Il y a des juifs très-riches ; mais ils vivent aussi sordidement que les pauvres. J'ai fait connaissance avec l'un des plus riches, homme d'esprit et de savoir. Il me reçut cordialement et me prodigua toute sorte d'amitiés. Sa femme, d'origine française, parle aussi bien allemand que français. Je passai avec plaisir plus de deux heures à causer avec eux ; mais, grand Dieu ! combien mon odorat n'eut-il pas à souffrir pendant ces deux heures !

Je voulus voir la synagogue. En y entrant, je me crus transporté dans une sombre caverne et je me dis : « Dieu d'Israël ! Dieu du peuple élu, est-ce ici qu'on doit t'adorer ? » Quelques flambeaux brûlaient péniblement dans cet air vicié et humide. L'abattement, la tristesse, l'effroi étaient peints dans les traits des assistants, mais nulle onction ; pas une larme d'amour ou de reconnaissance chez qui que ce fût ; pas un seul regard de pieuse élévation au ciel. Il me semblait voir des condamnés à mort, osant à peine demander grâce à leur juge. « C'est vous ? me dit mon juif de tantôt. Eh ! que cherchez-vous ici ? Notre temple fut jadis à Jérusalem : Dieu y résidait dans sa gloire, au milieu des fidèles. Mais ce temple sacré n'est plus, et, dispersés comme nous le sommes sur la face du globe, nous ne pouvons que pleurer ici sur les calamités de notre peuple. C'est un triste tableau que vous voyez là ! » Je me sentis ému ; je lui serrai la main et je sortis.

On a observé depuis longtemps que la communauté du malheur rapproche les hommes d'une façon toute particulière. C'est ainsi que les juifs persécutés par le sort et par leurs semblables sont beaucoup plus unis entre eux que nous ne le sommes, nous autres chrétiens. Il y a chez eux une sorte de cohésion morale ou de sociabilité qu'on ne trouve guère chez les autres races.

Un juif en haillons est venu ce matin m'offrir je ne sais quel bric-à-brac à acheter. J'avais chez moi le docteur N. « N'achetez rien aux juifs, me dit-il ; ce sont tous des fripons. — Vous vous trompez, monsieur, répliqua le juif indigné ; nous valons tout autant que les chrétiens. » Il dit, et quitta la chambre, rouge de colère.

Hier, j'étais entré chez un juif pour changer

quelques ducats. Je vis sur la table un livre ouvert: c'était la *Jérusalem* de Mendelssohn. « Voici l'œuvre d'un grand homme, dis-je en prenant le livre. — Vous connaissez donc Mendelssohn ? demanda le juif avec un sourire de contentement. Savez-vous bien qu'il était de même sang que moi ?—Je le sais, » répondis-je. Mon juif alors laissa là ses écus, et se mit, tout joyeux, à me vanter Mendelssohn, me répétant toujours que ce sage, que ce Socrate ou ce Platon de nos jours était juif, mais bien juif.

On a donné ici, il y a quelque temps, le drame de Shakespeare *le Marchand de Venise*. Le lendemain de la représentation, les juifs envoyèrent dire au directeur de la comédie que pas un d'eux ne mettrait le pied au théâtre, si ce drame, dans lequel leur nationalité se trouve calomniée, reparaissait sur la scène. Le directeur, craignant de perdre une partie de sa recette, promit de faire droit à cette demande et de rayer la pièce de son répertoire.

IX.

Francfort, le 1er août 1789.

Il existe deux routes différentes pour aller d'ici à Strasbourg : l'une par Darmstadt, l'autre par le

Palatinat. Toutes les deux sont bonnes; je me décide néanmoins pour cette dernière.

Comme j'avais envie de voir Stark, l'aumônier de la cour à Darmstadt, je louai un cheval de monture et je me dirigeai sur cette capitale.

Les environs de Francfort de ce côté sont agréables; mais, à mesure qu'on approche de Darmstadt (la distance est en tout de trois milles), les sites perdent de leur beauté. Le chemin est en grande partie dégradé et très-pénible à cause des sables, ce qui me confirma dans ma résolution de prendre la voie du Palatinat. Les villages qu'on rencontre sont joliment bâtis; je trouvai partout de bonnes auberges avec des enseignes plus ou moins bizarres. Aux abords de Darmstadt, la route est bien ferrée. La ville m'apparut enfin, environnée de montagnes boisées d'un aspect pittoresque.

Descendu à l'hôtel, j'envoyai un petit mot à Stark, et je me jetai dans un fauteuil pour me délasser de ma fatigue. Un instant après, on vint annoncer que le dîner était servi. Je trouvai dans la salle à manger une dizaine de personnes de bonne apparence. Il y avait, entre autres, un voyageur français, ce qui nous obligea, tous tant que nous étions, à parler français. Un jeune Allemand, arrivant de Strasbourg, se mit à conter en détail les désordres commis par la populace de cette ville, il y a quelques jours. Mais il parlait si mal français qu'on avait peine à s'empêcher de rire. Il disait, par exemple : « *Il-s-one déchiré la maisone dé ville; il-s-one brilé* (brûlé) *lé dokimane* (les documents) ; *ils voulé bandre* (pendre) *lé machistra.* »

On vint me dire que Stark n'était pas en ce moment à Darmstadt, qu'il était parti pour les eaux de Schwalbach. « Notre cher prédicateur, me dit l'un des convives, est très-malade. Les doctes berlinois lui ont mis le feu dans le sang, et nos Esculapes ont beaucoup de peine à éteindre l'incendie. » Je plains du fond de mon cœur l'honorable M. Stark. La réputation est le premier des biens pour l'homme, et pourtant combien nous sommes prompts à ravir ce bien à autrui! O Shakespeare, Shakespeare! que tu connaissais bien le cœur humain! Personne n'a mieux que toi stigmatisé l'ineptie de la médisance, quand tu as dit :

Good name in man and woman, dear my lord,
Is the immediate jewel of their souls.
Who steals my purse, steals trash; 'tis something, nothing,
'Twas mine, 'tis his, and has been slave to thousand;
But he, that filches from me my good name,
Robs me of that, which not enriches him,
And makes me poor indeed [1].

[1]. « Une bonne renommée est le plus beau joyau de notre âme. Celui qui me ravit l'honorabilité de mon nom n'en est pas plus riche pour cela, et il me rend, moi, tout à fait misérable. »

Les *vers dorés* de Pythagore ne sont rien auprès de ces paroles d'une vérité saisissante que tout homme, chrétien, turc ou hindou, devrait graver dans sa mémoire ou plutôt dans son cœur.

Je suis allé voir, à Darmstadt, le manége, qui est rempli d'armes de toute espèce et qui est si vaste qu'un régiment pourrait y manœuvrer; je me suis promené dans le jardin du château; j'ai parcouru la ville, qui compte à peine trois cents maisons; enfin je remontai à cheval et je revins à Francfort.

Mayence, le 2 août.

Je suis arrivé à Mayence à six heures du soir, en diligence, et c'est cette même voiture qui doit me conduire jusqu'à Strasbourg.

Que la route est belle de Francfort à Mayence! Quelle vue délicieuse! quels sites charmants!

En approchant de Mayence, je vis à ma gauche le Rhin, ce fleuve si impétueux et si grandiose, et le placide Mein, coulant presque parallèlement à côté l'un de l'autre; à ma droite, s'étendaient d'immenses vignobles. O mes amis, comme mon cœur battait de joie! « C'est le Rhin, me disais-je; le voilà donc, ce roi des fleuves de la Germanie! »

Mayence est situé sur la rive gauche du Rhin, au confluent du Mein. Les rues y sont étroites et tortueuses; on y voit peu de belles habitations, mais il y a un grand nombre d'églises, de couvents et de moines. « Voulez-vous voir les entrailles de saint Boniface? me demanda mon guide d'un air important, en désignant l'église de Saint-Jean. — Non, mon ami, répondis-je, j'honore infiniment saint Boniface, l'apôtre des Bavarois, mais ses entrailles n'ont pour moi aucun attrait. Conduisez-moi plutôt dans les environs de la ville. » Nous sortîmes par la grande porte. Je m'assis sur le rivage et je me mis à contempler les eaux du Rhin, illuminées par le soleil couchant, et les rives verdoyantes de ce fleuve unique.

X.

Manheim, le 3 août.

Parti de grand matin de Mayence, et longeant toujours la rive gauche du Rhin, j'arrivai à sept heures du soir à Manheim.

Toute cette partie de la haute Allemagne est un vrai paradis terrestre. Le chemin est uni comme une glace; partout de jolis villages, de riches vignobles, des vergers dont les arbres ploient sous le fardeau des fruits. Les pommiers, les poiriers, les noyers poussent en liberté le long de la route.

Quel spectacle singulier et admirable pour un habitant du Nord, habitué à ne voir que de tristes sapins ou des jardins arrosés de sueur et dont les abords sont gardés par une nuée d'Argus armés de massues!... On apercevait, au fond de ces vallées fécondes, le Rhin roulant majestueusement ses eaux, qui portent à des pays lointains, moins favorisés par la nature, les produits exquis de ses coteaux !

Eh bien, ces contrées si heureuses, les coups du sort ne les épargnent pas non plus. J'ai vu des larmes amères couler des yeux de leurs cultivateurs désolés. Le Rhin et le Neckar, gonflés par les pluies, ont débordé, et leurs flots mugissants ont envahi des champs, des vergers, des villages entiers ! Le cœur saignait de voir flotter ici les débris d'une maison où avaient habité naguère l'aisance et la félicité, là des amas de provisions que la prévoyance du paysan, prévoyance, hélas ! bien impuissante, avait mises en réserve pour l'hiver; plus loin, une pauvre brebis gémissante, entraînée par le courant à une mort certaine ! Nous marchions nous-mêmes dans l'eau, qui pénétrait jusque dans notre voiture...

En face d'Oppenheim, de l'autre côté du Rhin, s'élève une pyramide, au haut de laquelle est un lion tenant un glaive dans sa patte droite. Gustave-Adolphe a fait ériger ce monument en 1631, afin de perpétuer la mémoire de son passage, de la défaite des Espagnols et de la prise d'Oppenheim.

On remarque à Worms l'hôtel de ville où Charles-Quint, assisté des princes de l'Empire, siégea en 1521 pour juger Luther. On y montre encore un banc de bois sur lequel éclata, dit-on, soudainement, le verre qui contenait un breuvage empoisonné préparé pour l'accusé. Les voyageurs ont l'habitude d'emporter avec eux des morceaux de ce bois, ce qui fait que le banc est aujourd'hui percé presque à jour.

Manheim est une belle ville. Des rues bien alignées et s'entrecoupant à angles droits plaisent à la vue, du moins au premier coup d'œil. Les portes de la ville sont ornées de sculptures en bas-relief, et les places publiques bordées de grandes maisons. Le château de l'électeur est bâti au confluent du Neckar et du Rhin. J'avoue que si je n'étais pas si pressé d'aller en Suisse, je resterais bien ici quelques semaines, tant je me plais à Manheim!

XI.

Strasbourg, le 6 août 1789.

Hier à sept heures du soir nous entrions dans Strasbourg, après avoir parcouru en malle-poste, depuis Manheim, de vastes plaines, un de ces beaux pays qui vous réjouissent la vue par l'éclat de leurs moissons dorées, et le cœur par le nectar qui y coule à pleins bords dans votre coupe enchantée.

Qu'il est doux, mes amis, de passer d'une contrée à une autre, de voir sans cesse de nouveaux objets qui semblent renouveler l'existence même, et de jouir dans toute sa plénitude de la liberté qui fait de l'homme réellement le roi de la terre! Les animaux, enchaînés au lieu de leur naissance, sont bornés dans leurs mouvements et astreints à vivre et à mourir dans un cercle fatalement circonscrit, tandis que l'homme, maître absolu de sa volonté, va et vient, changeant de climat et de résidence, se donnant partout les satisfactions que son cœur et son imagination réclament, et que la nature lui offre avec une généreuse libéralité. Il centuple par là son individualité et apprend ainsi à connaître ses propres forces. Ajoutez à cela les commodités de toute sorte que crée la vie sociale en chaque lieu, de façon que le voyageur, au fond, n'est étranger nulle part, puisque les habitants des pays les plus éloignés ont, pour ainsi dire, pensé à lui ou à ses besoins, et semblent le convier à venir partager avec eux les fruits de leur labeur et de leur industrie, à s'associer aux pompes de leurs fêtes publiques. Bref, mes chers amis, les voyages offrent un aliment substantiel au cœur comme à l'esprit de l'homme. Voyagez donc, vous qui êtes obsédés d'hypocondrie, afin que vous soyez délivrés de vos humeurs noires ! Misanthropes, voyagez aussi pour apprendre à aimer vos semblables ! Voyagez, enfin, vous tous qui en avez le loisir et les moyens !

A la frontière on arrêta un moment. « Vous voici en France, messieurs, et je vous en félicite, » nous dit un homme mal vêtu, en s'approchant de la voiture. C'était un douanier, qui n'avait d'autre but que d'obtenir de nous quelque monnaie pour son facile compliment.

La plus grande agitation règne partout en Alsace. Les villages en masse prennent les armes; les paysans mettent des cocardes à leurs chapeaux ; leurs femmes ne parlent que de la Révolution. Il en est de même à Strasbourg. La garnison est en émoi ; les soldats n'obéissent plus à leurs chefs, les insultent, courent les rues et les auberges. Je les ai vus arrêter la voiture d'un prélat et le forcer de boire, après son cocher, un verre de bière, à la santé de la nation. Pâle et tremblant, il bégayait : « Mes amis ! mes amis ! — Oui, nous sommes vos amis, criaient les soldats ; buvez donc avec nous ! » On n'entend que tapage et vociférations dans les rues ainsi qu'au théâtre. Les officiers, se sentant impuissants à empêcher ces désordres, se contentent d'en rire. Cependant, dans les environs mêmes de Strasbourg, des bandes de brigands pillent les couvents. On raconte qu'un imposteur, se faisant passer pour le comte d'Artois, a eu l'audace de parcourir les villages et d'exciter les habitants à la révolte; il leur disait que le Roi avait donné carte blanche au peuple jusqu'au 15 août, et que pendant ce temps chacun pouvait faire tout ce qu'il lui plairait. Il a fallu que l'intendant de la province, désavouant ce bruit mensonger, déclarât qu'une pareille invention ne pouvait être que l'œuvre d'un scélérat.

La cathédrale de Strasbourg est un superbe monument de l'art gothique, et sa tour est réputée la plus haute de l'Europe. Quand on entre dans l'intérieur de cette vaste église, où règne un demi-jour perpétuel, on est saisi d'un sentiment de piété involontaire. Eh bien, si l'on tient à persévérer dans ces bonnes dispositions, on fera bien de ne pas regarder de trop près certains bas-reliefs où se trouvent représentées les scènes et les allégories les plus grotesques, par exemple des ânes, des singes, des animaux de toute espèce habillés en moines de différents ordres; ou bien des moines et des religieuses dans les attitudes les plus choquantes.

Le trésor de l'église est très-riche. On y voit un crucifix d'argent, donné par Louis XIV, et qui est évalué soixante mille écus.

Un escalier de 725 marches conduit au faîte de la tour, où je montai comme les autres. Vus de cette hauteur, les objets paraissent tout amoindris; les hommes ont l'air d'être des insectes, la ville et ses alentours prennent des formes parfois insaisissables. On voyait, à une distance de dix lieues, les monts bleuir à l'horizon, et je me suis laissé dire que par un temps serein on apercevait d'ici les cimes neigeuses des Alpes.

L'horloge de la tour était regardée jadis comme une merveille de mécanique : les artistes d'aujourd'hui sont, je crois, d'un avis différent. Parmi les cloches, dont la plus grosse pèse jusqu'à 204 quintaux, on en montre une d'argent [1] pesant 48 quintaux, qu'on ne fait sonner que le jour de la Saint-Jean. On conserve également le grand cor de chasse avec lequel les juifs de Strasbourg, il y a quatre siècles, devaient donner un signal à l'ennemi qui assiégeait la ville. Le complot fut éventé : on en brûla plusieurs, d'autres furent bannis et leurs biens pillés. En mémoire de

1. Ces espèces de cloches ne contiennent pas plus d'argent que les autres. Un chimiste, M. Girardin, ayant fait l'analyse de celle de Rouen, n'y a trouvé que du cuivre et de l'étain avec un peu de zinc et de fer. On croyait autrefois que la présence de l'argent dans l'alliage produisait un son supérieur, et les parrains de ces cloches jetaient pieusement dans le four quelque pièce d'argenterie, que les fondeurs savaient détourner à leur profit.

ce fait, on sonne du cor deux fois chaque nuit.

Les voyageurs inscrivent leurs noms et autres choses tout aussi intéressantes sur les murs du clocher. J'y ai trouvé entre autres des inscriptions russes.

Dans l'église luthérienne de Saint-Thomas on admire le mausolée du comte Maurice de Saxe [1] chef-d'œuvre du ciseau de Pigale. Le héros, portant à la main le bâton de maréchal, descend lentement les degrés de la tombe et fixe avec dédain la Mort qui lui en ouvre la porte. A droite, deux lions et un aigle, frappés de trouble et d'épouvante, figurent les armées alliées que le comte a vaincues en Flandre. A gauche, la France, sous l'image d'une belle femme éplorée, cherche, d'une main, à le retenir, et de l'autre à repousser la Mort. Le Génie de la Vie tient tristement son flambeau renversé. Plus loin flottent les étendards vic-

---

1. Maurice, comte de Saxe, maréchal de France (1696-1750), fils naturel d'Auguste II et d'Aurore de Kœnigsmark, comtesse suédoise. Il eut le génie de la guerre et des aventures. Il fut élu duc de Courlande, et n'en eut que le titre ; il serait devenu tsar de Russie s'il avait su garder un peu de fidélité à la duchesse Anna Ivanovna. Il commanda les armées françaises et fit des prodiges de valeur et de tactique dans la campagne de Flandre de 1744 et des années suivantes. Il eut Frédéric II pour admirateur. Doué d'une force naturelle prodigieuse, il mourut dans son château de Chambord, usé par les fatigues et l'hydropisie.

torieux de la France. L'artiste a visé à l'effet, et les connaisseurs prétendent qu'il y est parvenu. Quant à moi qui ne suis pas connaisseur, je regardai ces figures l'une après l'autre, sans en être plus ému que le marbre dont elles sont faites. La Mort sous forme de squelette a pour moi quelque chose de répugnant. Les anciens la représentaient autrement, et les modernes ont bien tort de nous épouvanter par de pareils emblèmes. Je voudrais également voir sur la figure du héros une autre expression. Je voudrais qu'il fût plus occupé de la douleur de la France que du hideux squelette qu'il regarde trop fixement. Bref, Pigale est à mon avis un habile sculpteur, mais un poëte médiocre. Le caveau renferme le corps embaumé du maréchal, son cœur est dans une urne, placée sur le cercueil, et ses entrailles sont enterrées dessous. Louis XV, soit sensibilité, soit tout autre sentiment, n'a pas voulu qu'on exécutât le dernier vœu du mourant, qui avait demandé que son corps fût brûlé après sa mort. « Qu'il ne reste rien de moi dans le monde, aurait-il dit, rien, que ma mémoire parmi mes amis ! »

L'université de Strasbourg est presque aussi renommée que celles de Leipzig et de Gœttingue. Beaucoup d'Anglais et d'Allemands viennent y faire leurs études. Mais les professeurs y publient moins d'ouvrages et passent pour être relativement paresseux. Peut-être sont-ils plus fortunés que leurs confrères d'Allemagne, où le besoin force quelquefois les savants à écrire pour vivre.

Strasbourg est assez peuplé, mais les rues sont étroites et les maisons mal bâties. La coiffure des Strasbourgeoises est aussi peu gracieuse que l'architecture de la ville. Les cheveux de devant et de derrière, mis en tampon et fortement pommadés, sont relevés au faîte de la tête et surmontés d'une petite couronne. Rien n'est plus difforme qu'une pareille coiffure.

La langue qu'on parle ici est un dialecte allemand passablement corrompu. Du reste, la bonne société parle français.

XII.

Bâle.

« De la prudence, messieurs, de la prudence ! nous dit un officier, au moment où nous montions en diligence pour quitter Strasbourg ; la route n'est pas sûre du tout, et l'Alsace fourmille de brigands. » Nous nous regardâmes interdits. « Celui qui n'a pas beaucoup d'argent sur soi n'a pas peur des brigands, » répliqua un Genevois, qui arrivait, comme moi, de Francfort. —

Moi, j'ai une épée et un chien, reprit un jeune homme en veste rouge assis à côté de moi. — Du reste, qu'avons-nous à craindre ? » s'écrièrent tout d'une voix les voyageurs. On partit, et l'on arriva heureusement à Bâle.

L'Alsace est un beau pays : les villes et les villages y sont d'une construction agréable. Des deux côtés de la route on voit des champs admirablement cultivés. Les montagnes de la Lorraine, avec leurs châteaux en ruine, ont quelque chose de romanesque et d'accidenté qui rompt la monotonie des plaines qu'on a devant soi. Ces montagnes, en fuyant vers l'horizon, s'effacent petit à petit et finissent par disparaître dans le lointain. D'autre part, au delà du Rhin s'élèvent les chaînes boisées de la Forêt-Noire.

La poste, en France, marche beaucoup plus vite qu'en Allemagne. Partis de Strasbourg à six heures du matin, nous n'étions plus, à huit heures du soir, qu'à trois quarts de lieue de Bâle; nous avions donc fait vingt-deux lieues en quatorze heures. Toutefois, nous fûmes obligés de coucher en route, attendu que les portes de Bâle se ferment irrévocablement à huit heures précises, et que, passé cette heure, personne n'y peut plus entrer.

Nous sommes devenus amis, moi et le jeune homme en veste rouge. C'est le fils du pharmacien de la cour à Copenhague : il se nomme Becker.

Il a étudié la médecine et la chimie en Allemagne, dont il a parcouru une partie à pied, seul avec son chien et son épée au côté; quant à sa valise, il l'envoie par la poste, de ville en ville. A Strasbourg, un mal de pied l'a forcé de monter en diligence. Il se propose de faire le tour de la Suisse, d'aller ensuite en France et en Angleterre. Il aime son chien à la folie, et ne le perd pas de vue un seul instant. A deux lieues de l'endroit où nous devions coucher, s'étant aperçu que l'animal fatigué ne pouvait plus suivre la voiture, il en est descendu lui-même, et a marché doucement, accompagné de son ami. Nous le revîmes à Bâle, à l'hôtel de la *Cigogne,* où il est venu loger avec nous.

Me voici donc en Suisse, dans le pays de la belle nature, de la paix et du vrai bonheur. Il me semble que l'air de ce pays a quelque chose de vivifiant; je respire plus librement, mon corps se redresse, ma tête est plus légère, et je me sens fier d'être homme.

Bâle est une des villes les plus considérables de la Suisse; cependant, à l'exception des deux grandes maisons qui appartiennent au banquier Sarasin, je n'y vois pas de beaux édifices, et les rues y sont mal pavées. La ville, eu égard à son étendue, n'est que médiocrement peuplée. Il y a des rues où l'herbe pousse à l'avenant. Le Rhin divise Bâle en deux parties; mais il ne porte pas un seul bateau. Je ne comprends pas pourquoi les habitants ne tirent pas profit de ce fleuve pour la navigation, eux qui font un commerce assez important avec l'Allemagne, où ils exportent leurs toiles, des soieries, des rubans, etc.

On montre dans la bibliothèque de la ville de vieux manuscrits et des médailles anciennes qui doivent avoir un grand prix aux yeux des antiquaires. Quant à moi, mon attention était absorbée par les tableaux de Holbein [1], fameux peintre, l'une des gloires de Bâle, et qui, ayant perdu l'usage de la main droite, peignait de la main gauche. La figure du Christ dans la *sainte Cène* est adorable. On reconnaît Judas rien qu'à l'expression de son visage!... Dans la *Descente de croix*, le Christ n'est qu'un homme, mais l'image de la mort est d'une vérité effrayante. On prétend que Holbein a pris pour modèle un juif noyé. La

---

1. Jean Holbein (1497-1554) excella surtout dans les portraits. Celui de sa femme éplorée, avec ses deux enfants, que l'on conserve à Bâle, retrace un de ces moments trop fréquents où elle laissait éclater son chagrin, à la vue de la conduite déréglée de l'artiste. Les brouilles du ménage, le désir de faire fortune et les progrès récents du protestantisme peu favorable au culte des beaux-arts, furent cause que Holbein passa une partie de sa vie en Angleterre, où il fut protégé par Henri VIII. Il mourut de la peste à Londres.

Passion du Sauveur a inspiré à l'artiste une série de huit tableaux. Il y a à l'hôtel de ville toute une salle peinte *al fresco* par Holbein. Les connaisseurs sont d'accord pour dire que son dessin est généralement irréprochable, mais qu'il peint mieux le corps que les vêtements. On remarque entre autres productions de son pinceau le portrait d'une jeune femme très-renommée de son temps.[1]; Holbein l'a représentée sous les traits d'une Laïs (ce qui laisse deviner l'espèce de célébrité qu'elle s'était faite); auprès d'elle est Cupidon, accoudé sur ses genoux et tenant une flèche. Ce tableau fut trouvé plus tard sur l'autel d'une église, où les fidèles abusés l'honoraient comme une image de la sainte Vierge. Sur son cadre noir étaient inscrits en lettres d'or ces mots : *Verbum Domini manet in æternum* (la parole de Dieu demeure à jamais).

La galerie de M. Fesch[2] est un digne sujet de curiosité pour tous les voyageurs. On l'estime à 150,000 écus. Peu de particuliers en Europe possèdent une aussi belle collection, et il n'y a pas beaucoup de gens riches qui aient le goût exquis de

---

1. La demoiselle d'Offenberg.
2. Fesch est une famille notable de Bâle qui a produit plusieurs savants jurisconsultes. L'un de ceux-ci, Remi Fesch (1595-1667), a légué à l'académie de Bâle, par un fidéicommis de famille, sa riche collection d'antiquités et de médailles, sa galerie de tableaux et sa bibliothèque.

M. Fesch. Pour moi, ce que j'envie à ce favori de la fortune, c'est moins sa galerie de tableaux, que la vue admirable dont on jouit de ses fenêtres : c'est le cours majestueux du Rhin, sous un ciel bleu, traversant les sites les plus pittoresques de la France, de la Suisse et de l'Allemagne, rapprochés comme dans un panorama, en ce point unique du globe. On y resterait immobile et ravi des journées entières, si c'était possible. On voit dans la cour la statue assez grossièrement sculptée de l'empereur Rodolphe Ier. Il est là, assis sur son trône, couvert du manteau impérial et revêtu des insignes de la puissance suprême. Il fut élu empereur au moment où il assiégeait Bâle. La ville lui ouvrit alors ses portes, et il logea, dit-on, dans la maison même qu'habite M. Fesch.

Aujourd'hui à dîner, nous fûmes témoins d'une scène touchante. Un homme d'un certain âge, chevalier de Saint-Louis, se trouvait à table avec une dame âgée aussi. Ils étaient pâles tous les deux et paraissaient accablés de tristesse. Ils ne prenaient aucune part à la conversation générale, ils se regardaient parfois et essuyaient furtivement leurs yeux rougis de larmes. Tout le monde leur marquait de l'intérêt et une déférence attentive. Un Genevois assis à côté de moi me dit à l'oreille : « C'est un grand seigneur français avec sa femme; ils ont dû quitter subite-

ment leur pays, à cause des derniers événements. »
Au moment du dessert, un jeune homme et une
jeune fille, en costume de voyage, entrèrent dans la
salle et se jetèrent dans les bras de nos mystérieux
convives en s'écriant : « Mon père! ma mère! »
Ce fut un moment unique, un moment solennel
que je n'oublierai jamais. Un profond silence régna
quelques instants dans la salle, chacun de nous
gardant son attitude : l'un tenait un biscuit, l'autre
un verre en l'air; d'autres encore restaient comme
pétrifiés, la bouche entr'ouverte, ne pouvant
achever une phrase commencée... Enfin, le chevalier essuyant ses larmes et s'adressant à nous :
« Excusez, messieurs, nous dit-il d'une voix
émue, excusez les transports de joie auxquels
se laissent aller de pauvres parents qui tremblaient
pour la vie de leurs chers enfants, et qui, Dieu
soit loué! les retrouvent sains et saufs. Nous avons
tout perdu, biens et patrie; mais puisque notre
fils et notre fille sont sauvés, tout est oublié! » Ils
quittèrent ensuite la salle se tenant par la main.
Nous les suivîmes, et ayant trouvé sur le perron
leur serviteur, nous le priâmes de nous expliquer cette scène de famille, qui nous avait
frappés de surprise. « Tout ce que je puis vous
dire, nous répondit-il, c'est que des paysans
révoltés ont voulu tuer mon maître, et que,
abandonnant son château tout en feu, il a dû

chercher son salut dans la fuite, sans savoir encore ce que deviendraient ses enfants qui étaient alors en visite chez son frère. Les voilà, Dieu merci, réunis. »

Si, à midi, vous demandez ici l'heure qu'il est, on vous répondra : « Partout ailleurs il est midi, mais à Bâle il est une heure; » c'est-à-dire que Bâle est toujours en avance d'une heure. D'où vient cette singularité? Personne ne pourrait vous le dire d'une manière certaine. Seulement, une vieille tradition raconte qu'un jour des scélérats avaient formé le dessein de se réunir à minuit pour exterminer les principaux habitants de la ville, et qu'un syndic, ayant surpris ce sinistre projet, fit en sorte que l'horloge de la tour sonnât une heure, alors qu'il n'était que minuit. Les conjurés furent déconcertés : chacun d'eux, pensant que l'heure du rendez-vous était passée, resta chez soi, et la ville fut ainsi sauvée. Ce serait donc en mémoire de l'heureux stratagème du syndic que les Bâlois mettent leurs montres en avance. Suivant une autre légende, cette révolution chronométrique date de l'époque du concile qui a été tenu ici au xve siècle, et c'est un moyen qui, à ce que l'on dit, fut mis en œuvre pour stimuler la paresse des saints Pères, et les obliger à se lever plus matin et à se réunir plus tôt. Quoi qu'il en soit, les Bâlois sont habitués à se faire illusion sur la marche du temps, et ils regardent cet usage comme un des gages les plus précieux de leur liberté[1].

Bien que le peuple ici n'ait point le pouvoir législatif, ni le droit d'élire directement ceux qui le gouvernent, Bâle est néanmoins une démocratie : tous les citoyens, de quelque condition qu'ils soient, peuvent arriver aux fonctions publiques, et parvenir à la dignité de membres du grand et du petit Conseil, qui sont en possession de la souveraineté nationale et se complètent, eux-mêmes, d'autorité, par leur propre choix.

Les Bâlois ont, en général, un air grave, presque farouche, qui n'est pas fait pour plaire aux étrangers. On observe dans les hôtels, de même que dans les maisons privées, une propreté exquise qui passe pour être la vertu par excellence des Suisses[2]. Quant aux femmes, elles ne sont pas belles, du moins je n'en ai vu aucune qui fût jolie ou même passable.

---

1. C'est là un exemple de plus à ajouter à ceux que Montesquieu a donnés pour indiquer les diverses acceptions du mot *liberté*. Voir *De l'Esprit des lois*, liv. XI, ch. II. En 1778, le peuple de Bâle s'opposa de force au règlement des horloges. Devenu plus mûr ou moins soucieux de la tradition sur la fin du siècle, il abandonna de lui-même une pratique aussi bizarre.

2. Montaigne, deux siècles auparavant, se plaignait justement du contraire. V. *Journal de voyage de Michel Montaigne* publié par Querlon en 1774, in-4°.

. . . .

... Figurez-vous que Becker, ma nouvelle connaissance, avec qui je devais parcourir la Suisse, se meurt, oui, il se meurt d'amour ! Il y a à l'hôtel une jeune dame arrivant d'Yverdun. Ce soir, elle a soupé avec nous à la table d'hôte. Becker s'étant trouvé assis à côté d'elle, elle lui adressa plusieurs fois la parole ; c'en fut assez pour faire fondre le cœur trop sensible de mon Danois. Au premier regard qu'elle lui lança, il rougit, ne voulut plus manger ni boire, et se consacra tout entier au culte de sa belle voisine. Au dessert, il eut même la fantaisie de lui présenter son album, la suppliant d'y inscrire quelque précepte de sagesse. La dame prit l'album, un crayon, le regarda d'un air coquet et écrivit en français ces mots : « *Un cœur comme le vôtre n'a pas besoin de préceptes ; en suivant ses propres impulsions, il obéit aux lois de la vertu.* » Ceci fait, elle lui rendit son album. « Madame ! s'écria Becker ravi, madame !... » En ce moment on se leva de table ; la belle lui fit une révérence, donna le bras à son frère et sortit. Becker resta comme pétrifié, la suivit des yeux et me dit, quand je m'approchai de lui, qu'il ne croyait pas pouvoir partir demain pour Zurich, se sentant *très-indisposé.*

XIII.

Bâle, le 9 août.

La jeune dame d'Yverdun est partie ce matin, et Becker en a été quitte cette fois pour un paroxysme d'amour. Le voilà guéri. Nous avons loué, à frais communs, un voiturier ou un *cocher*, comme on dit ici, qui pour deux louis et un écu s'engage à nous mener à Zurich, dans un vieux carrosse attelé de deux chevaux gras et forts. Il n'y a pas de poste aux chevaux en Suisse.

XIV.

Zurich, le 10 août 1789.

....

.... Nous sommes arrivés ici à dix heures du matin. On nous a donné à l'hôtel du *Corbeau* une grande chambre bien exposée. Le lac de Zurich est là devant nous ; la tranquillité de ses eaux contraste avec la rapidité bruyante de la Limmat qui en sort. En face, de l'autre côté du lac, se dressent de hautes montagnes escarpées ; plus loin, les monts de Schwytz, d'Unterwalden, etc. Leurs cimes couvertes de neige sont pour moi un spectacle aussi nouveau qu'attachant. Et toutes ces merveilles, je puis les voir de ma fenêtre, sans sortir de ma chambre!

On vient de nous servir à dîner. Après cela, j'irai... Mais vous avez déjà deviné sans doute chez qui j'irai cette après-dînée.

9 heures du soir.

Entré dans le vestibule, je sonnai, et aussitôt je vis venir à moi un homme grand, pâle, sec : je n'eus pas de peine à reconnaître en lui Lavater[1].

---

1. Jean-Gaspard Lavater (1741-1801), esprit observateur, amant du merveilleux. Le concours de ces aptitudes qui semblent s'exclure le porta à la recherche du *lien* mystérieux qui rattache le monde visible au monde invisible. De là est née la physiognomonie (1775), science conjecturale qu'il a créée ou rajeunie, et qui lui valut une renommée chèrement achetée. Il fut attaqué par des savants comme Lichtenberg; Musäus (voyez plus haut, p. 8) le persifla. Mais beaucoup, lui prêtant le don surnaturel de la divination, vinrent l'interroger sur leur destinée ici-bas et sur la vie future. Joseph II le visita. On a publié depuis peu la correspondance inédite de Lavater avec l'impératrice de Russie Marie Feodorovna (*Briefe über den Zustand der Seele nach dem Tode* « Lettres sur l'état de l'âme après la mort ». Saint-Pétersbourg, 1858, broch. grand in-8°). Lavater cédait facilement aux penchants, pleins de droiture du reste, d'une nature exceptionnelle qu'il a lui-même définie

Il me dit d'entrer dans son cabinet, et ayant appris que j'étais ce Moscovite qui lui avait escamoté quelques lettres sans l'avoir jamais vu, il m'embrassa, me fit deux ou trois questions sur mon voyage et ajouta : « Venez me voir à six heures ; j'ai affaire en ce moment. Ou bien, restez plutôt dans mon cabinet, où vous trouverez de quoi vous distraire. Soyez comme chez vous. » Il me désigna dans sa bibliothèque de nombreux in-folio et sortit.

Resté seul, j'hésitai un moment, puis je m'assis et me mis à feuilleter des dessins physionomiques. Cependant, vous l'avouerai-je, mes amis? cet accueil si brusque me laissa peu satisfait. Eh quoi! direz-vous, t'attendais-tu à quelque chose de plus? Pensais-tu qu'à ton nom seul on se mettrait en frais d'amitié et d'admiration? Mes chers amis, ne me demandez pas de réponse, ou vous me feriez rougir. Contentez-vous de sourire intérieurement,

ainsi : « Imagination excentrique, à ce qu'on dit, mais qui est contenue par deux gardiens sévères, le bon sens et un cœur honnête. » Si quelques-uns de ses adversaires ont suspecté la vigilance de l'un de ses gardiens, personne n'a mis en doute la bonté de l'autre. Lavater fut un missionnaire zélé du bien ; il a pratiqué la charité la plus pure jusqu'à la fin de sa vie : fin déplorable ! Le 26 septembre 1799, jour néfaste du sac de Zurich par Masséna, Lavater, en voulant séparer les combattants ou porter secours aux blessés, reçut dans le flanc droit un coup de feu, dont il mourut le 2 janvier 1801, après une agonie de quinze mois.

en songeant à ce que l'amour-propre de l'homme a de frivole et d'insensé, et oubliez à jamais la faiblesse de votre ami.

Lavater vint jusqu'à trois fois dans le cabinet pour prendre tantôt un livre, tantôt un papier, me priant de ne pas me déranger et s'en allant aussitôt.

Enfin, il rentra avec un air joyeux, me prit par la main, me conduisit chez le professeur Breitinger[1], où étaient réunis plusieurs savants de Zurich, et me présenta à la société comme son ami.

Un homme de petite taille, d'un regard pénétrant, que Lavater me parut affectionner particulièrement, attira mon attention. C'était Pfeninger, l'éditeur du *Magasin chrétien*. Au premier coup d'œil, je lui trouvai une ressemblance frappante avec G., et quoiqu'en détaillant ensuite ses traits je me sois aperçu qu'il avait d'autres yeux, un autre front, et une tout autre figure, néanmoins

---

1. Le nom de ce savant professeur, allié à celui de Bodmer et de quelques écrivains de génie tels que Klopstock, Wieland et autres, rappelle toute une école appelée *École suisse,* qui se forma à Zurich vers 1740, dans le but de réagir contre celle de Gottsched, professeur de Leipzig. On plaida vivement et avec succès la cause de l'inspiration libre et naturelle, en littérature, contre le formalisme étroit de Gottsched, en opposant les chefs-d'œuvre anglais aux chefs-d'œuvre français que recommandait ce dernier.

la première impression me resta et je ne pus m'en défendre d'aucune façon. Enfin, je me dis que si les formes extérieures de leurs visages diffèrent entre elles, la structure des muscles pourrait bien être la même. Vous savez, mes amis, qu'étant encore à Moscou, j'aimais étudier les physionomies, chercher des rapports là où d'autres n'en voyaient pas, etc. Comment voulez-vous qu'il en soit autrement ici, dans cette ville qui est pour ainsi dire le berceau de la physiognomonie et de la chiromancie ? Aussi, prenez garde à vous !

Pendant que les uns fumaient et que les autres prenaient leur thé, Lavater racontait son entrevue avec Necker. Voici, entre autres choses, ce qu'il disait : « Si je voulais me figurer un ministre accompli, je penserais à Necker. Les traits de son visage, sa voix, ses gestes ne trahissent point son cœur. Sa nature calme et austère ne se dément jamais. Et pourtant il n'est point né grand homme, comme Newton, Voltaire, etc. Sa grandeur est une grandeur acquise ; il a tiré de son propre fonds tout ce qu'il était possible d'en tirer. » Lavater l'a vu au moment même où, décidé à obéir à la volonté du Roi et de l'Assemblée nationale, il allait quitter son asile chéri aux pieds du Jura, pour se rendre à Paris où l'orage grondait alors.

Je me bornai à écouter ce qui se disait dans cette docte assemblée, sans y prendre part directement, d'autant plus que, à mon grand regret, je n'entendais pas tout à fait l'allemand corrompu qu'on y parlait.

Je sortis avec Lavater. Il me reconduisit jusqu'à mon hôtel et me dit : « Bonsoir, à demain. »

Vous n'exigerez sans doute pas de moi un portrait complet de Lavater, dès le premier jour de notre connaissance. Je vous dirai seulement qu'il a un extérieur respectable, un maintien droit, une taille bien prise, un visage allongé assez pâle, des yeux perçants et un air sérieux. Ses gestes sont vifs et prompts ; il parle toujours avec chaleur. Il a dans la voix quelque chose d'impérieux et de doctoral, ce qui vient sans doute de sa profession de prédicateur ; mais il a en même temps un ton de franche cordialité qui rassure. Néanmoins je n'étais pas tout à fait à l'aise en lui parlant ; d'abord, parce que la promptitude de son regard me faisait aller plus vite que je ne l'aurais voulu, et puis parce que je craignais toujours de ne pas l'avoir bien compris, à cause du dialecte de Zurich, dont je n'ai pas l'habitude.

XV.

Eglisau, le 15 août, soir.

Hier, à huit heures du matin, nous sortîmes, Becker et moi, de Zurich, à pied pour nous rendre à Schaffhouse. Je marchai d'abord avec entrain ; mais au bout de quelque temps je commençai à faiblir ; la journée était des plus belles, et la chaleur allait toujours croissant. Après avoir fait deux milles, je m'affaissai sur le gazon, au grand dépit de mon camarade, qui avait hâte d'arriver, pour voir la chute du Rhin. On m'apporta, d'une auberge voisine, un peu de vin et d'eau ; j'en fus réconforté, et nous nous remîmes en route. Enfin, à sept heures du soir, nous entendîmes le grondement du fleuve, et hâtant nos pas, nous arrivâmes sur sa rive escarpée. Nous vîmes la chute du Rhin.

Ce spectacle, penserez-vous sans doute, a dû nous émouvoir, nous transporter d'admiration. Eh bien ! non ; nous n'en fûmes pas émus le moins du monde. Nous gardâmes le silence pendant quelques minutes, redoutant pour ainsi dire de nous regarder en face. Je fus le premier à demander à mon compagnon de voyage ce qu'il pensait de ce phénomène. « Je pense, répondit Becker, qu'il a été beaucoup trop vanté. — Je suis comme vous, répliquai-je. Je conviens que c'est un beau fleuve, rapide et plein de vie ; mais je n'y vois point cette cataracte imposante qui devait nous ébranler jusqu'au fond de l'âme, comme on nous l'avait dit. » Après avoir échangé ces propos, nous n'eûmes rien de plus pressé que de gagner Schaffhouse, craignant d'en trouver les portes closes. J'eus de la peine à y arriver, tant j'étais las ! Nous descendîmes à l'hôtel de la *Couronne*, où l'on nous reçut avec beaucoup de prévenance, bien que nous fûssions à pied et couverts de poussière. Cet hôtel est réputé l'un des meilleurs de la Suisse. Il est très-ancien, car Montaigne en parle déjà avec éloge dans son journal. Or, Montaigne a visité Schaffhouse en 1580. Après un bon souper, je me jetai sur mon lit et je m'endormis d'un profond sommeil.

Ce matin, je suis allé faire visite au savant Muller, auteur d'un livre estimé (*Philosophische Aufsœtze*), et au négociant Haupp, pour lesquels Lavater m'avait donné des lettres. Tous les deux me reçurent avec beaucoup d'affabilité, et tous les deux furent surpris de m'entendre dire que la chute du Rhin n'avait fait aucune impression sur moi. Mais, lorsqu'ils eurent appris que je ne l'avais vue que d'en haut, en venant de Zurich, leur étonnement cessa, et ils m'assurèrent que je changerais d'avis quand j'aurais examiné le tableau de plus près et d'un autre point.

Après dîner, nous montâmes dans une voiture de place qui nous conduisit à une demi-lieue de la ville. Arrivés là, nous prîmes un bateau pour traverser le Rhin. Le courant est très-rapide en cet endroit; un coup de vent eût suffi pour nous plonger dans l'abîme. Nous atteignîmes heureusement la rive opposée et nous la gravîmes non sans peine, pour redescendre ensuite dans une espèce de galerie, bâtie pour ainsi dire dans le sein même de la cataracte.

Maintenant figurez-vous, mes amis, un grand fleuve barré par d'énormes quartiers de roche : rencontrant dans son cours impétueux un mur de granit qu'il ne peut ni abattre, ni traverser pour continuer sa marche, il se rue avec fracas, tout écumant, contre cet obstacle invincible, afin de le tourner et de le fuir. Des éclats d'eau réduite en poussière par la violence du choc, s'élevant dans l'air, forment comme un nuage ondoyant et impénétrable à l'œil. Les planches de la galerie où nous nous tenions tremblaient sous nos pieds. J'étais inondé de ces fraîches vapeurs, et silencieux, ému, saisi, j'écoutais ce concert tonnant et multiple du fleuve en courroux. Mon imagination prêtait un sens, une voix, une âme à cet élément inconscient, qui semblait vouloir me dire quelque chose d'ineffable. Tel dut être, aux jours du déluge, le déchaînement des eaux sur la terre, alors que Dieu leur donna la fatale mission de châtier le monde dégénéré...

Plein d'admiration, j'étais prêt à me jeter à genoux pour demander pardon au Rhin d'avoir parlé hier de sa chute avec tant d'indifférence. Nous sommes restés plus d'une heure dans la galerie, et cette heure m'a paru avoir à peine la durée d'un instant.

En repassant le fleuve pour nous en retourner, un nouveau phénomène s'offrit à nos yeux : des arcs-en-ciel sans nombre, formés par le reflet des rayons solaires dans l'air imprégné de vapeur, nous présentaient un spectacle vraiment féerique.

Après les fortes émotions de cette journée, je voulus goûter un peu de repos : je m'assis sur le rivage et je contemplai le Rhin et ses alentours. La hauteur du saut est bien de soixante-quinze pieds. L'une des grandes pierres qui barrent le passage au courant est profondément minée par l'eau à sa base. Sur la rive opposée, le vieux château de Lauffen, une église, des chaumières et des vergers : tout cela ensemble formait un paysage très-agréable.

Enfin, ayant renvoyé notre voiture, nous descendîmes le Rhin en bateau. Je ne pouvais m'empêcher de regarder en arrière. On ne voyait plus la cascade, et son bruit retentissait encore à mon oreille.

. . . .

Nous débarquons à Eglisau, petite ville à moitié chemin entre Schaffhouse et Zurich, pour nous remettre en marche. Quoique le soleil soit à son déclin, nous ne voulons pas coucher ici. Quelques tasses de café m'ont rendu toutes mes forces. Nous avons encore plus de deux milles jusqu'à Zurich, et je veux absolument y être demain matin, car demain, c'est dimanche, et Lavater doit prêcher dans l'église de Saint-Pierre. Nous partons, adieu!

XVI.

Une auberge après Eglisau.

A peine avions-nous quitté Eglisau, que le soleil se coucha, le ciel se rembrunit et la nuit arriva. Nous eûmes à traverser un bois épais. Il y régnait un profond silence. Je criai : *Silvain!* l'écho répéta mon cri, et tout se tut de nouveau. Il me semblait que nous approchions du sanctuaire même d'un génie silvestre, et qu'il était là, près de nous, tenant à la main une branche de cyprès. Mon cœur se serrait de peur et se dilatait aussitôt de plaisir, mais d'un plaisir inexprimable. Nous marchâmes ainsi près de deux heures, sans rencontrer âme qui vive. Un vent froid s'éleva tout à coup, et Becker m'avoua qu'il ne serait nullement fâché de trouver un gîte pour la nuit. Je le souhaitais aussi, car je n'avais pas chaud. Enfin nous avisâmes un petit village, où tout dormait déjà du plus profond sommeil. Une seule maison était éclairée, c'était une auberge. L'hôte nous regarda étonné, hocha la tête, et dit : « Eh quoi, messieurs, par une nuit aussi noire, seuls, à pied ! » Il nous fit entrer dans une grande pièce, garnie de tables et de chaises. Nous avions faim. « Dans un instant tout sera prêt, » nous dit l'aubergiste, et il nous apporta du fromage, du beurre, du pain et une bouteille de vin passablement aigre. « C'est tout ? — C'est tout, » répondit-il. Il fallut s'exécuter de bonne grâce. Il nous conduisit ensuite dans la chambre à coucher, sous les combles, où il y avait un lit assez dur que la fatigue nous fit trouver bon. Après m'être reposé une couple d'heures, je me levai, j'allumai une chandelle et je descendis dans la salle à manger, d'où je vous écris ces quelques lignes, mes amis. Mon compagnon dort tranquillement. Cependant, je vais l'éveiller pour nous remettre en route. Le vent a cessé, et le jour commence à poindre.

XVII.

Zurich, le 16 août.

Nous sommes rentrés à Zurich à huit heures et demie du matin. Le monde sortait de l'église, l'office divin était fini et mon but manqué. Je n'ai pu cette fois entendre prêcher Lavater, comme je le désirais.

Après dîner, j'allai à la promenade publique, qui se trouve aux portes de la ville : c'est un grand préau, ombragé de vieux tilleuls, au bord de la Limmat. Il y avait là beaucoup de promeneurs qui tous me saluaient avec autant d'empressement que s'ils m'eussent connu particulièrement. Tel est l'usage à Zurich : chaque passant vous dit *bonjour* ou *bonsoir*. J'aime bien la politesse ; cependant le bras se fatigue à ôter et à remettre sans cesse son chapeau, et je pris en définitive le parti d'aller nu-tête dans les rues de cette ville un peu trop cérémonieuse.

Je passai la soirée chez Lavater : j'y soupai avec quelques-uns de ses amis et avec toute sa famille, excepté son fils qui est à Londres. L'aînée de ses filles n'est pas jolie ; mais la cadette, âgée d'une douzaine d'années, est gentille. Le maître de la maison était de bonne humeur; il causa beaucoup et plaisanta agréablement. La conversation étant tombée sur un de ses ennemis, je l'observai attentivement, mais il resta impassible et garda le silence. Il a pour règle, d'après ce que m'a dit Pfeninger, de ne jamais lire les ouvrages où il est question de lui : qu'on le blâme ou qu'on le loue, il ne veut rien savoir. C'est, à mon avis, l'indice d'une grande fermeté d'esprit : agir suivant sa conscience sans se soucier du *qu'en dira-t-on*, c'est sublime.

XVIII.

Ce matin, je suis allé voir manœuvrer la milice. Cette exhibition martiale avait attiré sur la place une grande partie de la population, qui en est d'autant plus avide que de pareils spectacles sont assez rares. Il m'arriva là quelque chose de comique et de désagréable en même temps. Le professeur Breitinger, que je n'avais pas revu depuis mon retour de Schaffhouse, m'apercevant dans la foule, s'approcha de moi après l'exercice, et me demanda si j'allais bien et si j'étais content de ce que j'avais vu. Moi, croyant qu'il parlait de la chute du Rhin, et encore sous le charme de mes récentes impressions, je m'écriai : « Ah ! monsieur, qui pourrait peindre de pareilles scènes ? Il faut les avoir vues pour en apprécier toute la grandeur ! — Ce sont nos volontaires, » me dit le professeur ; et là-dessus, il me quitta d'un air satisfait. J'en fus stupéfait : je compris que sa question avait eu pour objet non pas le Rhin, mais la revue de la milice zuricoise. Que doit-il penser alors de ma réponse ? J'avoue que je fus sur le point de courir après lui pour le détromper et me réhabiliter à ses yeux ; mais il était déjà loin.

J'admire de plus en plus Lavater, mes chers amis. Songez qu'il n'a pas un seul moment à lui et que la porte de son cabinet ne se ferme jamais : tantôt c'est un malheureux ou un affligé qui vient solliciter du secours, tantôt quelque voyageur qui ne demande rien, mais qui lui prend son temps, un temps précieux. Il va lui-même visiter les pauvres à domicile. Ce soir à sept heures, après avoir écrit et expédié plusieurs lettres, il prit son chapeau, et sortit hâtivement, me disant que je pouvais venir avec lui. Voyons, où ira-t-il ? me dis-je à moi-même. Nous arrivâmes dans un hameau voisin. « Vit-elle encore ? demanda-t-il à une femme qui vint à sa rencontre. — Elle respire à peine, » répondit celle-ci en fondant en larmes. Je vis dans une petite chambre une pauvre vieille malade, pâle et décharnée, étendue sur son grabat. Deux petits garçons et une petite fille pleuraient auprès d'elle ; mais, aussitôt qu'ils virent Lavater, ils s'élancèrent vers lui pour lui baiser les mains. « Je m'en vais, » disait la mourante d'une voix imperceptible, et sa poitrine se gonflait péniblement. Lavater s'assit à côté d'elle. « Votre heure approche, lui dit-il, et votre Sauveur vous attend là-haut. Rassurez-vous : la tombe ne recevra que votre corps fragile, miné par la souffrance et né pour mourir. Mais, au moment où vos yeux se fermeront ici-bas, l'aurore d'une vie meilleure, d'une vie éternelle vous inondera de sa lumière céleste... Grâce à Dieu ! vous avez vécu une heureuse vieillesse ; vous avez eu la consolation de voir vos enfants et vos petits-enfants croître en sagesse et en vertu. Ils ne cesseront de bénir votre mémoire ; ils vous rejoindront un jour dans la demeure des bienheureux. Nous y serons tous réunis comme une seule et même famille, au sein du Seigneur notre Dieu !... » Il ne put continuer, mais il en avait dit assez : il récita les prières des agonisants, embrassa les pauvres petits, leur enjoignit de ne pas se désoler, leur donna quelque chose et sortit ; je sortis avec lui. Je me sentais oppressé, l'air frais du soir me ranima.

« Comment faites-vous pour avoir tant de force et de patience ? demandai-je à Lavater, étonné de son immense activité. — Ami ! me répondit-il en souriant, l'homme peut tout ce qu'il veut, et plus il fait, plus il se trouve disposé à agir. »

XIX.

Il y a à Zurich une école bien remarquable. Soixante jeunes filles de douze à seize ans y reçoivent une instruction gratuite et apprennent à lire, à écrire, à compter, les principes de la morale et de l'économie domestique, c'est-à-dire qu'on leur enseigne à être bonnes ménagères, bonnes épouses et bonnes mères. C'est un plaisir de voir ces jeunes personnes proprement vêtues et jolies malgré la simplicité de leur mise, s'appliquer, sous la surveillance de leurs gouvernantes, à des travaux utiles à elles-mêmes et à la société. On les traite avec douceur et patience. Il y en a de toutes les conditions : la fille du riche citoyen, assise à côté de celle du pauvre, s'habitue à estimer le mérite, sans tenir compte des inégalités de la fortune. Cette école a été fondée en 1774 par le professeur Usteri, que la mort vient d'enlever tout récemment à la vénération de ses concitoyens.

Je doute, mes amis, qu'il y ait en Europe une ville comme Zurich pour la pureté des mœurs et la piété. Ici, la fidélité conjugale n'est pas une simple chimère; ici, une mère regarde comme son devoir le plus sacré de veiller à l'éducation de ses enfants, et l'oisiveté y est pour ainsi dire inconnue, car les femmes les plus à leur aise s'occupent de leur ménage, attendu qu'il est rare qu'on ait plus d'une servante dans la maison. Visites inutiles, bals, théâtres, clubs, festins, rien de tout cela n'est en usage ici. Quelques personnes se réunissent de temps en temps pour causer amicalement, pour travailler en commun ou pour lire Gessner, Klopstock, Thompson, de ces livres enfin qui n'offensent ni le goût ni la pudeur. On s'habille simplement, on ne se farde jamais, et les modes de France ne font pas tourner les têtes comme ailleurs. Les hommes vaquent dès le matin à leurs affaires : à midi on dîne, et le soir on va se promener ou l'on s'invite réciproquement à venir prendre le thé en fumant, et l'on cause. Je n'ai pas vu vendre de cartes, les bons Zuricois n'y jouent jamais et semblent ignorer ce beau moyen de *tuer le temps* (passez-moi ce gallicisme), ce qui, en certains pays, est devenu une nécessité. Les lois tendent à proscrire le luxe, qui dégrade les caractères et tue la liberté partout où il domine. C'est ainsi que les hommes ne peuvent porter ici ni soie, ni velours; les dentelles et les diamants sont défendus; les fourrures étant chères, on n'en voit sur personne. Pas d'équipages élégants en ville; on y prise avant tout les bonnes jambes. Dans l'intérieur des maisons l'ameublement est commode, mais simple et sans aucune affectation. Quoique les vins étrangers s'importent ici, on n'en use que pour des raisons de santé. Seulement je suis tenté de croire que cette règle n'est pas strictement observée. Chez Lavater, par exemple, on nous a servi à table du malaga. Il est vrai qu'il a pu le faire prendre chez le pharmacien sur l'ordonnance de son médecin.

XX.

Je vois tous les jours Lavater chez lui, j'y dîne, et le soir nous faisons ensemble une promenade. Il paraît m'aimer, il s'intéresse à moi, et me permet quelquefois de lui faire des questions par écrit sur des matières générales; il y répond de même. Je vais vous donner un échantillon de mes questions et de ses réponses.

« Quel est le but de l'existence, également accessible pour le sage et pour l'homme le plus simple d'esprit ? »

« L'existence elle-même. Nous ne pouvons avoir d'autre but que celui d'en jouir le plus complétement possible, et en cela tous les hommes, les plus sages comme les plus simples, ne veulent qu'une seule et même chose. Nos sensations nous en fournissent sans cesse les éléments. Or, comme notre organisation et notre développement diffèrent de forme et de degré, les moyens ou les objets de nos jouissances sont également différents. Le sage se distingue du simple par les moyens qui lui révèlent le sentiment de son existence. Plus ce moyen ou cet objet est pur, élevé, durable et bon en soi, plus notre existence est réelle, assurée, heureuse ; et plus nous sommes sages, libres, aimants, aimés, actifs, humains, divins, et en harmonie avec notre destinée ici-bas. Demandez-vous ce qui vous fait le plus sentir votre être, ce qui vous procure les plus grandes jouissances, j'entends par là des jouissances compatibles avec la liberté d'esprit et exemptes de tout repentir, et vous verrez que si le moyen que vous avez choisi est aussi digne qu'il est substantiel, c'est que vous êtes vous-même d'une essence d'autant plus sublime, et plus apte à accomplir votre destinée comme homme en général, et comme tel ou tel individu en particulier. Zurich, jeudi matin, 20 août 1789. *Jean-Gaspard Lavater.* »

Que dites-vous de cette réponse, mes amis? Vous pensez bien que ce n'est précisément pas pour apprendre de Lavater le but de l'existence que je lui ai proposé cette question, mais pour voir comment il s'y prendrait pour la résoudre. Je lui en fais souvent de pareilles ; il met mon bulletin dans sa poche, et le lendemain il me rend par écrit son oracle, dont il garde une copie chez lui. Je suis sûr qu'il reproduira tout cela dans le recueil mensuel [1] qu'il va publier à Berlin.

Les œuvres imprimées de Lavater forment déjà près de cinquante volumes, et ce nombre pourrait bien doubler, pour peu qu'il vive encore une vingtaine d'années. Écrire n'est pas un travail, c'est un délassement pour lui. Indépendamment de ce qu'il livre au public, il écrit encore ses mémoires, où il note jour par jour les résultats de son expérience, les divers incidents de sa vie privée, ses espérances, ses joies et ses peines. Il compte laisser ces mémoires à son fils. Ils doivent être pleins d'in-

---

[1]. Je ne me suis pas trompé : ce Recueil* débute par ma question et la réponse que l'on vient de lire. Les critiques de Berlin ont finement raillé la solution qui consiste à dire que *l'existence est le but de l'existence*, ainsi que la manière d'écrire de Lavater. « Nous laissons, ont-ils dit, à M. Karamzine, qui connaît mieux que nous le jeu des idées de Lavater, le privilége de comprendre cette définition. » Il me semble à moi que la pensée de Lavater est facile à saisir, qu'elle est juste au fond, et qu'elle n'a même rien d'étrange, sauf toutefois les expressions dont il s'est servi. Mais M. Adelung a peut-être raison d'y relever certains péchés contre la pureté de la langue allemande. (*Note de l'auteur.*)

* *Handbibliothek für Freunde*, 1790-92 ; 24 vol. in-12.

térêt, et seront sans doute publiés un jour, si ce n'est pour vous et pour moi, du moins pour ceux qui viendront après nous. Heureux siècle! combien de mystères vont être révélés à ta curiosité!

J'ai joui ce soir d'un spectacle magnifique. L'orage a grondé près de deux heures consécutives. Ah! si vous aviez vu ces éclairs d'or et de pourpre courir en zigzag sur le dos des montagnes; si vous aviez pu entendre cette canonnade céleste qui fait frissonner la nature! On eût dit que le Dieu tonnant voulait anéantir ces cimes altières; mais elles ont résisté, et sa colère a passé. L'orage calmé, la lune est venue jeter sur nous un rayon rassurant à travers les nuages.

XXI.

Dimanche, le 23 août.

Chaque samedi Lavater s'enferme dans son cabinet pour préparer son sermon : une heure lui suffit pour cela. Du reste, si tous ses sermons ressemblent à celui qu'il a prononcé aujourd'hui, leur composition ne doit pas lui coûter beaucoup de peine. « Notre Sauveur nous a délivrés du péché; rendons-lui grâces. » Cette pensée diversement exprimée a servi de thème à son instruction pastorale, passablement déclamatoire. J'avoue que je m'attendais à quelque chose de mieux. Vous me direz que c'est là le langage qui convient au peuple. Cependant Laurent Sterne s'adressait au peuple, et il savait tout de même toucher votre cœur et le mien. Je dois dire néanmoins que le débit de Lavater ne me déplaît pas.

J'ai fait ces jours-ci la connaissance de deux compatriotes de Becker, le comte de Moltke et M. Baggesen [1]. Ce dernier a composé deux opéras qui ont été très-bien accueillis par le public de Copenhague, mais qui ont suscité à l'auteur beaucoup d'ennemis parmi les critiques. Il s'en est suivi une guerre de plume très-violente qui a porté de sérieuses atteintes à sa santé, en sorte que les médecins ont cru devoir l'envoyer aux eaux de Pyrmont et de là en Suisse. Le jeune comte, qui a fait ses études à Gœttingue, a bien voulu l'accompagner dans son voyage. Ils ont lié connaissance avec Lavater et lui ont plu à cause de leur caractère vif et impressionnable. Ils vont partir pour Lucerne : mon ami Becker est du voyage.

---

1. Iens ou Emmanuel Baggesen (1764-1826) a écrit dans les deux langues danoise et allemande avec un égal succès. Wieland l'a surnommé « un aimable enthousiaste ». Plein d'esprit, d'un esprit vif, passionné et souvent inquiet, sa poésie est un mélange de mélancolie et d'ironie : sous le rapport de la forme, ses œuvres ont généralement quelque chose d'inachevé.

XXII.

27 août.

Me voilà en route : j'ai quitté Zurich ce matin. Lavater n'a pas voulu me dire un adieu définitif, prétendant que je ne manquerais pas de reparaître encore une fois sur les bords de la Limmat. Il m'a donné onze lettres de recommandation pour différentes villes de la Suisse et l'assurance d'une amitié sincère et solide pour ce qui le concerne. Le vénérable Tobler, lui, m'a embrassé avec l'intime conviction que nous ne nous reverrions plus que dans les champs azurés de l'éternité, objet constant de ses pieuses méditations.

La route est couverte d'équipages qui se croisent dans tous les sens, et qui sont remplis d'étrangers venant chaque année dans cette saison visiter la Suisse, pour admirer ses beaux sites et en jouir à leur aise.

J'ai vu pourtant dans ce charmant pays quelque chose qui m'a infiniment choqué : des nuées d'enfants nous poursuivaient le long du chemin pour mendier effrontément, en faisant toute sorte de contorsions ridicules. Ce n'est pas le besoin qui les pousse à ce métier, c'est la facilité de gagner de l'argent sans travailler. Quel dommage que les parents les laissent faire ! Un jour, ces petits polissons deviendront de grands vauriens, et le mal social, empirant de plus en plus, fera périr la république. Alors, braves Suisses, vos regrets seront inutiles. L'air vivifiant de vos montagnes et de vos vallées pourra-t-il faire renaître parmi vous la liberté dont vous êtes si fiers, et qui sera perdue à jamais ?

XXIII.

Un hameau dans les Alpes,
9 h. du matin.

Mon guide m'éveilla à quatre heures du matin ; je m'armai de ma massue d'Hercule et nous partîmes. C'est avec un sentiment de véritable dévotion que je commençai à gravir les Alpes. La matinée était fraîche, mais bientôt je m'échauffai au point de ne plus pouvoir endurer mon surtout ouaté. Peu après la fatigue m'ôta l'usage de mes jambes : il fallut me reposer à plusieurs reprises. J'étais si agité que je pouvais entendre battre mon pouls. Mon oreille était sans cesse frappée d'un bruit sourd et lointain, provenant de la chute des neiges dans les montagnes. Malheur à celui qui se trouverait sur leur passage : il ne pourrait éviter la mort !

Je mis quatre heures à gravir un sentier étroit et pierreux, qui parfois disparaissait pour reparaître un peu plus loin. J'atteignis enfin le but de mes efforts en mettant le pied sur la cime de ces monts ardus. Là il se passa en moi quelque chose de curieux. Ma lassitude s'évanouit, mes forces furent comme renouvelées ; je respirai plus librement ; un grand calme et un contentement extraordinaire se répandirent dans tout mon être. Je m'agenouillai, je levai les yeux au ciel, et j'offris le sacrifice d'une prière ardente à celui qui a écrit en traits éclatants sur ces granits et sur ces neiges éternelles le témoignage de sa toute-puissance, de sa majesté, de son éternité ! J'occupais en ce moment l'un des points les plus élevés du globe, auxquels l'homme puisse atteindre pour adorer le Très-Haut !.. Ma langue bégayait, mais jamais, non, jamais je n'avais prié avec autant de ferveur.

J'ai fait ainsi sur moi-même l'expérience dont parle Rousseau concernant l'atmosphère des hautes montagnes. Les soucis de la terre, les tribulations de cette vie passagère, tous les sentiments qui dégradent le caractère de l'homme, restent dans la vallée ; en effet je regardais en pitié les habitants de Lauterbrunnen qui s'agitaient là-bas, au-dessous de moi ; je ne leur enviais rien, pas même le *Staubbach,* cascade argentée, éclairée par les rayons du soleil levant, qui devait en ce moment réjouir et charmer leur vue. Ici l'homme arrive à la conscience de sa haute destinée; il se sent le citoyen de l'univers; ici, à l'aspect de ces chaînes de montagnes rocheuses, rivées de glace et ensevelies sous la neige, sur laquelle des siècles ont passé en n'y laissant qu'une trace presque imperceptible de leur fuite, il oublie le temps, et sa pensée plane dans l'éternité. Son cœur est saisi d'un saint épouvantement, quand il songe à la main toute-puissante qui a fait surgir jusques aux cieux ces masses inertes et qui un jour les précipitera dans l'abîme !

En continuant ma marche sur les flancs de la *Wengeralp,* sur laquelle s'élèvent les cônes gigantesques de la *Jungfrau* et de l'*Eiger,* je vis quelques cabanes, où les bergers séjournent pendant la saison d'été avec leurs troupeaux. Ces bonnes gens m'engagèrent à y entrer, et m'apportèrent de la crème et du fromage. On ne trouve point de pain chez eux, mais mon guide en avait avec lui. Je pris mon repas assis sur un soliveau, car, dans ces gîtes alpestres, il n'y a ni tables ni chaises. Deux jeunes bergères qui se tenaient en face de moi riaient naïvement quand je leur disais que leur vie simple et insouciante me plaisait infiniment, que je voulais rester dans le hameau, faire comme elles, traire leurs vaches, etc. Elles s'égayaient de mes propos facétieux.

En ce moment, couché sur le toit d'une cabane que je n'ai eu que la peine d'enjamber, je trace au crayon ces lignes dans mon portefeuille. Combien tous les géants de ce monde paraissent petits devant moi!.. Dans une demi-heure je reprends ma course.

XXIV.

Le col de la Scheïdegg, 10 h. du matin.

. . . .
Aujourd'hui, à cinq heures du matin, j'ai quitté Grindelwald, et je me suis mis à grimper sur la Scheïdegg, luttant avec les mêmes obstacles que j'avais rencontrés hier sur la Wengeralp. Les hirondelles des montagnes voltigeaient au-dessus de ma tête en poussant des cris plaintifs; on entendait de loin le bêlement des troupeaux. Les fleurs et les plantes aromatiques embaumaient l'air et ranimaient mes forces défaillantes.

Je viens de passer devant le *Schreckhorn*, la pointe la plus haute des Alpes et qui a, d'après M. Pfiffer, 2,400 toises d'élévation. Me voici en face du sombre *Wetterhorn*, dont la cime superbe attire souvent à elle des nuages chargés de foudres et se couronne de leurs éclairs. Il y a deux heures à peine, des avalanches se détachant de son faîte se sont précipitées dans la vallée. J'entendis d'abord un grand craquement qui me fit tressaillir ; je vis ensuite deux masses de neige rouler du haut de la montagne jusqu'à ses pieds avec un bruit sourd comme le grondement lointain du tonnerre ; une poussière de neige s'éleva en même temps dans l'air, semblable à un tourbillon.

Je trouvai sur la Scheïdegg des bergers qui me régalèrent de leur fromage et d'excellente crème jaune, épaisse, aromatique. Après ce goûter aussi sain que léger, assis sur une colline, je contemplai cet amas de neiges éternelles. C'est ici la source des rivières qui arrosent nos plaines ; c'est ici le dépôt ou le magasin de la nature, le trésor où elle puise, en temps de sécheresse, de quoi rafraîchir la terre altérée. Si ces neiges fondaient soudainement, tout ce qui vit et respire ici-bas serait englouti par un nouveau déluge.

On ne peut voir sans un saisissement involontaire ces dernières limites de l'existence terrestre où il n'y a plus aucune trace de vie, même de vie végétative ; où le néant seul règne mélancoliquement, depuis le commencement des siècles. Quelquefois, au-dessus de ces rochers arides, apparaît le plus grand des oiseaux, l'aigle royal qui se nourrit de la chair des chamois. Vainement ces derniers cherchent à lui échapper par l'agilité de leurs jambes, en sautant d'une éminence sur une autre. L'ennemi poursuit avec acharnement sa proie et la harcèle en la poussant devant lui jusqu'au bord des précipices. Là, d'un coup d'aile vigoureux, il la jette dans le vide, et le pauvre animal, à bout de forces et d'adresse, devient irrévocablement sa victime. L'aigle alors le retire du fond du ravin, et l'emporte dans ses serres puissantes.

Ce ne sont pas seulement ces oiseaux ravageurs qui exterminent les innocentes bêtes dont je viens de parler : les chasseurs des Alpes sont encore plus à craindre pour elles. Méprisant les dangers, ils grimpent avec une agilité merveilleuse sur les hauteurs les plus escarpées, et périssent quelquefois entraînés dans les abîmes ou ensevelis sous les neiges.

On raconte des faits épouvantables. Un chasseur de Grindelwald, poursuivant un chamois sur le Schreckhorn et voulant sauter d'une pierre à une autre, glissa et tomba d'une hauteur considérable. Déjà le gouffre béant, tout garni de roches aiguës, allait l'engloutir, lorsque s'étant accroché du pied à une pierre, il resta suspendu dans l'espace. Figurez-vous l'horreur de sa position : pas un de ses camarades ne pouvait le secourir; aucun n'osait s'exposer à un danger aussi évident. Il demeura longtemps ainsi, entre le ciel et la terre, entre la vie et la mort : quelle mort !... Enfin, il parvint heureusement à saisir avec ses mains la pierre qui le retenait, à se remettre sur ses pieds et à descendre la montagne.

XXV.

Lausanne, le 14 septembre.

. . . .

Le chemin de Berne à Lausanne est un vrai jardin. On n'y voit que des arbres chargés de beaux fruits succulents qui font venir l'eau à la bouche, et la saison dorée, l'automne y resplendit dans toute sa magnificence.

C'était hier dimanche; les villageois, vêtus de leurs plus beaux habits, formaient des cercles en plein air et buvaient gaiement à la prospérité de leur pays.

Quand nous eûmes dépassé la petite ville de Morat, mon cocher fit halte et me demanda : « Voulez-vous voir les restes de nos ennemis? — Où sont-ils? — Ici, à droite. » Je sautai en bas de la voiture, et je vis derrière une grille de fer un amas d'ossements humains.

Charles le Téméraire, duc de Bourgogne, l'un

des princes les plus puissants et les plus braves de son siècle, mais voisin dangereux et insatiable de conquêtes, voulut en 1476 subjuguer les habitants de l'Helvétie et faire plier sous son joug de fer leur humeur indépendante. Ses armées marchèrent, ses étendards flottèrent au gré de son caprice belliqueux, le sol gémit sous le poids de ses canons. Déjà les rangs épais de ses troupes enveloppaient de toutes parts le lac de Morat, et Charles convoitait d'un œil d'envie les paisibles vallées de l'Helvétie dont il se croyait le maître. Aussitôt des feux allumés sur les montagnes firent connaître à toute la Suisse le danger qui la menaçait. Ces braves gens, quittant alors leurs chalets et leurs troupeaux et s'armant à la hâte de haches et de hallebardes, fondirent comme une avalanche sur leur ennemi commun. Le canon tonna ; mais eux, bravant une mort certaine sous les coups des envahisseurs, firent taire leurs foudres meurtrières et jonchèrent le sol de leurs cadavres [1].

Le duc lui-même, poursuivi et hors d'état de se défendre, prit la fuite et ne dut son salut qu'à la vigueur de son coursier. Un seul de ses fidèles serviteurs se sauva, dit-on, avec lui ; mais Charles, après avoir jeté un regard courroucé sur le champ de bataille et sur lui, se prit d'une fureur telle,

---

1. La bataille de Morat eut lieu le 22 juin 1476.

qu'il le tua d'un coup de pistolet, en s'écriant :
« Va-t'en, toi aussi, avec les autres ! » Les vainqueurs inhumèrent les restes des vaincus et plus tard déposèrent leurs ossements dans le lieu où ils sont aujourd'hui.

Je ne pus me défendre d'un mouvement d'horreur à la vue de ce monument attestant le délire des passions et la fragilité humaine. Mais un pareil trophée est-il bien digne de vous, vaillants défenseurs de la Suisse? Ces Bourguignons étaient vos frères, c'étaient des hommes comme vous! Ah! si, après avoir donné des larmes de pitié aux dépouilles mortelles de ces milliers d'infortunés, vous les aviez portées en terre sainte ; si, après avoir élevé un monument funèbre sur le lieu même de votre triomphe, vous y aviez gravé ces mots : « Ici, les Suisses ont combattu pour la patrie; vainqueurs, ils ont pleuré les vaincus, » combien j'admirerais alors votre courage magnanime et votre humanité! Cachez, cachez plutôt ce souvenir d'une ancienne barbarie! Fiers de votre nationalité, et vous en avez le droit, n'oubliez point que vous êtes hommes avant tout : c'est un titre plus grand et plus élevé.

D'innombrables épitaphes couvrent le mur d'enceinte qui entoure ce tombeau à ciel ouvert. Vous connaissez celle qui a été composée par le grand poëte Haller :

Steh still, Helvetier! hier liegt das kühne Heer,
Vor welchem Lüttich fiel und Frankreichs Thron erbebte.
Nicht unsrer Ahnen Zahl, nicht künstliches Gewehr,
Die Eintracht schlug den Feind, die ihren Arm belebte.
Kennt, Brüder, eure Macht : sie liegt in unsrer Treu.
O würde sie noch heut in jedem Leser neu[1]!

Beaucoup d'autres légendes et de noms sont tracés là au hasard. Quelle est cette manie de l'homme de faire, n'importe comment, étalage ou bruit de son nom! Pour cela les uns se lancent à la découverte de pays inconnus, d'autres vont mettre leur signature sur l'ossuaire des Bourguignons ou ailleurs. Plusieurs de ces visiteurs emportent des ossements avec eux. Je n'ai pas voulu les imiter[2].

Au delà de Morat se trouvent les ruines d'Aventicum[3], ville romaine dont il ne reste que

---

1. « Halte-là, fils de l'Helvétie! tu foules aux pieds les restes de la vaillante armée qui dompta Liége et fit trembler le trône de France. Cette armée, vaincue par nos pères, céda, non point à leur nombre ni à la supériorité de leurs armes, mais à l'esprit de concorde qui guida leurs bras. Frères! apprenez le secret de votre force : elle est dans votre fidélité au culte de la patrie! »

2. En 1798, les Français jetèrent ces ossements dans le lac et détruisirent le monument. A sa place s'élève aujourd'hui un obélisque de pierre, érigé en 1822, aux frais du canton de Fribourg.

3. Aujourd'hui Avenches, petite ville située sur les ruines de la grande colonie romaine. Il y a un musée d'antiquités.

des colonnes, des aqueducs, etc. Qu'est-elle devenue la splendeur de cette cité, jadis une des premières de l'Helvétie ? Où sont ses habitants ? Peuples et cités disparaissent ici-bas ! Nous disparaîtrons à notre tour, mes chers amis...

La nuit en attendant était venue, et la lune apparut, versant ses clartés lugubres sur les cendres inanimées de ceux dont elle égaya jadis les joyeux ébats.

XXVI.

. . . .

..Lausanne regorge en tout temps d'Anglais qui y viennent d'habitude apprendre le français et faire leurs farces. Quelquefois nos chers compatriotes rivalisent avec eux dans leurs escapades pour le moins autant que dans leurs études. Quant à moi, je ne conseillerai jamais à des étrangers d'envoyer leurs enfants à Lausanne. A l'exception du français, que peuvent-ils y apprendre ? Les sciences y sont moins bien enseignées qu'en Allemagne, et cela est si vrai que les Suisses eux-mêmes, quand ils veulent se consacrer aux Muses, vont étudier à Leipzig ou à Gœttingue. Nulle part aujourd'hui l'enseignement n'est aussi parfait qu'en Allemagne, et celui qu'un Heyne ou qu'un Platner n'auront pas réussi à convertir au culte des lettres doit décidément renoncer à ces belles études. Les jeunes étrangers se mettent ici en pension pour six ou sept louis d'or par mois, ce qui fait à peu près cinquante roubles de notre monnaie.

Un Russe de distinction, le comte Grégoire Razoumovsky[1], savant naturaliste, a élu domicile à Lausanne. Renonçant aux honneurs auxquels sa haute naissance lui permettait de prétendre dans son pays, il s'est spontanément confiné dans ce petit endroit, afin de se livrer à son goût pour la science, au sein d'une belle nature et d'un calme philosophique. Ses ouvrages sont tous écrits en français. Il est en ce moment en Russie, mais il ne tardera pas à revenir.

Je viens de visiter la cathédrale. J'y ai vu le monument funèbre, en marbre noir, érigé aux mânes de la princesse Orlov[2], morte à Lausanne, à

---

1. Le comte Grégoire, fils du comte Cyrille Razoumovsky, reçut, grâce à la haute position de son père, qui a été non-seulement hetman des Cosaques, mais aussi président de l'Académie des sciences de Saint-Pétersbourg, une instruction solide, et se voua à l'étude des sciences naturelles. Il avait déjà publié, dès 1781, quatre ouvrages de géologie. Il mourut en juin 1837 dans sa terre de Rudoletz, en Moravie. Sa vie privée est loin d'avoir été un modèle accompli de philosophie morale.

2. La princesse Catherine, née Zinoviev, mourut, après quatre ans de mariage, en 1781. Désolé de sa perte, le prince Grégoire Orlov ne lui survécut que peu de temps.

la fleur de l'âge, dans les bras d'un époux inconsolable. On dit qu'elle fut belle et douée d'un cœur sensible. J'ai béni sa mémoire. J'ai vu également l'urne de marbre blanc placée sur la tombe de la duchesse de Courlande, qui a été ici, de son vivant, un objet de vénération à cause de ses vertus et du sentiment exquis qu'elle avait de la nature et de la poésie.

XXVII.

Je suis sorti de Lausanne aujourd'hui à cinq heures du matin, la gaieté dans le cœur, l'*Héloïse* de Rousseau à la main. Vous devinez sans doute le but de ma promenade. Oui, mes amis, je voulais voir de mes propres yeux les lieux charmants où Rousseau a mis en scène ses héros. Le chemin est bordé de vergers entourés d'un mur de pierre très-haut qui borne la vue du passant. Mais, par intervalles, là où le mur se trouve interrompu, on voit, à gauche, les gradins élevés du Jura couronnés de vignobles, de jolies petites habitations ou de châteaux ruinés ; à droite, de vertes prairies ceintes d'arbres fruitiers, et le lac de Genève aux bords escarpés du côté de la Savoie. A neuf heures, j'étais déjà à Vevey (à quatre lieues de Lausanne), et assis à l'ombre des marronniers je contemplai de loin les cimes rocailleuses de Meillerie, du haut desquelles le malheureux Saint-Preux voulut se précipiter, et d'où il écrivit à Julie ces lignes passionnées :

« Dans les violents transports qui m'agitent, je ne saurais demeurer en place ; je cours, je monte avec ardeur, je m'élance sur les rochers, je parcours à grands pas tous les environs, et trouve partout dans les objets la même horreur qui règne au dedans de moi. On n'aperçoit plus de verdure, l'herbe est jaune et flétrie, les arbres sont dépouillés, le séchard[1] et la froide bise entassent la neige et les glaces ; et toute la nature est morte à mes yeux comme l'espérance au fond de mon cœur.

« Parmi les rochers de cette côte, j'ai trouvé, dans un abri solitaire, une petite esplanade, d'où l'on découvre en plein la ville heureuse où vous habitez. Jugez avec quelle avidité mes yeux se portèrent vers ce séjour chéri. Le premier jour, je fis mille efforts pour y discerner votre demeure ; mais l'extrême éloignement les rendit vains, et je m'aperçus que mon imagination donnait le change à mes yeux fatigués. Je courus chez le curé emprunter un télescope avec lequel je vis ou crus voir votre maison ; et depuis ce temps je passe les jours

---

1. Vent du nord-est.

entiers dans cet asile, à contempler ces murs fortunés qui renferment la source de ma vie. Malgré la saison, je m'y rends le matin et n'en reviens que la nuit. Des feuilles et quelques bois secs que j'allume servent, avec mes courses, à me garantir du froid excessif. J'ai pris tant de goût pour ce lieu sauvage, que j'y porte même de l'encre et du papier, et j'y écris maintenant cette lettre sur un quartier que les glaces ont détaché du rocher voisin[1]. »

Vous n'aurez pas de peine à comprendre les sentiments que tous ces objets ont dû faire naître en moi, vous qui connaissez mon amour pour Rousseau et le plaisir que j'ai eu à lire avec vous son *Héloïse*. Il y a bien dans ce roman des invraisemblances et parfois de l'exagération, mais il n'y a pas en français de livre où l'amour soit peint avec autant de vivacité et d'entraînement que dans la *Nouvelle Héloïse*, sans laquelle *Werther* n'eût jamais vu le jour, car le fond de *Werther* est le même que dans le roman de Rousseau et semble lui être emprunté, seulement Gœthe a plus de naturel. Il faut que la beauté de ces lieux ait fait une profonde impression sur l'âme de Rousseau pour que ses tableaux fussent si exacts et en même temps si animés. En regardant bien, il me sem-

1. *La Nouvelle Héloïse*, partie Ire. Lettre XVI à Julie.

blait reconnaître de loin l'esplanade qui avait eu tant d'attrait pour Saint-Preux. Ah! mes amis, pourquoi faut-il que Julie n'ait jamais existé! Pourquoi Rousseau nous défend-il de chercher ici ses traces! Vous vous rappelez ce passage de ses *Confessions*, où il dit : « Je dirais volontiers à ceux qui ont du goût et qui sont sensibles : « Allez à « Vevey, visitez le pays, examinez les sites, pro- « menez-vous sur le lac, et dites si la nature n'a « pas fait ce beau pays pour une Julie, pour une « Claire et pour un Saint-Preux, mais ne les y « cherchez point[1]. » Le fameux voyageur anglais Coxe prétend que Rousseau a composé la *Nouvelle Héloïse* durant son séjour à Meillerie; mais il se trompe. M. de L., dont vous avez entendu parler et qui a connu Rousseau, m'a assuré que ce roman a été écrit à l'*Hermitage*, à trois ou quatre lieues de Paris[2].

1. Les *Confessions*, partie Ire, liv. IV.
2. Ceci se trouve confirmé dans les *Confessions*, que je n'avais pas encore lues quand j'écrivis cette lettre. Je ne saurais dire le plaisir extrême que me causa ce livre, qui parut lors de mon séjour à Genève, et où le cœur de Rousseau se montre pour ainsi dire à nu. Son esprit me domina à un tel point, que je ne songeai plus qu'à lui, même dans mes rêves. Un jeune peintre de ma connaissance, ayant aussi lu les *Confessions*, se mit à en peindre l'auteur dans toutes les attitudes imaginables, recommençant toujours sans achever un seul de ces tableaux. Il le représenta, entre autres, baisant passionnément le jupon de flanelle que

Après m'être reposé à l'auberge et avoir pris un peu de thé, je suivis les rives du lac pour aller voir Clarens, où a dû se passer la principale scène du roman. De grands arbres, à épais feuillage, cachent ce lieu aux regards impatients du voyageur. J'approchai, et je vis un pauvre petit hameau au pied des montagnes couvertes de sapins. A la place de l'habitation de Julie, si gracieusement décrite par l'auteur, je ne trouvai qu'un vieux château ruiné, dont le sombre aspect rappelle l'époque ténébreuse où il fut bâti. La plupart des habitants de Clarens connaissent la *Nouvelle Héloïse* et savent gré à Rousseau de l'illustration qu'il a répandue sur leur hameau. Le cultivateur, en y voyant venir quelque nouveau curieux, lui dit avec un sourire narquois : « Monsieur a sans doute lu la *Nouvelle Héloïse*. » Un vieillard m'a même

---

Mme d'Épinay venait de lui envoyer pour en faire un gilet. Le jeune peintre trouvait cela très-touchant*. Les hommes ont tant de manières différentes de voir les choses!

(Note de l'auteur.)

* Il avait pour lui ce passage des *Confessions* : « J'y trouvai un petit jupon de dessous, de flanelle d'Angleterre, *qu'elle me marquait avoir porté*, et dont elle voulait que je me fisse un gilet. Le tour de son billet était charmant, plein de caresse et de naïveté... Dans mon émotion, je baisai vingt fois, en pleurant, le billet et le jupon. » Seulement, il était dit dans le billet : « Un cotillon tout neuf à moi, *que je n'ai pas porté* au moins. » Pour justifier les transports de Jean-Jacques, il faudrait lui supposer l'idée que Mme d'Épinay, si elle ne l'a pas porté, a du moins mis sur elle cet intéressant jupon.

montré le petit bosquet où Julie donna son premier baiser à Saint-Preux, et par cet attouchement magique mit en révolution tout son système nerveux. Au delà de ce hameau, les eaux du lac baignent les murs du château fort de Chillon, et par leur bruit monotone communiquent à l'âme une vague mélancolie. Plus loin encore, à l'endroit où le Rhône se jette dans le lac, on aperçoit la petite ville de Villeneuve. Vevey est placé dans un site charmant. Ses rues sont bien alignées, les maisons bien bâties, il y a une belle place. C'est le rendez-vous de l'aristocratie du pays de Vaud.

XXVIII.

Les sociétés à Lausanne diffèrent de celles de Berne en ce que l'on y joue beaucoup aux cartes, et qu'on s'y laisse aller à un commerce plus libre. Il paraît que les habitants ici ont emprunté aux Français non-seulement leur langue, mais aussi leurs mœurs, du moins en partie, tout en conservant quelque chose de la rudesse et de la froideur qui caractérisent les Suisses. Ce mélange, sans motif sérieux, n'est pas de mon goût. Je n'aime que ce qui est entier, original. Je hais surtout l'imitation trop servile.

XXIX.

Genève, le 2 octobre.

. . . .

... Je suis à Genève, et je compte y passer mon hiver. La ville me plaît, ses alentours sont charmants; des lettres de recommandation me donnent accès dans les meilleures maisons; le genre de vie et les manières des Genevois sont faciles, agréables : que voulez-vous de plus ? Mon âme, fatiguée du spectacle de tant de choses neuves et curieuses qui dans ces temps m'ont diversement impressionné, demande un peu de repos et de fixité.

Je mets un terme à ma vie vagabonde. Pour trente livres par mois, j'ai une grande chambre claire, aérée, bien meublée ; je fais moi-même mon thé et mon café, et je dîne en pension pour douze livres par semaine. Vous ne sauriez vous figurer combien ce nouveau genre de vie et ce petit ménage de ma façon ont d'attrait pour votre ami! Levé de grand matin, je sors de la ville, en costume de voyage; je me promène sur les bords du lac ou bien je suis le Rhône qui côtoie les jardins et les jolies maisons de campagne dans lesquelles les riches citoyens de Genève passent leur été ; je me repose ensuite et je prends le thé dans quelque auberge de France, de Suisse ou de Savoie (vous savez que Genève est située sur la limite de ces trois pays) ; je flâne encore, je rentre, je prends le café à la crème épaisse que me prépare Mme Lagier, mon hôtesse, je lis ou j'écris ; à midi je m'habille ; à une heure je dîne ; après dîner je vais au café, où il y a toujours foule, où l'on se raconte les nouvelles, où l'on commente les affaires de France, les décrets de l'Assemblée nationale, où l'on s'entretient de Necker, du comte de Mirabeau, etc. A six heures, je me rends au théâtre ou au cercle, et ma journée est finie.

XXX.

Quel est le voyageur qui, se trouvant à Genève, ne se fasse un plaisir et un devoir d'aller à Ferney, où l'un des hommes les plus célèbres de notre siècle passa une partie de sa vie ?

J'y suis allé à pied, en compagnie d'un jeune Allemand. Le château est bâti sur une élévation, à quelque distance du village de Ferney. Une belle allée y conduit. Nous vîmes devant la maison une petite église portant cette inscription : *Deo erexit Voltaire* « Voltaire à Dieu ».

« Voltaire est un des plus constants adorateurs de la Divinité, » a dit M. de la Harpe dans son *Éloge de Voltaire.*

Si Dieu n'existait pas, il faudrait l'inventer.

« Ce beau vers fut une des pensées de sa vieillesse, et c'est le vers d'un philosophe. »

Un serviteur de la maison, qui vint à notre rencontre, nous en refusa d'abord l'entrée, disant que son maître, à qui l'héritière de Voltaire a vendu ce château, avait défendu de le faire voir. Mais nous l'assurâmes de notre gratitude et les portes du sanctuaire s'ouvrirent pour nous. L'appartement de Voltaire est resté tel qu'il l'a laissé : il est assez richement meublé. Dans la chambre à coucher où fut déposé son cœur, que Mme Denis a depuis emporté avec elle à Paris[1], il n'est resté qu'un monument funèbre sur lequel on lit : « Son esprit est partout et son cœur est ici ; » et au-dessus : « Mes mânes sont consolés puisque mon cœur est au milieu de vous. » Les murs sont ornés de portraits ; d'abord celui de notre souveraine, brodé sur une étoffe de soie avec cette inscription : « Offert à

---

1. Le cœur de Voltaire a été déposé tout récemment, par un de ses héritiers, à la Bibliothèque impériale de Paris : récipient en fer blanc dans une boîte de bois. Quant à son appartement à Ferney, il a changé d'aspect par suite de réparations faites en 1845.

M. de Voltaire par l'auteur » (je regardai ce portrait avec un intérêt tout particulier) ; ensuite celui du feu roi de Prusse, celui de Lekain, ceux de Voltaire et de Mme du Châtelet, qui fut son amie et plus que son amie. Il y a là aussi les portraits gravés de Newton, de Boileau, de Marmontel, de d'Alembert, de Franklin, d'Helvétius, de Clément XIV, de Diderot, etc. La chambre à coucher de Voltaire lui servait en même temps de cabinet, et c'est de là qu'il instruisait, charmait et amusait toute l'Europe.

Il est avéré, mes amis, qu'aucun écrivain du xviii° siècle n'a eu sur ses contemporains autant d'influence que Voltaire. Son premier titre à la gloire c'est la tolérance, qu'il a cherché à propager, et qui est le bien le plus précieux définitivement acquis à notre époque. On ne peut lui reprocher qu'une chose : c'est d'avoir confondu dans ses attaques la religion du Christ avec l'abus qu'en ont fait les hommes. Voltaire a écrit pour tout le monde, pour les savants comme pour les ignorants ; chacun le comprenait et le lisait avec plaisir. Personne mieux que lui n'a su montrer et mettre en relief le côté ridicule des sujets qu'il a traités, et aucune philosophie n'a pu résister aux traits acérés de son ironie.

Le château de Ferney est admirablement situé. Voltaire pouvait voir de ses fenêtres le mont Blanc, couronné de neiges, et les vallées riantes des environs. Le jardin, qu'il a planté lui-même, dénote son goût exquis. Une grande pièce d'eau reflète l'image des arbres qui croissent sur ses bords, comme le nom de Voltaire est religieusement répété par tous les habitants de Ferney..

Assis à l'ombre d'un marronnier, je trouvai un grand plaisir à relire le passage suivant dans l'*Éloge de Voltaire* par M. de la Harpe.

« Ses vassaux qui l'ont perdu, leurs enfants, héritiers de ses bienfaits, diront au voyageur qui se sera détourné pour voir Ferney : « Voilà les
« maisons qu'il a bâties, les retraites qu'il a don-
« nées aux arts utiles, les terres qu'il a rendues à
« la culture et dérobées à l'avidité des exacteurs.
« Cette colonie nombreuse et florissante est née
« sous ses auspices, et a remplacé un désert. Voilà
« les bois, les avenues, les sentiers où nous l'a-
« vons vu tant de fois. C'est ici que s'arrêta le
« chariot qui portait la famille désolée de Calas.
« C'est là que ces infortunés l'environnèrent en
« embrassant ses genoux. Regardez cet arbre con-
« sacré par la reconnaissance, et que le fer n'a-
« battra point ; c'est celui sous lequel il était assis
« quand des laboureurs ruinés vinrent implorer
« ses secours, qu'il leur accorda en pleurant, et
« qui leur rendirent la vie. Cet autre endroit est
« celui où nous le vîmes pour la dernière fois... »

Et à ce récit, le voyageur qui aura versé des larmes en lisant *Zaïre,* en donnera peut-être de plus douces à la mémoire des bienfaits. »

Nous dînâmes à l'auberge de Ferney avec deux jeunes Anglais, et nous bûmes de grand cœur aux mânes de Voltaire. A sept heures du soir je rentrai chez moi.

XXXI.

Je suis allé un de ces jours à la campagne dîner en société avec des Genevois et des étrangers. Notre banquet a été très-gai et très-cordial. On a causé, on a chanté à la ronde. Après dîner, les uns se sont promenés en bateau sur le lac, d'autres ont joué à la boule ; d'autres enfin sont restés sur le balcon à fumer tranquillement leur pipe.

Le soir, comme je retournais à la ville, il m'arriva un accident qui eût pu avoir des conséquences fâcheuses pour moi. Vous ne devinez pas ? Eh bien, voici ce que c'est : je cheminais en rêvant, lorsque je m'aperçus que je venais de marcher sur un serpent. Je tressaillis en le voyant s'entortiller autour de ma jambe et lever la tête pour me piquer au travers de mon bas... Mais, rassurez-vous, mes amis ; je fus assez leste pour me débarrasser du reptile par un mouvement instinctif, avant qu'il eût pu me mordre. « Méchante bête! m'écriai-je, quand je le vis filer rapidement sur le sable, méchante bête! ta vie maintenant est en mon pouvoir. Mais, puisque la nature te souffre dans son sein, va, rampe, vis! je ne veux pas te ravir ta triste existence! »

Je ne me rappelle pas si je vous ai écrit de m'adresser vos lettres ainsi : *Genève, Grande Rue, 17.* Adieu, mes bons amis, à bientôt!

XXXII.

Le docteur Becker est à Genève. Je l'ai rencontré dans la rue et nous nous sommes jetés dans les bras l'un de l'autre, comme d'anciens amis s'embrassent après une longue séparation. Depuis lors nous nous voyons chaque jour, soit à la promenade, soit au logis, où nous prenons ensemble le thé devant la cheminée. Il loge dans la même rue que moi.

Ses compatriotes, le comte de Moltke et le poëte Baggesen, sont restés à Berne. Ce dernier va bientôt se marier, et cela de la manière la plus romanesque. Je vous avais écrit que Becker était parti avec eux pour Lucerne. De là, ils se rendirent à travers les montagnes à Unterseen et arrivèrent, harassés de fatigue, au bord du lac, décidés à y prendre le bateau-poste pour aller à Thun. Au moment de démarrer survint une jeune personne accompagnée d'un homme déjà âgé. Elle pouvait avoir vingt ans et était assez jolie; elle avait un chapeau vert, une robe blanche, un bâton de voyage à la main. Elle sauta, légère comme un oiseau, dans le bateau, et dit, avec un sourire, à nos voyageurs (vrais chevaliers de la *Triste Figure*) : « Bonjour, messieurs. » Cette apparition inattendue les déconcerta : ils se regardèrent et comprirent à peine qu'il fallait une réponse à ce gracieux salut. Le docteur Becker m'assure — et sa parole est digne de créance — qu'ils lui ont très-bien répondu, quoique le comte se soit coupé au second mot, et que Baggesen et lui n'aient pas ouvert la bouche. On finit par causer. La demoiselle leur apprit qu'elle venait d'Unterseen où elle était allée avec son oncle voir sa bonne nourrice malade, et qu'elle s'en retournait à Berne. « Comment avez-vous laissé la malade? demandèrent les voyageurs avec un air d'intérêt. — Dieu merci, elle va mieux, » répondit la belle inconnue. Elle voulut, à son tour, savoir le nom de ses compagnons de voyage. En apprenant que le comte de Moltke était le petit-fils de l'ancien ministre de Danemark, elle parla de cet homme d'État et de son époque en personne qui n'est pas étrangère à l'histoire contemporaine de l'Europe. On débarqua à Thun. Les trois amis accompagnèrent la dame jusqu'à l'auberge et s'y installèrent aussi. L'hôtelier leur apprit que leur aimable connaissance était la petite-fille du célèbre poëte et philosophe de la Suisse, Haller[1]. Baggesen, enchanté de recueillir cette particularité, profita de la première occasion pour dire à Mlle Haller qu'il faisait le plus grand cas des œuvres de feu son grand-père. « Ah ! si vous l'aviez connu lui-même ! répliqua-t-elle avec sensibilité ; vieux, il charmait encore tout le monde par ses manières douces et affables. Je suis vraiment touchée quand je songe que dans ses moments de loisir, après un travail sérieux et important, il se plaisait à jouer avec nous autres, petits marmots ; qu'il me prenait sur ses genoux, m'embrassait et m'appelait *sa chère Sophie.* » Et elle essuya quelques larmes qui perlaient dans ses yeux. Baggesen pleura aussi, il se hasarda même, dans un transport de sympathie, à baiser la main de la jeune fille. Toute la compagnie, oubliant la fatigue, passa la soirée dans la plus

---

1. Albert de Haller (1708-1777), de Berne, poëte, naturaliste, savant presque universel, organisation puissante à tous les égards. Ses odes, ses œuvres didactiques et d'immenses travaux sur la physiologie, la botanique, etc., n'ont pas fait oublier ses *Essais de poésies suisses,* qu'il composa dans sa jeunesse.

agréable causerie. Le lendemain, nos Danois devaient partir de bonne heure pour Berne; quant à Sophie et à son oncle, ils avaient affaire à Thun. « Serait-ce donc un adieu éternel? » demanda le comte en regardant fixement Mlle Haller. Baggesen paraissait encore plus ému, et Becker prêtait une oreille avide à ce qui allait se dire. Elle sourit, et, présentant sa carte au jeune comte, elle ajouta : « Voici l'adresse de notre famille, qui sera bien aise de recevoir des hôtes aussi distingués. »

Une fois à Berne, nos amis se crurent obligés d'aller offrir leurs hommages à Mlle Haller. Elle était sortie, mais son oncle et sa tante leur firent un bon accueil. « Mademoiselle Sophie sera-t-elle bientôt de retour? Verrons-nous bientôt mademoiselle? » Telles furent les questions que les maîtres de la maison eurent à subir pendant l'absence de leur nièce. Elle rentra enfin, et elle leur parut encore plus séduisante. Le comte, Baggesen et Becker voulaient parler tous à la fois, et la questionnaient vivement. Elle répondit à l'un par quelques paroles, à l'autre par un sourire, au troisième par un geste de la main, et tous les trois furent satisfaits. Le soir on fit une promenade au retour de laquelle le salon se remplit de monde ; mais les trois amis ne voyaient et n'entendaient qu'*elle* seule.

On se revit, on se fréquenta. Toutefois, voici les

changements qui ne tardèrent pas à se produire. Becker comprit qu'il ne pouvait prétendre à être le *premier* dans les bonnes grâces de Sophie; il se tint dès lors plus à l'écart. Le jeune comte s'avisa aussi, je crois, de quelque chose de pareil; il en devint triste, cessa de venir à la maison, et chercha à se distraire dans les salons de Berne. Quant à Baggesen, son enthousiasme, loin de s'amoindrir, était, au contraire, tout feu et tout flamme. Il n'osait pas encore dire à Sophie : *je t'aime!* mais elle s'en doutait, et devint pensive. Bien des fois, les marronniers de la grande terrasse de Berne et l'astre mystérieux du soir furent témoins de leurs entretiens passionnés et chastes en même temps, de leurs douces rêveries en tête-à-tête. Un soir, Baggesen n'y tint plus, et, tombant aux genoux de Sophie, il saisit sa main en s'écriant : « Elle est à moi! ton cœur est fait pour me comprendre; nous serons heureux! — Oui, elle est à toi! répondit Sophie avec un regard d'une tendresse ineffable; je suis sûre d'être heureuse avec toi! » Je laisse à d'autres le soin de peindre cette scène délicieuse.

Baggesen fut présenté à toute la famille comme le fiancé de Mlle Haller, et la noce se fera dans quelques semaines[1]. Le comte, devenu plus calme, témoigne une joie sincère du bonheur de son ami.

---

1. Mme Baggesen mourut en 1797, laissant deux enfants en bas âge, et le poëte ne tarda pas à se remarier.

Becker s'en réjouit aussi, et c'est lui-même qui m'a raconté ce que vous venez de lire.

XXXIII.

Genève, le 1ᵉʳ novembre.

. . . .

L'automne me rend triste. La cime du Jura s'est couverte de neige ; les feuilles des arbres jaunissent, l'herbe se flétrit. Je rôde sur la *Treille*, et je regarde d'un œil désespéré les ruines de l'été. J'écoute bruire le vent, et la mélancolie se mêle dans mon âme à je ne sais quelle plus douce sensation. Ah! jamais je n'ai aussi bien compris à quel point les phénomènes de la nature sont l'image de notre propre existence !... Où es-tu, printemps de ma vie ? L'été passe, il passe vite, et mon cœur, en ce moment, sent déjà le froid de l'automne. Adieu, mes amis !

XXXIV.

Le mont Jura, le 8 novembre.

Tavernier, qui avait immensément voyagé, disait qu'à l'exception d'un certain site en Arménie[1], il

---

1. Le site d'Érivan.

n'avait trouvé nulle part une vue comparable à celle dont on jouit à Aubonne, petite ville sur la pente du Jura, à huit lieues de Genève. Aussi, prenant mon bâton de voyage, je m'y dirigeai aujourd'hui, afin de voir par moi-même le tableau qui a fait les délices du célèbre voyageur français.

En ce moment, assis au faîte du Jura, je laisse errer ma vue sur l'espace illuminé par les rayons du soleil couchant. Je contemple d'abord ce beau lac de Genève, uni comme une glace ; de ce côté, ce ne sont que villes, bourgades, chalets, prairies, bois, mille chemins et sentiers, couverts d'une fourmilière de passants ; au delà, sur la rive savoisienne, d'affreux rochers, quelques cabanes, le mont Blanc dans son manteau de neige, avec sa couronne rosée et dorée par les reflets du soleil : véritable roi au milieu de ses satellites !... Ce *haut-relief* du globe terrestre laissera dans mon âme un souvenir impérissable. Combien j'aimerais avoir une cabane ici, dans les bleus séjours du Jura, et y passer ma vie comme un rêve merveilleux !... Mais, hélas ! mes amis n'y seraient pas avec moi.

Le jour a disparu, et les monts brillent encore. Voilà que les ténèbres ont envahi le ciel : les trois cimes du mont Blanc sont seules visibles. Un vent d'ouest souffle des nuages sur l'horizon : le tableau s'évanouit.

XXXV.

Aubonne, 11 heures du soir.

Revenu des Indes avec de grandes richesses, Tavernier acheta la baronnie d'Aubonne, et se promit d'y passer le reste de ses jours. Mais la passion des voyages se réveilla de nouveau dans son âme. A l'âge de quatre-vingt-quatre ans, il se remit en route, visita les régions boréales, et termina son existence aventureuse dans la capitale de l'empire russe en 1689. Quand je serai de retour à Moscou, je tâcherai de retrouver le tombeau de cet homme célèbre, qui, après avoir fait le tour de l'Europe et de l'Asie, après avoir été six fois en Turquie, en Perse, aux Indes, pensait qu'il n'avait pas encore assez voyagé. Son père faisait le commerce des cartes géographiques; le fils aimait à les étudier, et, les yeux fixés sur ces contours capricieux, il s'écriait : « Ah! mon père, qu'on serait heureux de voir tous les pays qui sont dessinés sur ce papier ! » Telle est l'origine de la passion qui l'a tourmenté toute sa vie.

Combien la destinée des hommes est variée! L'un naît et meurt dans la cabane paternelle, sans se soucier de ce qui se passe à quelques pas de là ; l'autre veut tout connaître, tout voir, et l'Océan n'est pas assez vaste pour mettre des bornes à sa curiosité. Il y a en nous deux tendances opposées : l'une nous entraîne vers les objets nouveaux, l'autre nous attache aux objets anciens ou connus ; la première de ces deux passions a nom *inconstance*, et l'autre *habitude*. L'uniformité nous pèse, elle nous donne la soif du changement ; et par contre, en quittant les choses auxquelles nous sommes accoutumés, nous éprouvons un certain regret. Heureux celui chez qui ces deux instincts se trouvent dans un parfait équilibre ! Autrement, voici ce qui arrive : on passe sans cesse d'un objet à un autre, sans pouvoir rien approfondir ; on devient inconstant, distrait, indifférent à tout, à force de changer ; ou bien, ne sortant jamais de l'ornière habituelle, on tombe dans une complète apathie ; l'esprit s'émousse, l'âme s'énerve et s'engourdit. Ainsi, les deux extrêmes se touchent et produisent des effets à peu près identiques. Lisez Tavernier, Paul Lucas, Chardin et d'autres grands voyageurs : trouverez-vous en eux un cœur tendre et sensible, un attachement solide à quoi que ce soit ?... Ah ! mes amis ! un homme qui peut passer dix ou vingt ans en pays étranger, vivre parmi des étrangers, sans se soucier de ceux qui sont nés sous le même ciel, qui ont partagé ses jeux d'enfance, ses joies et ses peines, respiré le même air et parlé la même langue que lui, un tel homme ne sera jamais rien pour moi!

XXXVI.

Genève, le 1er décembre 1789.

J'ai aujourd'hui *vingt-trois* ans accomplis. A six heures du matin, je suis allé sur les bords du lac, et, les regards fixés sur son onde azurée, j'ai songé aux vicissitudes de la vie humaine!

Amis! votre main! et que le cours du Temps nous entraîne où il voudra! Confions-nous à la Providence, au Dieu invisible qui meut les mondes et les atomes, qui règle le sort de l'homme et le sort du vermisseau...

J'aimerais passer ce jour au milieu de ceux qui me sont chers; mais que faire!... Mon cœur est avec vous. Pensez à votre ami!

XXXVII.

Genève.

Peut-être vous semblera-t-il étrange, mes chers amis, que je ne vous aie point encore parlé de

Bonnet[1], qui habite Genthod, à une lieue d'ici. C'est que j'avais désespéré de le voir, ayant entendu dire qu'il est valétudinaire, à peu près sourd et aveugle, et qu'il ne reçoit d'autres personnes que quelques proches parents à lui. Cependant, un de ceux-ci l'ayant averti qu'un voyageur russe désirait lui présenter ses hommages, Bonnet m'envoya une invitation formelle.

Je m'y rendis à l'heure qu'il m'avait désignée ; je le vis et je fus agréablement surpris. C'est un

1. Charles Bonnet (1720-1793), d'une famille honorable de réfugiés français; naturaliste plein de génie et de piété. Marchant sur les traces de Haller, il fit à vingt ans des découvertes importantes sur la physiologie des plantes et des animaux. Il fut, dans ses idées générales, le philosophe du sentiment par excellence, et dépassa quelquefois les limites du probable. Le principe dominant de son système, c'est l'existence des *germes* dans la nature et le progrès continu, indéfini de leur développement. De là, une palingénésie universelle (*palingénésie* veut dire renaissance). Il cherche à faire l'application de ce principe à la résurrection de l'homme, supposant que le corps *spirituel* et *glorieux* dont parle l'Apôtre est contenu en germe dans quelque partie du cerveau qui est le siége de l'âme; que ce germe préformé, subtil et impérissable, pourrait bien être fait de matière éthérée ou de feu vital, attendu que « tous les corps sont imprégnés de feu. » La chimie n'avait pas encore parlé lorsque Bonnet publiait ses *Considérations sur les corps organisés* (1762), sa *Contemplation de la nature* (1764) et sa *Palingénésie philosophique* (1770). Mais Herder dans son spiritualisme rejetait déjà l'hypothèse de Bonnet, ingénieuse pourtant et conciliatoire.

homme avancé en âge sans doute, mais nullement affaibli par les années et décrépit, comme on me l'avait assuré. Son œil est vif, sa voix sûre et douce à entendre. « Vous voyez devant vous, lui dis-je, un de vos admirateurs qui a lu vos œuvres et en a fait son profit. — Je suis heureux d'apprendre, me répondit-il, que mes ouvrages aient été utiles à un galant homme. »

Nous nous assîmes devant la cheminée, lui dans son fauteuil, moi sur une chaise, à côté. « Approchez-vous, continua-t-il, en mettant un cornet à son oreille ; mes sens commencent à ne plus me bien servir. »

L'entretien dura près de trois heures. Bonnet me charma par sa bonhomie et sa candeur. Il n'avait rien d'empesé dans ses manières, et il recevait avec une sensibilité touchante l'expression de ma vive sympathie. La pureté de son âme est telle qu'il n'admet point l'existence de faux compliments : il les croit tous sincères et se livre avec délice aux pures émotions de l'amitié. Ah ! quelle différence entre lui et certains savants allemands ! Ceux-ci regardent tout éloge comme un tribut qui leur est rigoureusement dû et font peu de cas de ceux qui les exaltent. Bonnet, au contraire, ne se plaît qu'aux épanchements d'un cœur aimant et plein d'urbanité.

Il a bien voulu m'agréer pour la traduction de

ses œuvres en langue russe. « Par quoi commencerez-vous? me demanda-t-il. — Par la *Contemplation de la nature*, lui répondis-je; car je tiens cet ouvrage pour le meilleur résumé des connaissances utiles. — Je ne me serais jamais douté du succès de ce livre, reprit-il. On l'a bien accueilli et il a été traduit en beaucoup de langues. Et pourtant, avant de le publier, j'ai été un moment sur le point de le jeter au feu, ainsi que vous avez pu le lire dans ma préface. Je vous recommande toutefois ma *Palingénésie :* elle est faite pour convaincre les incrédules. Ah, monsieur, il y en a tant aujourd'hui ! »

Il est mécontent qu'on l'ait traduit en anglais et en allemand sans l'avertir. « Tant qu'un auteur n'est pas mort, me fit-il observer, il serait de toute justice qu'on lui demandât au moins son consentement pour disposer de ses ouvrages. »

Il aime Lavater, il vante son cœur et son talent, mais il n'approuve point sa philosophie. Il y a quelque temps, Lavater, étant venu faire visite à Bonnet, lui ôta brusquement sa perruque, et dit à son fils qui l'accompagnait : « Tiens, Henri, quand tu verras une tête pareille, tu peux être sûr que tu as un sage devant toi. »

Bonnet regarde Jean-Jacques comme un grand rhéteur, son style comme une belle musique, et sa philosophie comme un château bâti en l'air.

XXXVIII.

Genève, le 26 janvier 1790.

Hier, tenté par le beau temps, je suis allé à pied faire une visite à Bonnet. Une ondée me surprit en route.

. . . .

Je le trouvai dans son jardin ; il me mena aussitôt à la maison, et apercevant quelques gouttes de pluie sur mon habit, il me fit asseoir en face de la cheminée, m'engageant à me bien chauffer les pieds, pour prévenir un rhume. Ces manières caressantes lui sont familières et naturelles; elles paraissent innées en lui. Moi aussi, je lui parle sans gêne et sans embarras : il me met à l'aise par l'intérêt qu'il me témoigne, par son bon regard, par l'attention qu'il prête à ce qu'on lui dit. Le digne homme !

« Puisque vous voulez traduire la *Contemplation de la nature*, me dit-il, rien n'empêche que vous commenciez cette traduction ici, sous les yeux de l'auteur, sur cette table où le livre a été composé. Tenez, il est là, et voici du papier, des plumes et de l'encre. » Je n'hésitai pas à faire ce qu'il désirait : je m'approchai respectueusement de la table du grand philosophe, je m'assis sur son fauteuil et je pris sa plume avec assurance, bien qu'il fût là, debout, derrière moi. Je traduisis le titre, le premier alinéa, et je lus ma version à haute voix. « J'entends sans comprendre, me dit-il avec un aimable sourire ; mais vos compatriotes seront plus avisés que moi. Je garde ce feuillet en souvenir de vous. » — Il voulut savoir combien il me faudrait de temps pour traduire son ouvrage ; en quel format je le publierais ; si j'en lirais moi-même les épreuves, etc. Je le voyais avec plaisir entrer dans ces menus détails ; je fus encore plus content quand il me promit de me donner ses *notes inédites*, qu'il met sur des cartes volantes, et dans lesquelles il indique les nouvelles découvertes, les développements ou les changements à faire dans le texte de son livre, etc. Il veut que je lui envoie deux exemplaires de ma traduction : un pour lui et un autre pour la bibliothèque publique de Genève.

Le vénérable vieillard, pour conserver sa vue, ne travaille plus lui-même et se sert d'un secrétaire qui écrit sous sa dictée.

Il me demanda, entre autres choses, quelle était la philosophie que l'on professait à l'université de Moscou. Je répondis un peu au hasard : « Celle de Wolf, » car je n'en étais pas certain. — « Wolf est un bon philosophe, répliqua Bonnet ; mais il aime trop la démonstration. Je préfère, pour mon compte, la méthode analytique, qui est bien plus sûre. »

A une heure nous descendîmes au rez-de-chaussée, où Mᵐᵉ Bonnet nous attendait pour dîner. Elle est plus jeune que son mari, mais d'une santé plus délicate. Elle aussi me comblait de bontés. Pendant que Bonnet mangeait la soupe, elle me vantait à voix basse l'excellence de son cœur. « Je laisse au public, me disait-elle, à juger de son savoir et de ses talents ; je sais seulement que son amour pour moi fait tout mon bonheur. Je crois que sans lui, faible comme je le suis, je n'existerais plus depuis longtemps ; mais, grâce à ses soins, je résiste à mes maux, et je bénis le ciel de m'avoir donné un tel mari. — De quoi parlez-vous ? demanda Bonnet en changeant d'assiette. — Du beau temps, » répondit-elle, et elle essuya furtivement une larme qui mouillait sa paupière.

J'étais là, assis entre eux deux, comme entre Philémon et Baucis. Le dîner fut bon et aussi copieux que la nature décrite par Bonnet dans ses œuvres.

Comme nous prenions le café, vint le peintre danois dont il est parlé dans la *Contemplation*, et qui demeure dans la maison. Il voulut rendre compte de la maladie de Mᵐᵉ de Saussure, nièce de Bonnet, mais, comme il n'est pas très-fort en français, il resta court, et chercha longtemps ses mots et ses phrases. Bonnet l'attendait patiemment, son cornet à l'oreille, sans le presser le moins du monde dans son travail philologique. C'est là pour moi un trait admirable de bonté d'âme qui caractérise ce grand homme, incapable de froisser qui que ce soit.

Il voulut bien ensuite me reconduire jusqu'à Genève; il appela son cocher et lui dit d'atteler. Il fallait voir avec quels yeux cet homme le regardait; il fallait entendre avec quel accent de voix il lui répondit : « Bien, bien, mon cher maître, on y va de suite. » Tous ses gens l'aiment comme leur père.

Y a-t-il lieu de regretter qu'il n'ait pas d'enfants qui auraient pu égayer l'automne de sa vie? Un sage qui converse avec toute la nature, pour qui l'humanité n'est qu'une grande famille qu'il aime et qu'il éclaire du feu de son génie, n'a rien à désirer et peut se dire parfaitement heureux.

Mme Bonnet affectionne les animaux, et elle a chez elle toute sorte d'oiseaux : des perroquets, des serins, des tourterelles, etc. « Je comprends votre goût, lui dis-je, comment ne pas aimer des êtres que votre époux a rendus si intéressants? » Bonnet m'entendit et me serra amicalement la main. « Et pourtant, reprit-il, savez-vous que je suis souvent en guerre avec ma femme à propos de nos lectures? Pas plus tard qu'hier, nous étions en discussion pour les *Lettres sur l'Italie,* de Dupaty : son style lui plaît, et moi je le trouve fade et maniéré ; elle y voit de l'éloquence, et moi je n'y aperçois rien que des antithèses. » Mme Bonnet répliquait en riant que l'auteur de l'*Essai analytique sur l'âme* n'était pas assez sensible à certaines beautés poétiques. Ils me ramenèrent dans leur carrosse jusqu'aux portes de la ville.

Jusqu'à présent, il n'y a pas eu d'hiver ici : les jours sont aussi chauds et aussi sereins que chez nous au commencement de septembre. Néanmoins on fait constamment du feu dans les cheminées. Il n'a neigé qu'une seule fois, et la neige a fondu presque aussitôt. Elle couvre pourtant les cimes des hautes montagnes. Quels contrastes ! En haut, l'hiver avec toutes ses rigueurs; en bas, un magnifique automne.

XXXIX.

J'ai fait depuis peu la connaissance de M. Ulrich, natif de Zurich, qui possède l'art d'enseigner aux sourds-muets à parler, à lire et à écrire. Il demeure ici chez un homme opulent qui a une fille muette, d'une douzaine d'années, très-gentille du reste. Grâce à son maître, elle commence à comprendre et à parler. Il lui a d'abord montré quels sont les mouvements que l'on fait avec la bouche et les lèvres pour prononcer tels ou tels mots, il lui explique ensuite le sens des mots ainsi articulés. Quand on lui parle lentement, la jeune fille devine ce qu'on lui dit, au seul mouvement des lèvres. Mais comment fera-t-on pour exprimer par des signes les notions abstraites?

Avant hier, je suis allé voir M. Ulrich chez lui. Il a fait parler en ma présence son élève, qui comprenait une partie de ce que je lui disais, et me répondait assez bien; seulement elle a dans la voix quelque chose de rauque et de désagréable qu'il est impossible de faire disparaître. Elle écrit correctement. Elle aime son maître d'un amour filial. Ulrich m'a montré le journal dans lequel elle note elle-même tout ce dont elle veut se souvenir. J'ai remarqué dans ce journal, écrit d'un style bref et saccadé, les phrases suivantes : « Mme N. m'avait invitée à venir chez elle. — Je n'y suis pas allée. — Elle n'avait pas invité mon maître. » Ulrich a été à Paris visiter l'abbé de l'Épée et la célèbre institution qu'il a fondée pour les sourds-muets. Que doit-on admirer le plus en tout cela : l'art des maîtres ou bien la sagacité des élèves? L'un et l'autre sont une preuve éloquente des merveilleuses aptitudes de l'esprit humain.

Je vois quelquefois le jeune Vernes. Vous connaissez sa *Franciade* et son *Voyageur sentimental,* œuvres remarquables par le sentiment profond et l'esprit qu'il y déploie. Il dîne quelquefois à la pension.

XL.

Genève.

Mon ami Becker est parti pour Lausanne. Voici une lettre que je reçois de lui à l'instant même.

« Ah! mon ami, que je suis à plaindre! Un rhume affreux me met presque dans l'impossibilité de t'écrire. Cependant il faut absolument que je te raconte ma triste aventure.

« Tu te souviens de la jeune dame d'Yverdun, avec laquelle nous avons soupé à Bâle, à l'hôtel de la *Cigogne*. Tu n'auras pas oublié non plus que j'étais assis à côté d'elle, qu'elle m'a regardé, qu'elle m'a parlé même avec une grâce..... Ah! qui aurait pu résister à de tels regards, aux accents d'une voix aussi enchanteresse? C'était à faire fondre un glacier! Bref, je m'enflammai d'amour pour elle, et j'ignore ce que je serais devenu, si elle n'avait pas quitté Bâle dans la nuit même où je songeais si passionnément à elle. Tu voulus me tirer de ma rêverie; tu m'entraînas avec toi, tu me fis voyager ; mais rien ne put effacer de mon cœur l'image de la belle inconnue. En définitive, l'amour triompha de ma volonté.

« Je louai un cheval à Lausanne, et je partis pour Yverdun. J'y allai au galop, j'y volai, et à dix heures du matin j'étais arrivé. Je fis ma toilette à l'hôtel, je me poudrai bien la tête, et, vêtu convenablement, je me rendis, d'après l'adresse qu'elle m'avait donnée, à la maison qu'elle habite. Je fus reçu par son père, un vieillard morose d'une soixantaine d'années. « Monsieur, lui dis-je, la haute estime que je porte à mademoiselle votre fille, l'extrême désir que j'avais de la revoir.... » Elle entra en ce moment. — « Julie ! connaissez-vous monsieur ? » lui demanda le vieillard. — Julie me regarda et répondit poliment qu'elle n'avait pas cet honneur. Figure-toi ma surprise ! J'étais confondu, atterré : il me semblait que tous les monts de la Suisse et de la Savoie s'écroulaient sur ma tête. Cependant, me ravisant aussitôt, je tirai de ma poche et je présentai à l'oublieuse Julie l'album où elle avait elle-même inscrit son nom. Elle rougit, et, s'étant excusée auprès de moi, elle dit à son père : « J'ai eu l'avantage de souper avec monsieur à Bâle. »

« On me pria alors de prendre place. J'étais ému et je n'osais regarder Julie, qui de son côté semblait embarrassée. Son père, apprenant que j'étais docteur en médecine, se mit à me parler de ses maladies. Hélas ! pensai-je en moi-même, le sort cruel ne m'aurait-il conduit à Yverdun que pour divaguer sur les infirmités d'un vieillard caduc? Sa fille était là, et elle me regardait, mais non plus comme naguère à Bâle. Loin de là : ses regards étaient froids, aussi froids que tous les pôles du globe terrestre. Enfin mon amour-propre blessé me fit rompre cet entretien fastidieux. Je me levai pour prendre congé. « Resterez-vous longtemps à Yverdun? me demanda Julie avec sa douce voix (et sa question était accompagnée d'un sourire qui semblait dire : « J'espère bien que tu ne reviendras plus ici. ») — Une couple d'heures, répondis-je. — En ce cas, permettez-moi de vous souhaiter un bon voyage. — Et de bonnes pratiques, » ajouta le vieillard en se découvrant.

« Je sortis : le domestique qui m'accompagna jusqu'à la porte de la rue m'apprit que mademoiselle Julie allait bientôt épouser un M. N. — Voilà le mot de l'énigme ! me dis-je, et là-dessus je me hâtai de m'éloigner. Yverdun m'était devenu odieux.

« Rentré à l'hôtel, je dis au garçon de faire seller mon cheval sur-le-champ. Je dînai avec quatre Anglais, qui mirent à contribution la cave de l'hôtel pour boire à ma santé. Je demandai aussi deux bouteilles de vin de Bourgogne pour boire à la leur. Trois heures se passèrent ainsi. Mon cœur oublia toutes les peines de ce monde, sans garder de rancune même à l'infidèle Julie. On porta des *toasts* fantastiques. Quand mon tour vint, je remplis les verres des convives, et, levant le mien aussi haut que possible, je m'écriai : « A la santé de la belle et tendre Julie, et à son heureux mariage ! » Les Anglais burent avec transport à la santé de Julie et à son mariage.

« Pendant ce temps, j'avais demandé plus de dix fois si mon cheval était prêt, et plus de dix fois on m'avait répondu qu'il m'attendait à la porte de l'hôtel. Enfin, le garçon vint me dire que je ne pouvais pas partir. « Pourquoi ? — Parce que le ciel se couvre de nuages et qu'il se fait tard. — Peu importe ! je partirai : mon cheval ! » Une demi-heure après, le garçon me dit : « Vous ne pouvez plus partir. — Pourquoi ? — Parce qu'il fait nuit et que la neige tombe par flocons. — N'importe ! Je partirai : mon cheval ! » Une troisième fois la même scène se répétant, je sautai de table ; je serrai la main aux Anglais, et, après avoir payé ma dépense et remis mon épée au côté, je m'élançai sur mon coursier et je pris la route de Lausanne. La bise m'aveuglait en me soufflant la neige au visage, mais je me frottais les yeux et donnais des éperons à mon cheval. Tout à coup je fus assailli par un tourbillon épouvantable, et une blanche obscurité m'enveloppa de toutes parts :

j'allais toujours. Je sentais bien que j'étais hors du chemin ; mais il n'y avait rien à faire. Je poussai en avant, à la grâce de Dieu ! Il était plus de minuit. Mon pauvre cheval, ce compagnon si fidèle, excédé de fatigue, s'arrêta tout court. Je descendis et le conduisis quelque peu par la bride ; mais bientôt mes forces me trahirent aussi. J'allais m'affaisser sur cet édredon tombé du ciel, j'allais être enseveli sous cette couverture légère et diamantée qui devait me servir de linceul ; car la mort planait déjà sur ton malheureux ami ! Hélas ! je disais adieu à ma patrie, à mes amis, à mon cours de chimie [1], à toutes mes espérances !... Mais mon heure n'avait pas encore sonné. Quelle chance pour moi ! J'aperçus une cabane de paysans, où je fus cordialement accueilli et où nous pûmes nous refaire, moi et mon cheval. Le lendemain, je forçai mon hôte à accepter six francs pour son hospitalité, et je rentrai tristement à Lausanne, avec un rhume insupportable. Tel est le dénoûment de mon aventure romanesque ! *Vale !* Ton Becker. »

Je me borne à ajouter : telle est, ou à peu près telle, la lettre de mon ami Becker, que vous lirez sans doute avec intérêt.

---

[1]. Becker parlait souvent avec enthousiasme du cours de chimie qu'il se proposait de faire un jour devant le public de Copenhague, et qui devait avoir, selon lui, un brillant succès. (*Note de l'auteur.*)

XLI.

Il fait toujours beau. Je mets mon temps à profit, et souvent, muni de mes tablettes et de quelque argent, je vais courir la Savoie, la Suisse et le pays de Gex; puis je reviens à Genève.

Je suis allé dernièrement dans l'île de Saint-Pierre, où le plus grand des écrivains du xvIII^e siècle pensa trouver un refuge et se mettre à l'abri de la persécution. La journée était belle. Je parcourus cette île, cherchant quelques traces du philosophe sous l'ombrage des vieux hêtres et des marronniers, dans ces prés décolorés, sur les escarpements du rivage, partout. « C'est ici, me disais-je, qu'il essaya d'oublier l'ingratitude des hommes et leur malveillance,—ingrats et malveillants... mon Dieu, que cela est pénible à dire!.... C'est ici que, fuyant les atteintes de ce monde indigne, il goûta les charmes de la solitude et les douceurs de la paix dont on a tant besoin à son âge! Son âme se repose-t-elle enfin après ses grands travaux? Où est-il? Rien n'a changé ici; mais lui, lui n'est plus là comme auparavant. » Il me sembla alors que les bois avaient répété le soupir qui m'était échappé. Je regardai autour de moi : c'était comme un deuil universel. Le crêpe mélancolique de l'hiver enveloppait la nature. Je m'assis : le lac de Bienne était calme et limpide ; on voyait autour, dans les campagnes, monter la fumée des maisons, et plus loin apparaissaient les bourgades de Bienne et de Nidau. Mon imagination frappée me fit apercevoir un bateau voguant sur l'onde unie du lac ; le zéphir en était l'unique pilote. Il y avait dans ce bateau un homme d'un aspect vénérable, en costume oriental. Ses yeux, levés au ciel, exprimaient une profonde méditation et un calme philosophique. « C'est lui, me dis-je, lui qu'on a chassé successivement de France, de Genève, de Neufchâtel, comme pour lui faire expier les faveurs de la nature qui l'avait doué d'un esprit supérieur, d'une âme tendre et sensible... » Ce n'était qu'un fantôme : j'étais le jouet de mes sens.

Avec quelles vives couleurs Rousseau a peint, dans ses *Promenades solitaires*, la douce et oisive existence qu'il menait dans l'île de Saint-Pierre ! Oisive?... Oui ; celui qui n'a jamais prodigué les puissances de son âme dans les veilles et dans la méditation, celui-là ne saurait comprendre les délices du loisir, la félicité de ce *sabbat* dont jouissent les grands esprits sur la fin de leur carrière terrestre, et qui les prépare aux œuvres nouvelles de la vie à venir !

Mais ton repos, ô grand homme ! fut de courte

durée ! Un coup de foudre y mit fin, et ton cœur recommença à saigner. « Laissez-moi mourir, s'écriait-il dans son désespoir, laissez-moi mourir ici en paix ! Enfermez-moi dans cette île, si vous pensez que mon haleine puisse vous empoisonner ! Privez-moi, s'il le faut, de la lumière du jour; mais au moins laissez-moi respirer l'air frais des nuits ! » Il parlait en vain ; le débile vieillard fut exilé et forcé de quitter son île bien-aimée [1].

Et l'on dit après cela que Rousseau fut misanthrope ! Qui donc ne le serait pas devenu à sa place ? Celui-là seul peut-être qui n'aima jamais ses semblables !

Plongé dans mes réflexions, je vis tout à coup venir à moi, à pas lents, un jeune homme, le chapeau rabattu sur sa figure, et tenant un livre à la main. Il s'arrêta, me regarda fixement et me dit : « Vous pensez à lui ! » Puis il s'éloigna comme il était venu. Je n'eus pas le temps de lui répondre, ni même de le bien voir. Mais son accent et un

---

1. Poursuivi, pour la publication de l'*Émile,* à Paris et, par l'influence du gouvernement français, jusqu'en Suisse, Rousseau avait obtenu du sénat de Berne, en 1765, la permission de demeurer dans l'île de Saint-Pierre ; mais, au bout de deux mois, il en fut cruellement chassé, à l'entrée de l'hiver. Il sollicita en vain la faveur de transformer son séjour dans l'île en une captivité perpétuelle. Il termina sa vie inquiète et fugitive en France (1778).

frac vert à boutons d'or qu'il portait me font croire que c'était un Anglais.

Il n'y a dans l'île qu'une seule maison, celle qu'habite le régisseur avec sa famille. C'est là aussi qu'a vécu Jean-Jacques. Cette île appartient au canton de Berne et s'appelle l'*île de Rousseau*.

J'ai visité aussi Yverdun, Neufchâtel et plusieurs autres villes de la Suisse. On montre dans la bibliothèque publique d'Yverdun des squelettes d'hommes trouvés, il y a une vingtaine d'années, près d'un moulin. Ils avaient été enterrés la face tournée au levant, et à leurs pieds étaient placés des pots de terre et de petites terrines pleines d'ossements de divers oiseaux. On y a trouvé également des monnaies d'argent et de bronze du siècle de Constantin.

La Suisse offre en général un aspect d'abondance et de richesse qui fait plaisir à voir. Mais aussitôt que l'on franchit les limites de la Savoie, on n'aperçoit que misère, haillons et une malpropreté dégoûtante : le peuple y est paresseux, le sol inculte, les villages presque déserts. La plupart des habitants quittent leur pays et s'en vont par le monde faire exhibition de marmottes, vain amusement des enfants. A Carouge, petite ville savoisienne, stationne un régiment ; mais quels soldats ! quels officiers !... Pauvre pays ! Malheur au voyageur forcé de chercher un dîner ou un abri dans les auberges! Il faut ne pas voir et ne pas respirer si l'on veut y prendre quelque chose pour se restaurer. Les lits sont si mal tenus, que je n'ai jamais voulu y coucher.

Enfin l'ordre et la paix règnent à Genève. Le changement de gouvernement qui s'est fait ici, il y a quelques mois, a été reconnu par les puissances alliées, — la France, Berne, la Savoie, — et ceux des citoyens qui avaient dû quitter Genève ont pu y rentrer. Ces jours-ci on a nommé de nouveaux syndics. Les habitants, assemblés dans l'église de Saint-Pierre, ont confirmé leur nomination, en posant la main sur la Bible. Le chef de la justice a prononcé un discours, dans lequel il a rendu compte de la gestion des anciens syndics. Ensuite les nouveaux ont prêté le serment de veiller consciencieusement aux intérêts de la République. Cette solennité s'est accomplie au milieu d'un calme imposant. Nous autres étrangers, nous y avons assisté, placés dans une galerie où l'on ne laissait entrer qu'avec des billets.

XLII.

Il s'est passé ici tout récemment un événement tragi-comique sur la *Treille*, promenade publique de Genève très-fréquentée, surtout les jours de fête. Dimanche dernier, un jeune Anglais — non pas celui que j'ai vu dans l'île de Saint-Pierre — y parut à cheval, et se mit à galoper dans le milieu de l'allée, au risque d'écraser les promeneurs. L'officier de police saisit son cheval par la bride et lui dit que l'allée était réservée aux piétons seuls. « Et moi je veux y aller à cheval, répliqua l'Anglais. — On vous le défendra. — Qui, qui oserait me le défendre ? — Moi, au nom de la loi. » L'Anglais lui tendit la langue, piqua des deux et se mit à galoper de plus belle. « C'est une infamie ! c'est une révolte ! » crièrent les Genevois, et en un clin d'œil un détachement de la garde municipale se montra sur la *Treille*. Vous vous imaginez, sans doute, que l'Anglais prit la fuite ? Nullement ; il continua à courir les allées ; il sifflait, agitait sa cravache, contrefaisait ceux dont la physionomie avait le malheur de lui déplaire, et menaçait d'écraser sous les pieds de son cheval les soldats qui le cernaient de toutes parts. Mais, en définitive, force est restée à la loi : l'audacieux Breton fut appréhendé et conduit au corps de garde. Une demi-heure après, une jeune femme y accourut toute en larmes et se jeta dans ses bras. Il causa avec elle en anglais, et se tournant ensuite vers l'officier de service, il lui dit : « Toute votre république ne vaut pas une de ses larmes. » On prétend que ce nouveau blasphème lui a valu un jour d'arrêts de plus. Hier, il a été élargi, et s'est, comme de raison, empressé de quitter Genève.

XLIII.

..... Ce matin, je suis allé avec les trois Danois à Ferney. Nous y avons longuement causé de Voltaire.

Nous nous rendîmes de là à Genthod, où l'on nous reçut comme toujours, avec bienveillance.

« Vous voilà en plein Nord ! dis-je à Bonnet quand nous fûmes assis autour de lui. — Nous devons beaucoup au Nord, répliqua-t-il ; la lumière nous est venue de là. C'est en Angleterre que la science a été régénérée, et Linné fut votre voisin. » L'aimable vieillard parla à chacun de nous de sujets qui pouvaient l'intéresser spécialement. Il s'entretint avec le comte de Moltke de l'état politique du Danemark ; avec Baggesen, de sa fiancée ; avec Becker, de chimie et de minéralogie ; avec moi, de littérature et du caractère des Genevois. La conversation finit par devenir générale. On parla de Haller, et Bonnet fit éclater son enthousiasme pour ce grand homme, qui fut pendant trente ans son ami. Il nous montra, avec une émotion visible, plusieurs de ses lettres : il en fit lire quelques-unes à Baggesen. La dernière surtout, que Haller écrivit peu de jours avant sa mort, nous toucha jusqu'aux larmes. Haller y prévoit sa fin prochaine, et il l'attend avec une pieuse résignation, s'estimant heureux d'être né au sein du christianisme et d'en avoir toujours pratiqué les principes; heureux aussi d'avoir goûté les charmes de l'amitié ici-bas; puis, s'adressant plus directement à Bonnet, il lui dit adieu avec une touchante onction et l'espérance certaine de le revoir un jour, car il est profondément pénétré de la foi en Dieu et d'une croyance inébranlable à l'immortalité de l'âme. « Je laisse des enfants, dit-il en terminant : soyez pour eux un second père, un protecteur, un ami ! » Bonnet, hors de lui, saisit la main de Baggesen et prononça d'une voix tremblante ces seules paroles : « Vous allez épouser sa petite-fille, embrassons-nous ! »

On vint annoncer que le dîner était servi. Le maître de la maison nous présenta à sa femme et lui dit en lui montrant Baggesen : « Il est aimé de celle qui nous est si chère ! »

A table, Baggesen fut obligé de raconter en détail comment il avait fait la connaissance de Mlle Haller. Il fallait l'entendre parler : quoiqu'il s'exprime difficilement en français, la vivacité de son débit a quelque chose de piquant et de pittoresque. Dans l'animation du récit, il adressa je ne sais quelle question à Bonnet; mais celui-ci, le prenant par la main, lui dit avec calme : « Mon ami, je suis pythagoricien, je dîne en silence. » Baggesen, interdit, se tut; M^{mo} Bonnet le pria de continuer.

Après dîner, on parla poésie. Baggesen déclara que dorénavant il y renonçait, parce que la versification lui semblait un genre peu naturel et qui met des entraves aux libres épanchements du cœur. « Je suis de votre avis, dit Bonnet; je préfère la prose bien écrite; mais cela vient peut-être de ce que je ne suis pas poëte. — Celui qui, dans la conclusion de sa *Palingénésie*, s'est écrié : *Notre Père !... notre Père !... nous...* celui-là est un grand poëte, » répliqua Baggesen; et cet éloge aussi sincère que délicat alla droit au cœur du vieillard, qui y parut fort sensible[1].

Bonnet regarde le poëme de Haller *Sur l'origine du mal* comme la pièce didactique la plus accomplie. Il rend également justice à l'*Essai sur l'homme* de Pope, et estime beaucoup Klopstock.

Nous quittâmes Genthod à cinq heures du soir.

---

[1]. Le passage en question est ainsi conçu : « Transportés de joie, de gratitude et d'admiration, nous nous prosternons au pied du trône de notre Bienfaiteur. Nous nous écrions : *Notre Père !... notre Père !... nous...* Saisissez la vie éternelle ! »

XLIV.

Genève, le 28 février 1790.

Que penser de votre trop long silence, mes chers amis? Avec quelle impatience j'attends chaque fois l'arrivée du courrier! Il arrive, je cours, je questionne, — rien : et je rentre chez moi à pas lents, la tête baissée, la tristesse au cœur! Ah! si vous n'étiez plus de ce monde, que deviendrais-je? Inconsolable et abandonné, j'irais me cacher dans un désert, au fond de quelque vallée oubliée des Alpes... Mais, peut-être me trompé-je, peut-être vivez-vous heureux et contents, et vos lettres seules se perdent-elles, je ne sais trop par quel hasard! C'est là mon espoir, mon unique consolation! Mon esprit s'agite dans tous les sens et ne sait plus à qui s'en prendre ni à quoi s'arrêter.

Dans trois jours je quitte Genève. Mon grand souci en ce moment c'est d'étudier la carte et de faire des plans pour mon prochain voyage. Je voudrais visiter le midi de la France, voir les belles contrées de la Provence et du Languedoc. Toutefois, comme je ne compte pas y rester longtemps, vous m'écrirez à Paris, à l'adresse de *MM. Breguet et Cie, quai des Morfondus, pour remettre*, etc.

Pendant mon séjour à Genève, il m'est arrivé d'avoir des mouvements d'humeur contre ses habitants. Je m'étais même parfois proposé de les peindre en noir, de signaler les défauts les plus saillants de leur caractère. Mais aujourd'hui, sur le point de les quitter, je n'ai pas le courage d'en dire du mal. Mon cœur s'est raccommodé avec eux et je ne leur souhaite que du bien. Que Dieu protége leur petit pays, abrité sous les cimes du Jura! Qu'ils jouissent en paix des fruits de leur travail et de leur industrie! Qu'ils continuent toujours à discuter tranquillement dans leurs *cercles* les grands événements dont le monde est sans cesse assailli! Que les hommes du Nord et du Midi se donnent rendez-vous chez eux comme par le passé, pour figurer dans leurs salons, et y faire leur partie de whist, en savourant leur thé et leur café! Que leur république reste longtemps, sinon toujours, l'un des plus jolis joujoux de notre globe!

XLV.

1er mars.

Enfin, mes amis, j'ai fait ma dernière visite à Bonnet. Je n'ai pu lui cacher mes inquiétudes sur votre compte et le chagrin amer qui me dévore. Il a cherché à me consoler, en prenant une part sincère à mes tourments. Il m'a donné les notes additionnelles qu'il m'avait promises.

Becker, que j'aurai la satisfaction d'avoir pour compagnon de voyage, m'avait chargé de demander à Bonnet la permission d'aller prendre congé de lui. « C'est votre ami, me dit Bonnet; il sera toujours le bienvenu. » Quelle âme sympathique! Comment pourrais-je jamais oublier l'accueil si bienveillant qu'il m'a fait! Je ne pus retenir mes larmes en lui disant adieu. « Vivez, m'écriai-je, vivez longtemps pour le bien de l'humanité! » Il m'embrassa, fit des vœux pour mon bonheur, pour vous aussi, mes bons amis, et me souhaita de recevoir bientôt de vos chères nouvelles! Aimable Bonnet! philosophe plein de sensibilité!... Je fermai sur moi la porte de son cabinet; mais il la rouvrit, et me cria encore, debout sur le seuil de la maison : « Adieu, cher Karamzine, adieu! »

Il m'a donné deux lettres, dont l'une est pour M. Gilibert, directeur, et l'autre pour M. de la Touret, secrétaire de l'Académie de Lyon.

Je parcourus dans la soirée les environs de Genève pour dire un dernier adieu au pays qui m'a procuré des plaisirs jusque-là inconnus! Que d'heureux moments passés sur les bords du Rhône impétueux, à l'endroit surtout où l'Arve vient y mêler ses eaux et où un torrent s'y jette du haut d'une roche escarpée! De là je contemplai encore une fois ce lac majestueux et limpide, ces vallées de la Savoie, ces monts et ces collines qui m'avaient fait tant rêver et sentir tant de choses... Le jour baissait; j'eus à peine le temps de regagner la ville avant la fermeture des portes.

Adieu, mes chers amis! Une lettre de vous me rendrait si complétement heureux! Adieu! Ceci est la dernière ligne que je vous écris de Genève.

XLVI.

Une bourgade dans le pays de Gex, 4 mars.

Nous avons quitté Genève cette après-midi. Une voiture anglaise à deux places, que j'ai louée pour quatre louis d'or et un écu, doit nous mener jusqu'à Lyon.

Nous suivîmes une route très-unie, qui aboutit à la chaîne du Jura. Ma tristesse avait totalement disparu, et avait fait place à une douce sérénité, à une sensation de contentement inexprimable. Je n'avais jamais voyagé avec autant d'aisance et d'agrément. Un bon compagnon, une voiture commode, un conducteur serviable, le changement de lieu, la pensée des belles choses que j'allais bientôt voir, tout cela me mettait dans la plus heureuse disposition d'esprit, et chaque objet nouveau semblait augmenter mon allégresse. Becker partageait ma gaieté ; notre cocher était aussi joyeux que nous deux. Quel délicieux départ !

Nous entrâmes en France par le passage qui s'ouvrit, il y a des milliers d'années, dans le Jura, lorsque, ébranlée sur ses fondements, sa chaîne se rompit par un effort qui a dû faire bondir les Alpes et les Pyrénées. Des douaniers vinrent à nous et nous dirent très-poliment qu'il fallait visiter nos bagages. Je donnai à Becker la clef de ma malle, et j'entrai dans l'auberge. Des montagnards y étaient assis en cercle devant le feu. Ils me regardèrent fièrement, sans se déranger ; mais comme je leur dis : « Bonjour, mes amis, » ils portèrent la main à leurs chapeaux et s'écartèrent un peu pour me faire place. L'air grave de ces hommes me fit penser que ceux qui vivent au milieu des rochers nus et déserts, et n'y entendent que le sifflement des vents, ne sauraient avoir un caractère bien gai, ni bien liant : ils porteront toujours le cachet d'une sombre taciturnité ; car notre âme prend nécessairement l'empreinte des objets qui nous environnent.

Cette auberge est bien l'image vivante de la pauvreté. On y voit, en guise de perron, deux pierres brutes, posées l'une sur l'autre, et qu'il faut gravir comme une montagne des hautes Alpes. Dans l'intérieur, les murailles sont dégarnies, et il n'y a pour tout meuble qu'une table et dix ou douze gros rondins de bois servant de siéges ; le parquet est en brique et presque entièrement détruit.

Quand Becker entra, nous nous mîmes à parler allemand. Un vieillard, qui était là mangeant du pain et du fromage, tendit l'oreille, sourit et dit : *Daïtsch, daïtsch !* voulant nous faire entendre qu'il savait bien quelle langue nous parlions. « N'en soyez pas surpris, continua-t-il, j'ai fait quelques campagnes en Allemagne et dans les Pays-Bas, sous les ordres du vaillant maréchal de Saxe. Vous avez sans doute entendu parler de la bataille de Fontenoy[1] : j'y ai été blessé au bras gauche. Tenez, je ne peux pas le lever plus haut que ça. — Brave militaire, lui dis-je en m'approchant de lui et en lui prenant la main droite, laissez-moi vous contempler. » L'invalide sourit. « Depuis quand avez-vous quitté le service? lui demanda Becker. — Depuis trente ans, répondit-il. C'est beaucoup, n'est-ce pas, monsieur ? Mon maréchal repose depuis longtemps en terre sainte. — Nous avons

---

1. Cette bataille se donna le 11 mai 1745. Les Français remportèrent la victoire sur les Anglais et leurs alliés ; mais ils la durent moins aux mesures prises par le maréchal, qui, du reste, était fort malade, qu'à l'initiative des autres chefs et à l'entrain général des troupes. Ce qui est incontestable, c'est que Maurice aimait paternellement le soldat et en était aimé.

vu son tombeau. — Où est-il, son tombeau? — A
Strasbourg, mon ami. — A Strasbourg? c'est loin
d'ici, je ne pourrais pas y aller; et cependant j'aurais voulu saluer au moins ses cendres. Messieurs,
c'était un héros comme il n'y en a plus. Le soldat
l'aimait comme un père. Il me semble en vérité
que je le vois encore, j'entends sa voix! Le jour
de notre victoire, on le portait dans une voiture,
une grave maladie l'empêchant de monter à cheval.
Et pourtant il nous commandait, il nous encourageait, et nous nous battîmes comme des lions.
J'oubliai ma blessure, et en tombant j'entendis
notre brave armée crier tout d'une voix : *Victoire!*
L'ennemi fuyait devant nous comme une bande de
lièvres. Quelle journée! quelle journée! » Le vieillard levait la tête, et paraissait rajeuni de vingt
ans. Son front s'était déridé, ses yeux brillaient,
et, en dépit de ses quatre-vingts ans, on aurait dit
qu'il allait marcher, avec sa béquille, contre les
armées réunies de l'Europe. Je demandai du vin,
et je lui en versai, en disant: « A la santé des braves vétérans! — Et à celle des jeunes voyageurs! »
répliqua-t-il en souriant et en vidant son verre. Il
habitait, nous dit-il, un hameau dans les montagnes, chez son petit-fils; il était allé voir un autre
petit-fils, et n'était entré à l'auberge que pour
prendre un peu de repos. Au moment de partir,
j'aurais voulu lui donner quelque argent, mais je

ne le fis point, de crainte de l'offenser. Il nous accompagna jusqu'au perron et cria aux douaniers : « J'espère, messieurs, que vous avez été polis envers ces étrangers. — Certainement, » répondirent-ils en riant, et ils nous souhaitèrent un bon voyage, sans exiger de nous aucune rétribution.

Nous suivîmes le passage du Jura, qui des deux côtés de la route semblait bordé de murs de granit. Sur ces hauteurs étourdissantes, au-dessus de nos têtes, on voyait des hommes, courbés sous de lourds fardeaux, suivre des sentiers étroits, ou conduire devant eux des ânes pesamment chargés. Nous ne pouvions les regarder sans frémir. Nous fîmes halte devant la première forteresse de France, le *Fort de l'Écluse,* qu'on peut regarder comme imprenable, car elle est environnée de tous côtés de rochers à pic et d'abîmes. Une centaine d'hommes pourraient y tenir contre dix mille assaillants. La garnison est composée de cent cinquante invalides, commandés par un vieux major qui eut à viser mon passe-port. J'oubliais de vous dire qu'on m'a délivré à Genève un passe-port « requérant tous ceux qu'il appartiendra de me donner libre et assuré passage dans les lieux de leur obéissance, sans me faire ni permettre qu'on me fasse aucun trouble ni empêchement, mais de m'accorder aide et assistance, » etc. En vertu de cet acte public, si quelqu'un me faisait tort en France, je pourrais porter plainte à la République de Genève et aux seigneurs syndics, qui s'engagent à me protéger.

Il était nuit quand nous arrivâmes au lieu que l'on nomme la *Perle du Rhône.* Quittant alors notre voiture, nous voulûmes aller aussitôt à la rivière; mais notre brave voiturier s'y opposa, disant qu'un seul faux pas pourrait nous coûter la vie. Nous frappâmes à la porte d'une cabane où l'on voyait briller de la lumière. Six ou sept hommes en sortirent, et, prenant des lanternes, nous firent descendre l'escarpement avec une rapidité vertigineuse. L'aspect de ces lieux, vus à la faible lueur des lanternes, avait quelque chose de sauvage et de sinistre. Le vent hurlait et le fleuve roulait en grondant ses flots impétueux; c'était une scène digne de la lyre d'Ossian. Le Rhône, resserré des deux côtés par des blocs de pierre, se précipite avec fracas jusqu'à l'endroit où ses rives se rapprochent et se soudent en quelque sorte, formant une voûte sous laquelle l'onde se dérobe instantanément à tous les regards. On n'entend plus alors que le bruit sourd de son courant souterrain : on marche sur cette toiture singulière qui l'abrite. A quelque distance, le même fleuve reparaît, couvert d'écume; mais en s'élargissant peu à peu il devient moins rapide et se montre plus majestueux. Nous restâmes en ce lieu près de trois quarts d'heure et revînmes ensuite à notre voiture, emportant pour souvenir quelques pierres brillantes que nous avions ramassées. Non loin de là, nous descendîmes à l'auberge d'une petite bourgade pour y passer la nuit. On nous donna une jolie chambre, très-propre; on fit du feu dans la cheminée, et on nous servit un souper composé de six ou sept plats avec dessert. J'entendais au dehors chanter des airs rustiques qui, se mariant aux gémissements de la brise, me plongeaient dans une douce rêverie. Il y avait dans ces mélodies quelque chose qui me rappelait nos chants nationaux, si beaux et si touchants... Chantez, braves gens, chantez toujours, pour dissiper ou adoucir vos peines; car le mal est partout : ni monts ni vallées ne vous sauvent de son contact, et ici comme ailleurs l'ami pleure son ami, l'amant son amante !

L'hôtesse nous conta, entre autres, le fait suivant :

Toutes les filles du village s'émerveillaient de la jolie figure de Jean ; tous les garçons admiraient les charmes naïfs de Lisette. Jean et Lisette s'aimaient dès l'enfance : leurs parents approuvaient leur amour, et bientôt ces heureux amants allaient s'unir à jamais. Un jour, en se promenant dans les montagnes avec des jeunes gens de leur âge, ils se trouvèrent au bord d'un précipice. Jean saisit le bras de Lisette et lui dit : « C'est effrayant, sauvons-nous! — Aurais-tu peur? demanda-t-elle avec un sourire; la terre est ferme sous nos pieds, laisse-moi jeter là-dedans un coup d'œil, un seul. » Comme elle parlait, le sol s'affaissa; elle jeta un cri, voulut se retenir, mais, entraînée par l'éboulement, l'infortunée roula dans l'abîme et périt d'une mort affreuse. Jean ne put la sauver, il s'évanouit. Ses amis, pâles d'effroi et de douleur, tentèrent de le faire revenir à lui : ils le secouaient et l'appelaient avec des cris de détresse. Il se taisait, son cœur ne battait plus; il avait cessé de vivre. On parvint à remonter le corps inanimé de la jeune fille; elle était méconnaissable. Le père de Jean se fit moine; la mère de Lisette mourut de chagrin... Ma plume s'arrête. Adieu, mes amis!

XLVII.

6 mars.

Hier à cinq heures du matin nous étions déjà en route. Des coups de vent d'une violence extraordinaire menaçaient sans cesse de renverser notre voiture. Nous étions entourés de précipices qui ne me rappelaient que trop l'histoire de Jean et de Lisette : c'était épouvantable. Et pourtant j'y plongeais volontiers mes regards, trouvant un charme indicible à contempler ces horreurs. L'ouverture de ces précipices est bordée de pierres pointues; à l'intérieur, là où jaillissent de fraîches cascades, l'herbe pousse fine et abondante. Des chèvres y descendent hardiment pour brouter. L'herbe couvre également le haut des rochers et les ruines des châteaux abandonnés qu'on regardait jadis comme inaccessibles.

Quelle que soit la sauvagerie de ces lieux, la route que nous suivions était assez large pour que deux voitures pussent y passer de front. Songez un peu quel immense travail et que d'argent cette route a dû coûter ! On a été obligé de la tailler dans le roc. C'est ainsi que la civilisation et le labeur de l'homme triomphent des résistances aveugles de la nature, et que des obstacles en apparence invincibles s'évanouissent devant les œuvres de la sociabilité, privilége précieux de l'espèce humaine.

Fatigué de rester en voiture, je me mis à marcher et j'allai très-loin en avant. Je fis dans le bois la rencontre de quatre jeunes femmes vêtues en amazones, robes vertes, chapeaux noirs; toutes les quatre blondes et belles. Surpris, je m'arrêtai tout court, pour les admirer. Elles me regardèrent aussi, et l'une d'elles me dit avec un sourire railleur: « Prenez garde à votre chapeau, monsieur ; le vent pourrait bien l'emporter ! » Je me ravisai alors : n'aurais-je pas dû ôter mon chapeau et saluer ces belles dames ? Je les entendis rire en s'éloignant. C'étaient des Anglaises qui voyageaient : une voiture à quatre places les suivait. Du reste, nous ne rencontrâmes que peu de voyageurs.

A la tombée de la nuit, nous descendîmes dans de vastes plaines. Je n'en étais pas fâché : j'étais las des montagnes, et le pays plat avait pour moi tout l'attrait de la nouveauté. Je pensai à ma chère patrie, et je me croyais déjà transporté dans son sein. Tels on voit nos champs, me disais-je en donnant libre cours à mon imagination, lorsque les rayons d'un soleil printanier enlèvent leur blanche couverture et rappellent à la vie les jeunes pousses des graminées d'automne, espoir de l'année qui commence !... La soirée était magnifique. On n'entendait plus bruire le vent de la montagne ; une douce tiédeur était descendue avec le crépuscule : j'étais ravi. Tout à coup, la pensée me vient que mes amis sont peut-être tous morts et que je ne les reverrai plus... C'en fut assez pour troubler ma joie et me désespérer. Je voulais revenir au milieu des rochers, entendre le cri des tempêtes et pleurer mon malheur.

Nous trouvons partout, dans les endroits les plus écartés, dans les plus pauvres villages, de bonnes auberges, une nourriture suffisante, des appartements propres avec des cheminées. Nous payons un dîner pour nous deux trois livres dix sous, ce qui n'est pas cher. J'ai remarqué deux choses dans les auberges de France : d'abord, au souper on ne sert pas de soupe, *ergo* « on soupe sans soupe ; » ensuite on ne met sur la table que des cuillers et des fourchettes, supposant sans doute que chaque voyageur doit avoir son couteau.

Je n'ai vu nulle part un barbouillage pareil à celui qui couvre les murs de ces hôtels. « Pourquoi souffrez-vous ces ordures ? demandai-je une fois à la dame de l'hôtel. — Je ne les ai même pas vues, répondit-elle ; qui ira s'amuser à lire de telles bêtises ? »

En traversant une petite ville, nous vîmes dans la rue une grande affluence de monde. J'en demandai la cause. « Notre voisin André, me répondit une jeune femme, celui qui tient l'hôtel *A la Croix*, ayant un peu trop bu, a dit hier, devant tout le monde, qu'il crachait sur la nation. Les patriotes s'en sont émus au point de vouloir le pendre sur-le-champ. Mais, réflexion faite, ils l'ont laissé se dégriser et l'ont forcé de demander pardon à Dieu publiquement et à genoux, dans l'église. Pauvre homme ! »

XLVIII.

Lyon, le 9 mars 1790.

On découvre Lyon à une distance de deux lieues. Le Rhône, qui de nouveau côtoie la route, semble indiquer le chemin de cette ville, l'une des plus importantes de la France, et servir en même temps de ligne de séparation entre la Bresse et le Dauphiné.

Lyon ne paraît pas de loin aussi grand qu'il l'est en effet. Cinq ou six grosses tours au plus se montraient à nous au-dessus d'un amas de constructions. Quand nous fûmes plus proche, nous pûmes admirer le quai du Rhône orné de magnifiques maisons à quatre et à cinq étages : c'était une vue splendide! A l'entrée de la ville, on nous fit faire halte. Un douanier nous demanda poliment si nous avions des marchandises à déclarer. Sur notre réponse négative, il jeta un coup d'œil dans la caisse de la voiture, salua et se retira, sans toucher à nos malles. On passe le Rhône sur un pont de bois très-long. Il y a sur l'autre rive de jolies maisons de campagne entourées de jardins.

Nous descendîmes à l'hôtel *de Milan*. La maîtresse de l'hôtel vint à nous avec un sourire comme je n'en avais vu ni aux Allemandes, ni aux Suisses. Par malheur, toutes les chambres étaient prises, à l'exception d'une seule, passablement sombre. L'aimable hôtesse promit de nous en donner le lendemain une très-belle. « Ainsi soit-il ! » répondîmes nous. Nous fîmes à la hâte un peu de toilette pour aller à la comédie. Pendant ce temps, le garçon qui arrangeait la chambre voulant lui donner du relief à nos yeux, nous dit qu'elle venait d'être habitée par une jeune beauté aux yeux noirs, arrivant de Constantinople.

Au théâtre nous prîmes un billet de parterre. Vestris, premier danseur de Paris, donnait sa dernière représentation à Lyon. La salle était comble : c'était autour de nous un bourdonnement semblable à celui d'un immense guêpier ; c'était une liberté inouïe qui m'étourdissait et m'étonnait. Sitôt que dans une loge ou au parquet quelqu'un quittait sa place ou se levait, des voix criaient du fond du parterre : *Assis, assis ! à bas !...* Nous voyant mal entourés au parterre, nous voulûmes entrer au parquet ; mais on nous dit qu'il n'y avait plus de place. Je me blottis enfin dans une petite loge qui surplombait la scène et où il n'y avait personne. On jouait *les Plaideurs*. Je n'entendais que la moitié des paroles ; du reste ce n'était pas précisément la pièce qui m'intéressait le plus. Aussitôt le rideau baissé, je voyais les artistes des deux sexes se précipiter sur la scène *en négligé*. Ils s'embrassaient, sautaient et riaient aux éclats en faisant des gestes grotesques. C'était un nouveau spectacle...

Mais la musique se fait entendre ; la bande joyeuse s'éclipse, la toile se lève et le ballet commence. A la vue de Vestris, un tonnerre d'applaudissements retentit dans la salle. Il est vrai de dire que le talent de ce danseur est admirable. Son âme est dans ses jambes, en dépit des philosophes qui la cherchent dans les fibres du cerveau. Quelle prestance ! quelle souplesse ! quel équilibre dans tous ses mouvements ! Je n'aurais jamais cru qu'un danseur pût me procurer tant de plaisir. Ainsi donc, tout art arrivé à sa perfection plaît à notre âme. Les bravos des spectateurs couvraient le son des instruments... Après un intermède insignifiant en un acte, on commença un nouveau ballet, et Vestris fut derechef applaudi avec frénésie. On lui cria, quand il eut fini : « Ne partez pas ! restez !.. » Vestris reparut, son chapeau pressé sur son cœur, saluant de tous les côtés, avec un air de candeur et de modestie : il fit signe qu'il allait parler. Tout se tut à l'instant... on eût pu entendre le bruit d'une cigale. « Je n'ai pu obtenir qu'un mois de congé, dit-il ; ce terme expire, et je dois retourner à Paris ; mais... » Il ne put continuer, et leva les yeux au ciel, comme s'il cherchait à reprendre des forces. Il les retrouva dans l'approbation du public et acheva ainsi sa phrase: « Désireux de reconnaître la bienveillance dont vous voulez bien m'honorer, je danserai encore une fois demain. » Nouveaux transports... la toile tombe. L'enthousiasme des Français était tel en ce moment, qu'ils eussent été capables, je crois, de proclamer Vestris leur dictateur.

Le lendemain, on nous installa dans deux jolies petites chambres donnant sur la place des Terreaux, en face de l'hôtel de ville et en plein marché, fréquenté par une foule de monde. Nous allâmes visiter la ville. Les rues sont en général étroites, à l'exception de deux ou trois qui sont un peu plus larges. Les quais de la Saône sont très-beaux. L'eau de cette rivière paraît verte, comme celle du Rhône, mais elle est moins claire. Des femmes qui font ici l'office de bateliers nous criaient à tout moment : « Voulez-vous passer, messieurs? » bien qu'il y ait plusieurs ponts à peu de distance l'un de l'autre. La principale et la plus belle partie de la ville est située entre les deux rivières. Au delà de la Saône s'élève une montagne, couronnée de couvents et de maisons. On jouit d'une vue admirable du haut de cette élévation. On a devant soi toute la ville, une des cités les plus considérables de l'Europe. L'horizon n'est borné que par les monts neigeux de la Savoie (on aperçoit, quand l'air est pur, le mont Blanc) et par les montagnes du Dauphiné.

Les vastes plaines qui s'étendent au delà du Rhône sont d'un aspect fort agréable. On les traverse pour aller en Languedoc et en Provence, ce pays verdoyant dont l'air est embaumé d'aromes printaniers, et où déjà les muguets sont en pleine floraison.

La grande place, ombragée d'épaisses allées et bordée de superbes maisons, est ornée d'une statue de bronze de Louis XIV dont le piédestal est en marbre. Elle est, je crois, aussi imposante que celle de notre Pierre Ier, quoique ces deux monarques diffèrent entre eux sous beaucoup de rapports. Louis doit son illustration à ses sujets, Pierre a fait la gloire des siens. L'un a contribué dans une certaine mesure au progrès des lumières qui brillaient déjà ; l'autre apparut comme un astre radieux au plus épais des ténèbres. Sous le règne de Louis, des milliers de Français industrieux furent obligés de fuir leur patrie; Pierre sut attirer dans ses États de nombreux étrangers, et mettre à profit leur zèle et leurs talents. J'honore le premier comme un puissant roi; le dernier est à mes yeux un grand homme, un héros, un génie tutélaire, mon bienfaiteur enfin...[1] Je dirai à ce pro-

1. Un parallèle de ces deux princes en ce sens avait déjà été fait, de leur vivant, dans le fameux journal d'Addison

pos que l'idée de placer la statue de Pierre sur une roche presque brute me paraît ingénieuse, car cette roche brute est pour ainsi dire l'image même de la Russie avant sa régénération. L'inscription PETRO PRIMO CATHARINA SECUNDA ne me plaît pas moins : c'est bref, énergique, significatif.

Nous rentrâmes dîner à une heure. Une trentaine de personnes se trouvaient à table. Chacun prenait ce qui lui plaisait ; heureux celui qui avait les meilleurs plats à sa portée. Le dîner était du reste très-abondant.

Je me rendis ensuite, muni d'une lettre, chez le poëte Matthisson[1], qui fait ici l'éducation des enfants d'un banquier. Il me reçut à bras ouverts. « Ah! monsieur, s'écria-t-il, vous parlez allemand; vous aimez notre littérature et prisez la probité

The Spectator, du 9 août 1711, n° 139. Voyez la réplique modeste que fit Pierre le Grand, quand il eut connaissance de cet article, et que Voltaire rapporte dans son *Histoire de Russie,* t. XXV, p. 356 de ses Œuvres complètes, édit. Beuchot. Comparez aussi le faux raisonnement de Voltaire sur le même sujet, dans sa *Lettre* à milord Hervey (1740), insérée dans le t. LIV, p. 65 de la même édition. Karamzine cite dans sa lettre un passage sur Pierre le Grand du poëme *Winter,* « l'Hiver » de Thomson (1726). Nous l'omettons ici à cause de sa longueur.

1. Frédéric de Matthisson (1761-1831) était déjà très-renommé à cette époque, car ses « Chants » *Lieder* avaient paru en 1781, et ses « Poésies » *Gedichte* en 1787. Il n'y a rien à ajouter aux excellents termes de cette lettre pour caractériser le gracieux poëte et l'homme de cœur.

allemande! » Je n'étais pas moins heureux que lui de faire connaissance, car je tiens infiniment à la franche et bonne amitié, et je ne compte pas en trouver beaucoup en France. Il s'empressa de me lire, avec un abandon plein de cordialité, les trois nouvelles pièces de vers qu'il venait de composer. Je l'écoutai avec un véritable plaisir. Une sensibilité naïve, des images d'une délicatesse exquise, la pureté et l'harmonie de l'expression, telles sont les beautés particulières de sa poésie. Tout à coup il s'arrêta, me regarda et me dit en riant : « Je me suis un peu trop hâté de vous présenter ma Muse, n'est-ce pas? Ah! c'est que malheureusement elle n'a pas beaucoup d'amis à Lyon! » Je lui serrai la main en l'assurant bien sincèrement que sa Muse avait toutes mes sympathies.

De là, j'allai voir jouer le *Devin du village*, charmant opéra de Rousseau. Les Parisiennes ont raison de dire que celui qui fit ce morceau de musique devait avoir le cœur bien tendre. Je me le figurai assistant à la première représentation de sa pièce, dans une loge du théâtre de Fontainebleau, la barbe inculte et sa perruque en désordre, et cherchant à se dérober à l'admiration des spectateurs.

Le ballet fut l'occasion d'un nouveau triomphe pour Vestris. On le rappela. Le danseur, épuisé, parut avec le même air de modestie qu'hier.

Comme les paroles semblaient lui manquer, le public fut un moment impatienté, oubliant qu'un danseur n'est pas obligé d'être un orateur. Enfin, il dit : « Messieurs, je suis pénétré de vos bontés, mais mon devoir m'appelle à Paris. » C'en était assez pour ses admirateurs ; les bravos couvrirent sa voix. Vestris doit être content de Lyon sous tous les rapports ; il est saturé d'éloges et d'argent. Je l'ai rencontré plusieurs fois dans la rue. « Vestris, Vestris ! » criait-on sur son passage en le désignant. La légèreté des jambes est donc une vertu recommandable ? Quant à ses émoluments, il touchait cinq cent vingt livres par représentation. En ce moment il donne à souper chez lui à tous les comédiens. Il demeure aussi à l'hôtel *de Milan*. Ils font un tapage tel que je désespère de pouvoir dormir cette nuit.

XLIX.

Ce matin Matthisson nous a conduits chez un sculpteur qui a formé son talent en Italie sur les modèles de l'antiquité. Il nous reçut avec politesse et nous fit voir ses ouvrages. « Je travaille peu, nous dit-il en soupirant, depuis que je suis obligé de monter continuellement la garde comme les autres citoyens. J'ai le cœur navré lorsqu'en rentrant chez moi je vois toutes ces statues inachevées ! » Voilà bien l'artiste ! dis-je en moi-même.

Nous allâmes ensuite voir l'hospice situé sur le quai du Rhône. Il y avait dans la première salle où l'on nous fit entrer près de deux cents lits en plusieurs rangées. Quel spectacle ! Mon cœur se serra. C'était l'atonie, une prostration de forces pénible à voir, chez les uns ; c'était une lutte acharnée de la vie et de la mort chez les autres : la mort triomphait, et soudain la vie s'envolait sur l'aile des soupirs. Il faut venir ici, si l'on veut se faire une idée des misères de l'humanité souffrante. Mais qui pourrait en supporter l'horrible aspect ?... Par-ci par-là on voyait briller quelques lueurs de convalescence. Des enfants étiolés jouaient avec des fleurs, preuve touchante que le sentiment de la belle nature commençait à renaître dans leur âme ; des vieillards, se redressant sur leur couche, levaient les yeux au ciel et regardaient autour d'eux, comme s'ils voulaient dire : « Je vivrai donc encore ! — Et moi aussi, je jouirai de la vie ! » disaient les regards rassérénés du jeune homme sentant revenir ses forces et ses espérances. Quel chaos d'émotions de toute sorte s'agitait en moi !

Chaque salle renferme une catégorie particulière de malades : là ce sont des phthisiques, ici des estropiés, plus loin des femmes en couches, etc. Partout une propreté admirable, partout un air épuré. Les malades sont parfaitement bien soignés par des *sœurs de charité,* qui n'ont pour tout salaire que la conscience d'une bonne œuvre accomplie. Quelques-unes sont très-jeunes; la douceur est peinte sur leur visage.

Il y a au fond de chaque salle un autel où l'on dit la messe tous les jours. « Voici, nous dit notre guide, une chambre pour laquelle il faut payer douze livres, y compris les médicaments, la table et le service ; mais elle est vide. — Et que payent les pauvres ? — Dix sols par jour pour le tout, et vingt si l'on veut avoir un lit à baldaquin. — Qu'y a-t-il ici ? demandai-je en avisant une petite chapelle au fond de la cour. — Voyez ! » me répondit-il ; et je vis quatre cercueils couverts d'un drap noir. — « Tous les jours, ajouta-t-il, il meurt quelques personnes. Aujourd'hui il n'y en a que quatre ; on les emporte ce soir. » Je me détournai en frissonnant de ce sombre séjour de la mort. « Maintenant, nous allons voir la cuisine. — C'est fort à propos, » me dis-je en le suivant. Là, dans un spacieux local à grands fourneaux, les marmites bouillaient, des quartiers de bœuf et de veau s'étalaient à profusion. « Et tout cela sera consommé aujourd'hui ? demandai-je. — Mille malades, répliqua notre guide, consomment pour le moins autant que cinq cents personnes en bonne santé. Ajoutez-y quantité de médecins et d'ecclésiastiques qui demeurent ici. Voici leur réfectoire. » Nous entrâmes dans une salle remplie de tables. L'heure du dîner n'était pas encore venue, mais quelques commensaux l'avaient devancée, et complétaient en attendant leur déjeuner.

« Est-ce tout ? dis-je en sortant. — Regardez encore là : derrière cette grille sont les aliénés. » L'un de ces infortunés, accoudé sur une petite table, paraissait absorbé dans ses réflexions et tenait une feuille de papier et une plume. « C'est un philosophe, dit le guide en souriant ; il tient plus à son morceau de papier et à son encrier qu'à son pain quotidien. — Qu'écrit-il? — Je n'en sais rien, quelques absurdités probablement ; mais on ne veut pas le priver de cet innocent plaisir. — C'est vrai, dis-je en soupirant ; pourquoi le priver d'un plaisir innocent? » Nous rentrâmes à l'hôtel *de Milan* pour dîner.

L.

Lyon, le . . mars 1790.

Je suis allé cette après-midi voir la grande église des Chartreux. Mon guide m'expliqua ce qui a donné lieu à la fondation de cet ordre, l'un des plus austères de la catholicité. C'était en 1080 : on inhumait un mort, je ne sais plus dans quelle ville. Tout à coup, au moment où le curé allait donner l'absoute, on entendit sortir du fond du cercueil ce cri terrible : « La justice divine me condamne ! » Le curé fut épouvanté ; mais au bout de quelques instants il se rassura et voulut achever sa prière. Alors il se fit un grand bruit dans l'église ; le cercueil s'agita, les cierges s'éteignirent, et on entendit ce même cri, mais d'une voix plus terrible encore : « La justice divine me condamne ! » Témoin de ce prodige, Bruno de Cologne prit aussitôt la résolution de quitter le monde. Accompagné de quelques amis (la légende dit qu'ils étaient au nombre de six), il alla trouver l'évêque de Grenoble, se jeta à ses pieds, et le pria de lui désigner un lieu où ils pussent passer le reste de leur vie dans de salutaires méditations. L'évêque avait rêvé, la nuit précédente, qu'un nuage blanc était descendu sur la prairie attenante à sa maison, et que sept étoiles avaient tout à coup surgi du sein de la terre. Profondément convaincu que ces étoiles ne pouvaient signifier que les sept aspirants inconnus, il donna au pieux Bruno et à ses amis cette même prairie, sur laquelle ils fondèrent un monastère : ce fut le premier couvent des Chartreux.

Je questionnai mon guide sur le genre de vie de ces solitaires. La règle de leur ordre les oblige à rester renfermés dans leurs murailles, à ne fréquenter personne, et à garder un silence perpétuel. Ils passent leur temps à lire, à travailler dans le jardin, à prendre leur repas ou bien à en attendre l'heure avec impatience, car c'est là leur unique récréation. Ils se couchent à cinq heures après midi, se lèvent à neuf, se recouchent deux heures après et ainsi de suite. Étrange existence ! Les fondateurs de l'ordre ont méconnu, ce me semble, la nature de l'âme humaine, créée pour l'action et ne pouvant trouver en dehors de l'activité ni repos ni plaisir. La solitude n'est bonne que lorsqu'elle est une pause récréative au milieu des agitations de la vie ; un isolement continuel nous ramène au néant. L'âme commence par se révolter contre cette violence faite à sa destinée ; le sentiment du vide l'absorbe et la mine, car l'homme isolé n'est qu'un fragment ; il ne forme un tout que par son union avec ses semblables et avec la nature. A la longue, les plus nobles penchants du cœur finissent par s'engourdir et l'homme tombe au dernier degré de la création, lui qui devrait en être le chef-d'œuvre le plus parfait.

Je restai immobile au milieu de l'église, examinant tous ces autels étincelants d'or et d'argent. La soirée était venue. Tout commençait à se brouiller autour de moi, tout était silencieux : soudain, les portes s'ouvrirent, et les frères du silence parurent, habillés de blanc. Les yeux baissés à terre, ils s'avancèrent à la file, lentement, vers le maître-autel ; et en passant devant une cloche suspendue dans l'église, ils la frappaient d'une main débile. Le son lugubre de la cloche, répercuté par ces sombres voûtes, éveilla en moi l'idée de la mort. Je sortis, je vis le soleil couchant, et mon cœur fut consolé.

LI.

J'aime les antiquités, restes parlants d'un temps qui n'est plus. Je suis donc allé visiter aujourd'hui les ruines d'un aqueduc romain. C'est une forte muraille à arcades, bâtie en petites pierres encastrées dans un mortier si dur et si persistant que rien ne peut le désagréger : les conduites d'eau sont pratiquées dans ce mur. Les Romains voulaient vivre dans la mémoire des hommes; aussi élevaient-ils des constructions que le temps n'a pu détruire. A l'époque où nous sommes, on a d'autres idées : vivant au jour le jour, nous mesurons nos projets et nos actions sur la durée de notre courte vie ; on ne veut pas voir au delà ; on ne planterait pas un chêne, si l'on n'est sûr de jouir de son ombrage. Les anciens ne seraient pas peu surpris d'entendre nos beaux raisonnements à ce sujet ; et à notre tour nous nous moquons des préoccupations des anciens et de leur amour excessif pour la gloire.

J'allai de là voir les thermes, dont les ruines se trouvent à côté d'un couvent de femmes. Comme je longeais le mur qui entoure le verger et les cellules du cloître, je faillis me trouver mal, à cause des vapeurs méphitiques qui s'en échappaient. Est-ce là le respect dû aux antiquités ? Au lieu de joncher de fleurs parfumées les abords de ce monument, ces dames y jettent des immondices par les fenêtres. Les peuples barbares de l'Asie ne font pas autrement, lorsqu'ils transforment les temples grecs en étables. L'édifice que je visitais n'est pas grand et consiste en galeries éclairées d'en haut. C'est ici, me disais-je, que de voluptueux Romains aimaient à prendre toutes leurs aises. Plus d'une belle Romaine est venue ici avec ses esclaves, livrer ses appas aux indiscrétions d'une eau limpide, tandis que son jeune amant soupirait loin d'elle et enviait à l'heureuse déité de la source le privilége de bercer le corps délicat de sa bien-aimée. La fable d'Alphée et d'Aréthuse me vint alors, je ne sais trop pourquoi, à la pensée. Je me mis à vanter la beauté des fictions mythologiques, mais

10.

je me tus presque aussitôt, en voyant que mon guide, jardinier du couvent, n'était nullement disposé à m'écouter. Je me rappelai aussi ce que j'avais lu dans les *Dialogues* de Lucien sur la mollesse des riches Romains. Lorsque ceux-ci, après le bain, s'en retournaient chez eux, un esclave les précédait toujours, écartant les pierres qu'il rencontrait sur son chemin et criant : *Gare! gare!* afin que le fier Romain, qui ne regardait jamais à ses pieds, ne se heurtât point à l'obstacle. — « Qu'est-ce que c'est que cela? demandai-je au jardinier, en voyant dans les galeries des tonneaux, des pots, des paniers, etc. — C'est ici ma cave, me répondit-il, et je suis très-flatté que les voyageurs viennent la voir par curiosité. »

Je me plus à causer longtemps avec ce jardinier présomptueux et bavard, qui me tint beaucoup de propos sur les sœurs. Les vieilles sont acariâtres, brutales, ennuyées; elles restent dans leurs cellules et parlent politique. Les jeunes sont rêveuses; elles aiment à se promener dans les sombres allées du jardin et à contempler la lune en poussant de tendres et profonds soupirs.

J'entrai ensuite dans la petite église souterraine, où les anciens chrétiens, fuyant la persécution, venaient épancher leur cœur en d'ardentes prières. Un jour, hélas! leur refuge fut découvert, et de nouvelles victimes rougirent de leur sang les dalles du sanctuaire. On voit la place où furent entassés leurs cadavres. Je trouvai dans ce sombre réduit des femmes agenouillées, priant en silence ; les unes versaient des larmes, les autres se frappaient la poitrine dans une sainte extase, et touchaient de leurs lèvres ce sol froid et béni. La piété n'est pas encore morte en France !

Je sortis de ce lieu vivement impressionné et je me retrouvai dans la rue, au milieu d'une immense cohue. Des comédiens ambulants chantaient, dansaient, faisaient de la musique. La foule se laissait aller à de bruyantes acclamations. Je me croyais transporté tout à coup dans un autre monde. Quel pays ! quel peuple !

Six heures sonnaient. Le théâtre regorgeait de monde. Je pris place dans une loge à côté de deux jeunes dames. On donnait *Charles IX*, une nouvelle tragédie de Chénier[1]. Un roi faible, gouverné par sa mère et par un prélat qui ne lui parle jamais qu'au nom de Dieu, se décide à répandre le sang de ses sujets parce qu'ils ne sont pas catholiques : tel est le sujet de cette pièce. L'action est horrible,

1. Marie-Joseph de Chénier (1764-1811), écrivain fécond, plus particulièrement connu par sa tragédie de *Charles IX*, qui fut représentée pour la première fois à Paris, le 4 novembre 1789. On a regardé cette pièce, qui n'est au fond qu'un pamphlet dramatique, comme le pendant de *Figaro*, et comme destinée à porter au pouvoir royal et à celui du clergé les mêmes coups que la comédie de Beau-

mais toute horreur n'est pas faite pour inspirer un beau drame. Le vrai pathétique, que Shakespeare a entrevu à travers les déchirements du cœur humain, est encore une énigme pour les poëtes français, et le drame de M. de Chénier est froid comme la glace. L'auteur, avant tout, a visé aux événements contemporains ; aussi chaque mot faisant allusion à l'état actuel de la France fut-il chaudement applaudi par le public. Mais, en dehors de ces allusions, la pièce eût paru ennuyeuse, même aux Français. Les personnages débitent des sentences, mais n'agissent point. Où serait donc l'intérêt dramatique? Une scène pourtant m'a ému : celle où les conjurés, tombant à genoux, reçoivent la bénédiction du prélat et jurent, en agitant leurs armes, d'exterminer les hérétiques. Le fait principal de la tragédie n'est que raconté ; Coligny meurt derrière les coulisses. Il n'y a sur la scène que le malheureux Charles IX, exhalant ses remords dans une tirade un peu longue. Les dames mes voisines en étaient épouvantées.

Matthisson vint nous trouver après le spectacle

marchais avait portés aux priviléges de la naissance. Un critique (M. Ch. Labitte) a exprimé récemment sur le *Charles IX* de Chénier le même jugement que Karamzine, quand il a dit : « Si vous y cherchez des dialogues, vous ne trouverez que des harangues ; ce ne sont pas des caractères qui agissent, ce sont des opinions qui discourent. »

et resta avec nous jusqu'à minuit, à causer devant un bon feu de cheminée. Il me lut des lettres de Wieland adressées à Mme de la Roche[1], auteur de l'*Histoire de Mlle de Sternheim* et de quelques autres romans. Ces lettres sont comme un miroir dans lequel se peint à merveille l'âme sensible du vieux poëte. Trois heures s'écoulèrent ainsi avec la rapidité d'un éclair.

Vous avez lu *Tristram*[2]. Vous rappelez-vous l'histoire de deux amants qui y est racontée? Vous souvient-il d'Amandus qui, séparé de sa chère Amanda, s'était mis à courir le monde pour la retrouver, fut pris par les corsaires, et resta vingt ans dans un cachot souterrain, parce qu'il ne voulut pas être infidèle à son Amanda et répondre à l'amour d'une princesse du Maroc? Vous souvient-il d'Amanda, qui traversa l'Europe,

---

1. Sophie de la Roche, née Gutermann (1731-1807), femme auteur distinguée par les plus belles qualités du cœur et de l'esprit. Les circonstances ne lui ayant pas permis d'épouser Wieland, elle lui garda néanmoins toute la vie une amitié franche et inaltérable. Wieland contribua à former son talent et son goût littéraire; il soigna l'édition de plusieurs de ses ouvrages et en composa les préfaces. Il en fit une pour le roman intitulé *Mademoiselle de Sternheim,* qui parut en 1771, 2 vol. in-8°, et qui eût en Allemagne le plus grand succès.

2. *The life and opinions of Tristram Shandy,* roman original anglais, publié en 1761, par Laurent Sterne, dont il sera parlé plus loin.

l'Asie et l'Afrique, pieds nus et les cheveux épars, demandant à toutes les portes son Amandus et faisant répéter son nom aux échos des bois et des montagnes? Vous souvient-il comment s'étant retrouvés à Lyon, leur ville natale, ces parfaits amants se jetèrent dans les bras l'un de l'autre et... expirèrent au même instant? Leurs âmes montèrent au ciel confondues dans un ravissement ineffable. Vous souvient-il que Sterne en approchant du lieu où, suivant la tradition, devait se trouver leur tombe, s'écria : « Ombres tendres et fidèles, ah! qu'il me tarde d'arroser de mes larmes vos cendres réunies! Agréez ce témoignage d'un cœur sensible! » et que néanmoins il ne put répandre ses larmes... parce qu'il lui fut impossible de retrouver le tombeau de ces malheureux amants? Hélas, moi aussi je l'ai cherché, et je l'ai demandé inutilement! Les Français aujourd'hui ne songent qu'à leur révolution et négligent la topographie de l'amour et des grands dévouements.

Et pourtant, qui pourrait oublier deux autres amants plus malheureux encore, qui, il y a une vingtaine d'années, se donnèrent la mort à Lyon? Le jeune Faldoni, comblé de tous les dons de la nature, aimait Thérésa et en était aimé. Ils allaient s'unir d'un lien indissoluble, mais le sort s'opposa à leur bonheur. Le jeune homme se blessa par un accident, qui lui causa une maladie incurable, et le père de Thérésa ne voulut plus donner sa fille à un homme qui pouvait mourir le jour même de ses fiançailles. Ce refus ne fit qu'enflammer leur amour, et leur inspira un projet sinistre. Non loin de Lyon, dans un bois de marronniers, est un temple agreste, consacré au Dieu de miséricorde et de bonté : Faldoni s'y rendit et attendit Thérésa. Elle vint plus belle que jamais, revêtue de la robe de mousseline blanche avec laquelle elle devait se marier, et une couronne de roses sur ses cheveux d'un blond foncé. Les infortunés, tombant à genoux devant l'autel, appliquèrent à leurs cœurs des pistolets ornés de rubans lilas, se regardèrent, s'embrassèrent, et cet ardent baiser fut un signal de mort. Le coup partit ; ils tombèrent unis et entrelacés : leur sang ruisselant se mêla sur le pavé du temple...

Eh bien, mes amis, j'avoue que cette histoire m'épouvante plus qu'elle ne me touche. Si Thérésa n'avait pas aimé ou avait cessé d'aimer Faldoni, ou bien si la mort avait ravi à ce dernier celle qui faisait tout son bonheur, tout le charme de son existence... je comprends qu'alors celui-ci eût pu détester la vie, et je me serais franchement associé à sa douleur. Mais Faldoni et Thérésa s'aimaient ; ils devaient donc s'estimer heureux. Ils respiraient le même air, le même soleil les échauffait de ses rayons, la même lune leur souriait... que voulaient-ils de plus? (On me rira au nez, je le sais, mais qu'importe?) Le véritable amour peut se suffire sans la volupté, lors même que son objet se trouve au delà des mers. Cette seule pensée, *on m'aime!* fait bondir de joie le cœur de celui qui se croit aimé. Qu'il est doux pour lui de songer que le zéphir qui rafraîchit son front a peut-être effleuré les attraits de sa bien-aimée; que cet oiseau qui voltige autour de lui, s'est reposé naguère sur l'arbre qui ombrageait celle dont le souvenir l'occupe sans cesse alors qu'elle-même pensait à lui! En un mot, les douceurs de l'amour sont infinies; rien au monde, la tyrannie du destin elle-même ne saurait nous les ravir. Faldoni, Thérésa! vous êtes à mes yeux les victimes d'une aberration de l'esprit et du délire des sens, plutôt que le modèle d'un amour véritable et pur.

LII.

« Voyez, voyez! » s'écria tout à coup Becker. Je me précipitai vers la fenêtre, et je vis une foule agitée sur la place de l'hôtel de ville. « Qu'est-ce que cela veut dire? demandâmes-nous au garçon qui faisait la chambre. — Quelque nouvelle folie, » répondit-il. Curieux de savoir quelle était cette folie, nous descendîmes dans la rue. Ceux à qui nous demandions la cause de cette bagarre ne purent nous l'apprendre. Nous sûmes enfin qu'un vieillard s'était pris de querelle avec une vieille femme, dont un clerc s'était fait le défenseur ; l'autre, voyant cela, avait voulu tuer le clerc d'un coup de pistolet, mais les passants l'avaient désarmé et avaient voulu le conduire « à la lanterne ». Un détachement de garde nationale qui passait, ayant arraché le vieillard des mains de la foule, l'emmenait à l'hôtel de ville. Telle était la cause de l'émeute. Le peuple, qui en France est devenu le plus grand des despotes, exigeait qu'on lui remît le coupable et criait : « A la lanterne ! » Le clerc, les femmes du marché poussaient le même cri. Ceux qui faisaient le plus de tapage et excitaient les autres à la révolte, étaient des mendiants et des mauvais sujets qui ne veulent plus travailler depuis que l'on crie à qui veut l'entendre que la France est « souveraine et libre ».

Un inconnu assez bien mis nous aborda et nous dit avec un air d'intérêt : « Vous êtes des étrangers : depuis une demi-heure un homme de mauvaise mine vous suit ; soyez sur vos gardes ! Sauvez-vous, messieurs, sauvez-vous ! » Je le regardai fixement, et je compris que c'était un plaisant qui voulait nous faire peur. Mais Becker, je ne sais trop pourquoi, rougit et me saisit par le bras.

Son regard semblait dire : « A la vie et à la mort! » Nous rentrâmes à l'hôtel sans éprouver le moindre accident.

LIII.

Nous avons dîné aujourd'hui chez M. T., riche négociant, avec quelques savants de l'endroit, et le soir nous sommes allés à la promenade publique, hors de la ville. Grands et petits, riches et pauvres, s'étaient donné rendez-vous sur la verte pelouse, pour y respirer à l'aise l'air tiède et suave du printemps. Peu de personnes étaient restées en ville, et chacun s'était fait aussi beau qu'il l'avait pu pour la circonstance. J'errais çà et là parmi cette foule immense, étranger et inconnu, comme au milieu d'une forêt; mais voyant autour de moi des visages épanouis, j'avais le cœur content. Je m'assis enfin dans un lieu isolé, sous un buisson, et apercevant une violette, je la cueillis avec empressement; il me sembla pourtant qu'elle avait moins de parfum que celles de mon pays. Cela venait peut-être de ce que je ne pouvais en faire hommage à la plus aimable des femmes ou au plus fidèle des amis.

LIV.

Lyon.

Non, mes amis, je ne les verrai pas, les belles provinces du midi de la France qui avaient tant occupé mon imagination!...

Becker n'a pas reçu la traite qu'il devait recevoir ici, et n'ayant plus que dix louis d'or dans sa poche, il s'est décidé à aller directement à Paris. Il fallait donc me séparer de lui, ou bien sacrifier mes projets, mes rêves, le Languedoc, la Provence.... Je restai quelques instants pensif, au coin de la cheminée, luttant avec moi-même. Entre temps, l'aimable Danois faisait sa malle, et me remettant mes effets : « Voici tes livres, tes lettres, tes mouchoirs de poche, disait-il ; reprends-les. Peut-être ne nous reverrons-nous plus ! — Non, m'écriai-je en sautant de ma chaise et en l'embrassant avec sensibilité, nous ne nous quitterons pas, je pars avec toi ! »

C'en est fait, je ne vous verrai pas, lieux charmants, belle fontaine de Vaucluse, séjour de Laure et de Pétrarque !... Mes pieds ne fouleront pas les prés parfumés de la Provence !... Restes précieux de l'antiquité, temple de Diane, immense amphithéâtre de Nîmes; et toi aussi, Vienne, où naquit Ponce Pilate; haute tour où il fut enfermé; précipice dans lequel il chercha et trouva la mort... je vous dis décidément un douloureux adieu !

Je fondis en larmes en quittant Matthisson. Il me donna pour souvenir un recueil de ses nouvelles poésies et me dit : « Dieu sait où je serai un jour; mais partout, croyez-le, je me rappellerai de vous avec bonheur : n'oubliez pas Matthisson ! »

Demain, à cinq heures du matin, nous prendrons la diligence d'eau, qui nous mènera à Châlon. Notre note à l'hôtel est payée : chaque journée nous a coûté ici à peu près un louis d'or.

Il est nuit : Becker dort. Quant à moi, je veille, je vous écris, et mes pensées prennent le chemin de la patrie...

LV.

La Saône.

Le soleil se lève, la brume se dissipe : notre bateau glisse sur l'onde azurée qui brille aux rayons d'un beau jour. Un vieux monsieur, de Nîmes, est assis à côté de moi; la jeune et jolie personne qui l'accompagne dort profondément, appuyée sur son épaule ; il lui jette son manteau autour du corps, de crainte que le froid ne la saisisse. A l'autre bout du bateau, un jeune Anglais joue avec son chien. Un autre Anglais, à mine sévère, s'amuse à agiter l'eau de la rivière avec sa longue canne, me rappelant un de ces *génies* dont parle le *Bhagavad-guîtâ*, qui ont, par le même procédé, changé l'Océan en une mer de lait et de beurre [1]. Un grand Allemand, adossé au mât du bateau, fume sa pipe. Becker s'entretient avec le pilote, en grelottant un peu, à cause de la fraîcheur de la matinée. Moi, j'écris au crayon sur un feuillet de parchemin.

Des plaines fertiles s'étendent au loin sur les deux bords de la rivière ; on voit çà et là des collines et des monticules ; partout de jolis hameaux, des vergers, des maisons de campagne, des châteaux avec leurs tours et tourelles ; une culture très-avancée, l'industrie et ses bienfaisants résultats. Je voyais en imagination l'état primitif de ces beaux rivages : la Saône roulant ses vagues dans le désert, au sein de ténébreuses forêts ; des

---

[1]. Il y a une allusion à ce fait mythologique dans le *Bhagavad-guîtâ,* épisode du grand poëme indien le *Mahâbhârata,* où le barattement de l'Océan est longuement raconté. Charles Wilkins a joint ce passage du poëme à sa version anglaise du *Bhagavad-guîtâ* (1785). Une traduction russe en a été donnée, d'après Wilkins, par M. Petrov en 1787.

hommes presque sauvages se cachant dans de profondes cavernes ou sous les branchages de chênes séculaires. Quelle métamorphose!... Que de temps il a fallu pour effacer les traces de cet état primordial !

Cependant il pourrait se faire, mes amis, qu'un jour ces mêmes lieux redevinssent déserts et sauvages. Un jour, à la place de ces jolies filles que j'aperçois sur le rivage occupées à peigner leurs chèvres au poil blanc et soyeux, peut-être verra-t-on rôder des animaux féroces et rugissants comme dans les solitudes de l'Afrique! Observez un peu les variations de la nature; lisez l'histoire des nations; allez en Syrie, en Égypte, en Grèce, et dites-moi si mon hypothèse est dénuée de toute vraisemblance! Tout ici-bas naît et s'élève, et tout passe, les peuples comme les fleurs. Dès lors, qu'y aurait-il d'absurde à supposer que ce beau pays de France, si beau par son climat, par ses produits, par le génie de ses habitants, par ses arts et son industrie, puisse devenir dans la suite des siècles semblable à l'Égypte, telle que nous la voyons aujourd'hui ?

Une chose me console. Si les nations périssent, le genre humain ne meurt pas. Un peuple est remplacé par un autre, et si l'Europe est condamnée à déchoir, eh bien ! on verra de nouvelles sociétés civiles surgir dans le nouveau monde ou ailleurs, et les sciences, les arts, l'industrie refleurir de plus belle dans ces lointains pays. Là où vécurent Homère et Phidias végètent aujourd'hui des ignorants et des barbares. D'autre part, le nord de l'Europe applaudit aux accents inspirés du chantre de la *Messiade*, et l'on voit Bonnet au pied du Jura, Kant à Kœnigsberg, disputer à Platon la palme de la philosophie...

Mon feuillet est rempli, je ne puis en écrire davantage.

LVI.

Mâcon en Bourgogne, minuit.

Notre voyage s'accomplit sous les plus heureux auspices. La journée a été belle, la soirée calme et tiède, le coucher du soleil magnifique.

A midi, on nous fit débarquer dans le port d'une petite ville[1]. Aussitôt nous fûmes entourés d'une douzaine de femmes tenant auberge, qui toutes voulaient emmener chez elles d'aussi *aimables voyageurs*, chacune disant qu'elle avait tout ce qu'on peut désirer de meilleur en potage, ragoût, vin et dessert. Nous dînâmes ensemble, à trente

1. Montmerle, bourg au pied d'un vieux château fort.

sous par personne, et fûmes très-contents du dîner. Nous nous promenâmes ensuite sur le bord de l'eau, entrant dans les maisons des paysans, qui sont très-proprement tenues, et causant avec ces braves gens. Leurs filles sont enjouées, mais modestes ; elles n'ont pas encore perdu le don naturel de savoir rougir. Dans une de ces maisons, toute la famille était à table : il y avait, sur une nappe blanche, un potage, un plat d'épinards et un pot de lait. Quant aux sabots des paysans français, ils sont loin de me plaire, et je ne comprends pas comment ils n'en sont pas estropiés.

Vers le soir, nous passâmes devant Trévoux, petite ville située sur la rive droite de la Saône, et connue surtout par la publication des *Mémoires de Trévoux,* journal antiphilosophique des Jésuites, qui jette feu et flamme contre les progrès de l'esprit humain et fait le procès aux Voltaire, aux d'Alembert, etc.

A neuf heures, nous arrivâmes à Mâcon et descendîmes dans un hôtel de premier ordre, où l'on nous servit un bon souper et le meilleur vin de la Bourgogne. Il est épais, de couleur foncée, et ne ressemble pas du tout à ce que l'on boit chez nous sous ce nom. Nous couchons ici, et demain, dès quatre heures du matin, nous voguerons vers Châlon, où nous pensons être dans l'après-midi.

LVII.

Fontainebleau, 9 heures du matin.

Nous avons quitté Châlon avant-hier, en calèche, avec un négociant de Paris qui, au prix de trois cents livres payées par chacun de nous, s'engage à nous défrayer pendant notre voyage jusqu'à Paris, à payer les chevaux de poste, le dîner, le souper, le déjeuner. C'est très-commode pour nous, et nous sommes tranquilles sous ce rapport.

La poste en France n'est pas plus chère qu'en Allemagne, et elle y est meilleure. Les chevaux sont toujours prêts, les routes excellentes, les postillons lestes et adroits. Villes et villages passent rapidement sous les yeux du voyageur.

Nous fîmes soixante-cinq lieues en trente heures. Un beau pays, ma foi; mais à toutes les stations, nous étions assaillis par des mendiants. Notre Français nous disait que leur misère provenait de leur paresse et qu'ils n'étaient pas à plaindre; mais je ne pouvais ni dîner ni souper tranquillement en voyant sous les fenêtres du logis ces pâles visages, et ces vêtements en lambeaux.

Fontainebleau est une petite ville entourée de forêts dans lesquelles les rois de France chassaient de temps immémorial. Saint Louis datait ainsi ses ordonnances : « Dónné en nos déserts de Fontainebleau. » A cette époque il n'y avait rien ici, à l'exception de deux ou trois églises et d'un couvent : c'est François Ier qui a bâti dans ce désert un vaste palais et l'a orné des chefs-d'œuvre de l'art italien. Je voulus visiter l'intérieur de ce pompeux édifice, et on me fit voir, pour deux écus, la chapelle, la galerie de tableaux de François Ier, les appartements du roi et de la reine, etc. On montre dans une galerie de ce palais la place où Christine de Suède fit tuer son amant, Monaldeschi. Dans la salle des mascarades, peinte par Nicole, plusieurs tableaux sont effacés parce qu'ils scandalisaient les dévots. Sauval, avocat au Parlement de Paris, en racontant les aventures galantes des rois de France, fait observer que le siècle de François Ier fut un temps de grande corruption, et que les œuvres des poètes et des peintres ne respiraient alors que la volupté la plus déréglée. « Allez à Fontainebleau, s'écrie le vertueux avocat (mort en 1670), et vous verrez à chaque pas des peintures et des sculptures licencieuses, des dieux et des déesses, des hommes et des femmes qui outragent la nature et se plongent dans les dissolutions les plus monstrueuses. En 1643, la reine mère à son avénement à la régence en fit brûler ou effacer pour plus de cent mille écus. Mais si elle avait voulu brûler tout ce qui se trouva d'abominable et d'impur, il aurait fallu réduire en cendres presque tout Fontainebleau. » C'est aussi à cette époque que Sublet des Noyers, intendant des bâtiments, fit brûler un tableau peint par Michel-Ange et que François Ier avait acheté très-cher en Italie. Ce tableau représentait Léda, dont la passion était si chaudement exprimée, qu'elle scandalisa M. l'intendant. J'emprunte ces faits à Dulaure.

Nous finissons de déjeuner. Le postillon fait claquer son fouet. Adieu, adieu, jusqu'à Paris !

LVIII.

Paris, le 27 mars 1790.

Nous étions déjà près de Paris, que je ne cessais de demander si nous y serions bientôt. Nous vîmes enfin une vaste plaine, au milieu de laquelle Paris s'étale dans son immensité... Nos avides regards plongeaient dans cet amas de constructions de toute sorte et s'y perdaient. Mon cœur battait. La voilà donc, me disais-je, cette ville qui depuis des siècles sert de modèle à l'Europe pour la mode et le goût; cette ville dont le nom est prononcé avec vénération dans toutes les parties du monde par les savants et les ignorants, par les philosophes et les petits-maîtres, par les artistes et même par les flâneurs ; nom que je connus presque aussitôt que mon propre nom, que je retrouve dans d'innombrables romans, dans la bouche des voyageurs, dans mes rêves et dans mes pensées... Voici Paris, et j'y suis ! Ah ! mes amis, ce fut là le moment le plus fortuné de ma vie. Rien n'égale es vives sensations de curiosité et d'impatience que j'éprouvai alors.

Notre compagnon de voyage nous disait, en montrant avec sa canne : « Par là, à droite, vous voyez les faubourgs Montmartre et du Temple ; ici, devant nous, est le faubourg Saint-Antoine ; à gauche, de l'autre côté de la Seine, les faubourgs Saint-Marceau, Saint-Michel et Saint-Germain. Cette haute tour gothique est l'ancienne église Notre-Dame ; ce magnifique temple nouvellement bâti, dont vous admirerez sans doute la belle architecture, est l'église de Sainte-Geneviève, patronne de Paris. Au loin s'élève avec sa brillante coupole l'Hôtel des Invalides, dans lequel le Roi et la patrie abritent la vieillesse infirme de leurs généreux défenseurs. »

Bientôt nous entrâmes dans le faubourg Saint-Antoine. Nous y vîmes des rues étroites, malpropres, des maisons hideuses et un monde déguenillé. Est-ce bien Paris ? me demandais-je, ce Paris qui de loin m'avait paru si beau ?... Mais la scène changea lorsque nous arrivâmes sur le quai : édifices splendides, grandes maisons à six étages, riches magasins. Quelle foule variée ! quel bruit ! Les voitures semblent courir l'une après l'autre ; on crie *gare! gare!* et le public s'agite comme une mer houleuse. Tout ce fracas, cette bigarrure, cette animation produisirent sur moi un effet indicible. Il me semblait que je n'étais qu'un grain de sable tombé dans un torrent vertigineux ou saisi par un tourbillon.

Nous mîmes pied à terre dans la rue Guénégaud, tout près de l'hôtel *Britannique*. On nous donna un appartement au troisième étage composé de deux jolies pièces meublées, que nous payons deux louis par mois. La maîtresse de la maison nous comblait de politesses ; elle se donnait beaucoup de peine pour indiquer la place de nos lits, de nos malles, et ne cessait de répéter en nous parlant : *aimables étrangers !* Le négociant qui avait fait la route avec nous nous souhaita tous les plaisirs imaginables à Paris, et s'en alla chez lui.

Nous nous hâtâmes de dîner, de faire un peu de toilette, et ayant bien fermé nos portes, nous sortîmes. Le flot populaire nous porta sur le Pont-Neuf, dont le plus bel ornement est la statue équestre de Henri IV, du plus aimable des rois de France. Je m'arrêtai comme malgré moi devant cette statue, que je contemplai pendant quelques instants. Ensuite, laissant Becker au pied du monument, j'allai chez Bréguet, qui demeure près du Pont-Neuf, sur le quai *des Morfondus*[1]. Sa femme me reçut devant la cheminée. Je me nommai, et elle m'apporta aussitôt une lettre, une lettre de vous, mes chers amis !... Figurez-vous ma joie ! Vous êtes bien portants et heureux ! Toutes mes inquiétudes cessèrent ; je devins joyeux comme un enfant, je me mis à lire et à relire votre lettre, sans songer le moins du monde à Mme Bréguet et sans lui adresser une seule parole : mon âme était avec vous ! « Vous paraissez bien satisfait, me dit la dame, c'est agréable à voir. » A ces mots je revins à moi-même : j'essayai de lui faire mes excuses, mais très-gauchement ; je voulus lui parler de Genève, sa ville natale. Cela n'allait pas, et je pris le parti de me retirer. Becker m'aperçut de loin, courant à lui, votre lettre à la main. Il partagea mon émotion, car il m'aime sincèrement.

1. Nous devons une note à cette maison, qui est une des curiosités de Paris, et qui ne tardera pas à disparaître sous le marteau des démolisseurs. C'est la deuxième du coin sur le quai *de l'Horloge* (ci-devant quai *des Morfondus*) ; elle est en brique rose et porte le n° 39 (ancien 79). Elle appartient encore au petit-fils de Bréguet (Abraham-Louis), ce génie de la mécanique, né à Neufchâtel en 1747, et descendant comme Rousseau, Bonnet et tant d'autres hommes célèbres, d'une famille de réfugiés français. M. Bréguet est mort à Paris en 1823.

Nous nous embrassâmes en face du monument, et il me sembla que le bon roi lui-même souriait en nous regardant du haut de son piédestal. Pont-Neuf! je ne t'oublierai jamais de ma vie.

Content et tranquille, j'errai avec Becker dans les rues de cette ville inconnue, sans guide, sans but... Le soleil se coucha, les lanternes s'allumèrent. Nous entrâmes dans le Palais-Royal.

Représentez-vous un magnifique château carré dont le rez-de-chaussée est composé d'arcades ; et sous ces arcades, des magasins dans lesquels brillent les trésors de l'Inde et de l'Amérique, or, argent, diamants, etc., les produits les plus exquis qu'engendre l'industrie pour satisfaire et charmer nos sens : tout cela disposé de la manière la plus pittoresque et illuminé de feux magiques qui éblouissent l'œil du spectateur! Imaginez-vous ces galeries pleines d'une foule qui s'y promène, pour voir et surtout pour se faire voir! Il y a là des cafés splendides très-fréquentés, où on lit des journaux, où l'on cause, discute, etc... J'en eus comme un vertige ; nous passâmes dans le jardin du palais : ici régnaient le calme et l'obscurité. Le jour incertain qui venait des arcades, en tombant sur ces vertes allées, était absorbé par l'épaisseur et par la mobilité de leur feuillage. On entendait de loin les sons languissants d'une musique enchanteresse. Des nymphes de volupté s'approchaient de nous, nous jetaient des fleurs, soupiraient, riaient, nous appelaient dans leurs grottes, promettant des plaisirs inexprimables, et disparaissaient soudain, comme les fantômes d'une nuit d'été. Il me semblait que j'étais transporté dans l'île de Calypso ou dans le château d'Armide. Plongé dans une douce rêverie, je me laissai aller aux pensées les plus romanesques.

LIX.

Paris, le 2 avril 1790.

Je suis à Paris! Cette idée excite en moi une agitation extrême et dont je ne puis me rendre compte. Je suis à Paris, me dis-je, et je cours de rue en rue, des Tuileries aux Champs-Élysées; tout à coup je m'arrête et je regarde curieusement les maisons, les voitures, le monde qui marche : mille choses me passent par la tête. Ce que je n'avais connu que par des descriptions, je le vois enfin moi-même, de mes propres yeux. Ce tableau mouvant et grandiose d'une ville célèbre me transporte de joie et d'admiration.

Cinq jours ont passé pour moi comme cinq heures, dans le bruit, la cohue, les spectacles, dans les murs enchantés du Palais-Royal. Mes impressions sont si vives et si confuses que je ne puis encore rien dire de positif sur Paris.

Je remets à plus tard le raisonnement, l'étude, la critique de ce que j'aurai vu. Je me contente aujourd'hui de vous dire que le trait caractéristique de cette ville, c'est l'extrême vivacité des mouvements, une volubilité étonnante de paroles et d'action chez tout le monde. Le système des tourbillons de Descartes n'a pu naître que dans la tête d'un Parisien. Ici chacun est pressé, chacun semble vouloir dépasser les autres ; on saisit au vol les pensées, on devine ce que vous voulez dire, pour se débarrasser de vous le plus vite possible. Quel contraste, par exemple, avec ces graves Suisses qui ne marchent jamais qu'à pas mesurés, qui vous écoutent avec une attention telle que vous en êtes intimidé, qui vous écoutent encore quand vous avez cessé de parler, qui épluchent ensuite et commentent vos paroles, et vous répondent si lentement, avec tant de circonspection, comme s'ils craignaient toujours de ne pas vous avoir compris ! Le Parisien, au contraire, veut tout deviner : vous n'avez pas encore articulé votre question qu'il a déjà répondu, salué et disparu.

LX.

Paris, le 3 avril 1790.

Il y avait autrefois ici, le jeudi, le vendredi et le samedi de la semaine sainte, une promenade fameuse dans le bois de Boulogne. *Autrefois,* dis-je; car celle que j'ai vue cette année ne saurait être comparée aux promenades du temps passé, alors que les riches et les élégants se faisaient faire exprès, pour l'occasion, des équipages neufs, et se montraient à ce rendez-vous de la mode les uns plus beaux que les autres.

J'y suis allé à pied et j'ai bien vu un millier de voitures, mais dans ce nombre pas une seule remarquable. Le peuple formait une chaîne continue des deux côtés de la route, vociférant et raillant les promeneurs en des termes comme ceux-ci : « Tenez, voilà une poissarde qui passe avec sa voisine la savetière ! — En v'là un piffe enluminé, le plus long de tout Paris ! — Celle-ci est une coquette de soixante-dix ans : hâtez-vous, galants ! — Voyez ce chevalier de Saint-Louis avec sa jeune femme et sa paire de cornes ! — Et ce philosophe donc qui vend son esprit à deux sous la livre ! » — Des freluquets caracolaient sur de beaux chevaux anglais, exploraient jusqu'au fond des voitures et agaçaient la populace en criant : « Allons, allons, amis ! de l'esprit, de l'esprit ! Bon ; c'est de la vraie gaieté parisienne ! » D'autres rôdaient dans la foule avec de longs sabres de bois en guise de cannes « pour se confondre avec le peuple ».

Les prêtresses de Vénus ont toujours éclipsé ici tout le monde par la beauté de leurs équipages. Une jeune actrice avait rompu avec le comte D., quoique bel homme. On s'en étonnait. « De quoi vous étonnez-vous ? répliqua-t-elle, c'est un monstre, un scélérat ; il n'a pas voulu me donner une voiture neuve pour la promenade de Longchamps. J'ai été forcée de le changer pour le vieux marquis, qui a engagé les diamants de sa femme afin de m'acheter ce qu'il y a de plus beau en fait de voitures à Paris. »

J'ai visité le couvent de Longchamps : j'y ai vu le tombeau d'Isabelle, sœur de saint Louis, et j'ai remarqué deux épitaphes, celle du père Fremin et celle du frère François Séraphin. Les voici :

Fremin, tu fais frémir le sort,
Et ton nom vit malgré la mort.

Qui la vie a vécu de François Séraphique
Quatre-vingts ans sur terre, au ciel vit l'angélique.

C'est spirituel, au simple comme au figuré, n'est-ce pas ?

LXI.

Paris, le . . avril.

En prenant la plume aujourd'hui pour vous faire, sinon un tableau, du moins une silhouette de Paris, je me demande si je dois commencer, comme disaient les anciens, *ab ovo*, c'est-à-dire par déclarer d'un air grave et magistral que cette ville se nommait autrefois *Lutèce* ; que Parisiens, *Parisii*, veut dire : « peuple protégé *par Isis*[1], » — quoique, entre nous, les Gaulois n'aient assurément eu aucune idée de cette divinité égyptienne, et ne se soient jamais souciés de sa protection. Faudra-t-il vous citer certains passages des *Commentaires* de Jules

---

1. M. Deal a résumé dans sa dissertation sur les *Parisii*, 1826, les preuves relatives à l'existence du culte d'Isis dans les Gaules. Or, la difficulté de la question n'est pas là : elle est dans l'impossibilité d'admettre qu'une peuplade celte se soit donné un nom dérivé du grec παρ' Ἴσις. Aussi a-t-on cherché la racine de *Par*, prononcé également *Bar*, dans le lexique national. Dulaure y voit le nom d'un « pays de *bar*rière ou de frontière » ; Gébelin celui d'une « *bar*que ou d'un radeau » ; E. Salverte croit que les Celtes appelaient *Baris* « tout pays situé au-dessous des bois, toute contrée basse et couverte de bosquets ». Cela rappelle un peu les étymologies que les savants russes ont tirées de la langue sarmate.

César (le premier qui ait fait mention de Paris) et du *Misopogon* de l'empereur Julien ; passages qui vous feraient voir qu'en ces temps éloignés Paris était déjà la capitale de la Gaule, et que l'empereur Julien faillit y être asphyxié par le charbon[1]... Ou bien, m'entourant des œuvres savantes de Gilles Corrozet, de Nicolas Bonfons, de Claude Malingre, de Henri Sauval, de Dom Michel Félibien, de François Colletet, de Montfaucon, etc., dois-je tenter de vous faire connaître Paris dans ses commencements, alors que les eaux de la Seine réfléchissaient, non pas d'immenses palais et de beaux temples, mais des cabanes aussi pauvres et chétives que celles des montagnards dans les Alpes ; alors que, faute d'Opéra, on ne pouvait

1. *Misopogon* signifie « détracteur de la barbe », titre donné par Julien à un pamphlet qu'il fit contre les habitants d'Antioche, qui s'étaient moqués de sa barbe. Il y oppose à leur mollesse son genre de vie rude mais actif, et sa robuste santé, dont il n'a jamais abusé. « Jamais, dit-il, estomac ne fut moins sujet que le mien à l'inconvénient qui suit l'excès. » Il ne s'est vu qu'une seule fois « dans la nécessité de le soulager, encore ne fut-ce qu'un accident auquel l'intempérance n'avait aucune part. » Ce fut en 358 de notre ère. « J'étais, continue-t-il, en quartier d'hiver dans ma chère Lutèce... Cette année-là, un hiver extraordinaire couvrit la rivière de glaçons... Je ne voulus point que l'on échauffât la chambre où je couchais, quoiqu'en ce pays-là par le moyen des fourneaux on échauffe la plupart des appartements et que tout fût disposé dans le mien pour me procurer cette commodité... Je luttai contre la rigueur

entendre que les chants primitifs des confrères d'Ossian ; alors que Mirabeau et Maury n'ayant pas encore paru, on n'avait pour toute éloquence que celle des vieux druides ? Suivrai-je enfin Paris dans ses progrès, pas à pas, à travers les siècles, dans toutes ses transformations architecturales, à partir de la première maisonnette de pierres brutes jusqu'à la magnifique colonnade du Louvre ?

Je crois pressentir votre réponse : « Nous trouverons tout cela dans les *Essais sur Paris* de Saint-Foix, qui nous racontera savamment les antiquités de Paris. Quant à vous, dites-nous plutôt l'effet que cette ville, telle qu'elle est aujourd'hui, a produit sur votre esprit. » Soit ; laissons donc les temps qui ne sont plus, et occupons-nous uniquement du présent.

de la saison et me refusai impitoyablement un secours qu'elle me rendait nécessaire. Le froid augmentait chaque jour et devenait insupportable. Cependant je me contenta de faire porter dans ma chambre quelques charbons allumés, craignant qu'une trop grande chaleur n'attirât l'humidité des murailles. Mais ce feu, tout médiocre qu'il était, en fit exhaler une vapeur qui me donna à la tête et m'endormit. On m'emporta dehors, et les médecins m'ayant fait rendre le peu de nourriture que j'avais pris sur le soir, je me sentis soulagé ; j'eus une nuit tranquille et fus, dès le lendemain, en état d'agir. » Curieuse aventure d'un Grec, homme d'esprit, qui, jeté par le hasard dans une ville du Nord, croit faire mieux que les gens du pays, court risque de s'asphyxier par le charbon et s'obstine encore après à accuser les murailles du mal qu'il s'est causé lui-même !

Paris vous étonnera par sa splendeur, si vous y arrivez par la route de Versailles. Vous aurez alors devant vous une masse de beaux édifices publics et privés; à droite, la Seine encadrée de jolies maisons et de jardins; à gauche, une immense plaine verdoyante, et Montmartre couvert de moulins à vent qui agitent sans cesse leurs grandes ailes et font l'effet d'un groupe d'aigles prenant leur vol dans les airs. La route est belle, large, éclairée pendant la nuit par des réverbères. La maisonnette même du garde de barrière ne laisse pas que de plaire à cause de sa forme élégante. Vous trouvez ensuite un grand pré vert, et vous entrez dans les *Champs-Élysées*, qui portent bien leur nom : c'est un bois entrecoupé de pelouses fleuries et semé de pavillons où l'on trouve des cafés, des magasins, etc. La foule s'y promène tous les dimanches, la jeunesse y danse au son de la musique. De pauvres gens, exténués de fatigue pendant les six jours de la semaine, viennent s'y délasser sur le gazon, se restaurer et chanter des vaudevilles. Le temps vous manque pour voir en détail les aspects pittoresques de ce bois, pour parcourir tous ces bosquets, jetés négligemment sur votre passage. Vos regards se portent en avant. Là, sur une grande place octogone s'élève la statue de Louis XV, entourée d'une balustrade de marbre blanc. Plus loin, les allées touffues du jardin des Tuileries, aboutissant à un splendide palais. Quelle vue ! Dans le jardin, on ne sait vraiment ce qu'il faut admirer le plus : l'ombrage de ces antiques allées, les formes arrondies des hautes terrasses qui bordent le jardin dans sa longueur, la beauté des bassins, des parterres, des vases, des groupes, des statues. Un artiste de premier ordre, Le Nôtre, a mis sur tout cela le cachet exquis de son goût et de son génie. On trouve ici, non plus le peuple, comme aux Champs-Élysées, mais le *beau monde*, cavaliers et dames, qui, en marchant, laissent sur leurs pas une traînée de poudre et de rouge. Montez sur les terrasses et regardez autour de vous : voyez ces palais et ces hôtels, ces temples, ces quais, ces ponts en pierre de taille, ces voitures qui circulent, cette cohue qui mugit comme un flot toujours montant, et parlez-moi de Paris ! N'est-ce point là une ville unique, la première ville de l'univers, la capitale du luxe et de l'opulence ?

Eh bien ! si vous ne voulez pas être détrompé, n'allez pas plus loin. Ailleurs que verriez-vous ? Des rues étroites, une confusion choquante de richesse et de profonde misère, un tas de harengs et de pommes à demi pourries à côté d'un brillant magasin de bijouterie ; partout de la boue et même du sang ruisselant de quelque étal de boucher : vous serez forcé de fermer les yeux et de vous tenir le nez. Toutes les splendeurs s'évanouiront devant vous, et vous serez porté à croire que les égouts de toutes les villes du globe viennent déverser à Paris leurs immondices les plus dégoûtantes. Faites un pas de plus, et vous croirez être au sein de l'Arabie Heureuse ou dans les vallées embaumées de la Provence : c'est que vous vous serez trouvé en face d'un de ces nombreux magasins où se débitent des essences et des senteurs...... Bref, Paris change sans cesse d'atmosphère comme d'aspect, en sorte qu'on pourrait dire que c'est la ville la plus belle et la plus hideuse, la mieux parfumée et la plus puante en même temps. Les rues sont en général étroites et sombres, à cause de la hauteur démesurée des maisons. La rue Saint-Honoré est la plus longue, la plus bruyante et la plus sale de toutes. Malheur aux pauvres piétons, surtout lorsqu'il pleut ! Ils sont condamnés à pétrir la boue au milieu de la rue (le pavé est disposé en pente de façon à former une rigole boueuse au milieu), ou bien à recevoir, en longeant les maisons, des ondées de dessus les toits. Un carrosse à soi est ici indispensable[1], du moins pour nous autres étrangers.

---

1. On peut bien aller en fiacre; mais ces voitures sont aussi laides au dedans qu'au dehors. Le cocher est vêtu d'une piètre veste ou d'un vieux manteau, et ne sait que battre deux rosses qui tirent péniblement quelques pas,

Quant aux Français, ils ont un talent particulier pour marcher dans la boue sans se salir ; ils sautent de pierre en pierre, et se sauvent dans les boutiques quand ils rencontrent des équipages. L'illustre Tournefort [1], qui avait fait le tour du monde, revenu à Paris, fut écrasé par une voiture, parce que pendant ses voyages il avait perdu l'habitude de sauter comme un cabri dans les rues : art devenu indispensable pour les habitants de cette capitale.

Quand on marche dans Paris, n'importe dans quelle direction, on finit toujours par se retrouver dans les allées ombragées des boulevards. Il y a trois allées parallèles : une pour les voitures et deux pour les piétons. Elles forment comme une ceinture enchantée autour de la cité parisienne. Autrefois, les habitants venaient ici jouer *à la boule* sur le vert gazon ; de là le nom de

puis s'arrêtent tout court. Pour vingt-quatre sous on peut traverser ainsi toute la ville d'un bout à l'autre.

(*Note de l'auteur.*)

1. Ce grand botaniste revenait du jardin royal portant un paquet de plantes sous le bras, lorsqu'il fut violemment heurté par une charrette dans la rue Copeau (aujourd'hui Lacépède), rendit beaucoup de sang et succomba, après un mois de maladie, le 28 décembre 1708, âgé de cinquante-trois ans. Jeux cruels du hasard ! C'est ainsi qu'un célèbre navigateur, que les flots de l'Océan avaient respecté, périt misérablement consumé par les flammes, dans un wagon de chemin de fer de Versailles.

boule-vert ou boulevard [1]. Il n'y avait ici auparavant que des remparts en terre pour défendre la ville ; plus tard on y a planté des arbres.

Il y a les *vieux* et les *nouveaux* boulevards.

Les premiers sont le rendez-vous du luxe et de l'élégance. Là se trouvent la Comédie, l'Opéra, les maisons splendides, les riches cafés, les pavillons fantastiques, les bosquets, dans lesquels les saltimbanques viennent charmer la foule par leurs tours de force et d'adresse. Les produits les plus rares de la nature s'y étalent aux yeux des promeneurs, savoir, des oiseaux étrangers, tels que colibris et autruches, des tigres, des crocodiles, etc. Là aussi quelque Circé, assise sous un marronnier, fait aux passants des yeux langoureux, des gestes passionnés ; puis, les voyant s'éloigner avec indifférence, soupire en murmurant : « Le cruel ! cœur de bronze ! » Là, le jeune fat échevelé coudoie un vieux petit-maître gracieusement poudré, lui lance un sourire moqueur, et offre le bras à une chanteuse de l'Opéra... Là enfin, des voitures sans nombre vont et viennent sans cesse, laissant apercevoir à leurs portières des figures jeunes et vieilles, belles et laides, et ainsi de suite. Enfin, pour clore dignement tout ce pêle-mêle bigarré, on

---

1. On disait *vert* pour gazon ; de là « vert à jouer à la boule, » boulevard. N'est-ce pas plutôt le mot allemand *Bollwerk*?

y voit de temps à autre parader un détachement de la garde nationale. Croiriez-vous que j'ai mis toute une journée à parcourir cette partie tumultueuse des vieux boulevards [1] ?

Les nouveaux offrent un tout autre aspect. Ici l'air est plus pur, les allées sont bien venues ; mais il y a peu de monde. On n'y entend ni fracas de voitures, ni bruit de chevaux, ni chants ni musique ; on n'y voit pas d'élégants à la tête poudrée, ni de coquettes au visage peint ou émaillé. On rencontre quelques familles d'honnêtes bourgeois, prenant l'air à l'ombre de fraîches allées ; on y trouve des champs, des travaux agrestes, des laboureurs ; en un mot, tout y est simple, calme et pacifique.

Mais revenons à la partie tapageuse de la capitale. Charles V disait : *Lutetia non urbs, sed orbis,* c'est-à-dire « Lutèce (ou Paris) n'est pas une ville, c'est un monde. » Que dirait-il aujour-

---

[1]. Parmi les maisons qui les bordent, on remarque celle de Beaumarchais. Cet homme a eu le talent non-seulement de faire tourner la tête aux Parisiens par ses étranges comédies, mais encore de se faire une fortune prodigieuse. Tout en peignant les faiblesses du cœur humain, il a su en profiter pour remplir sa bourse. Il a été, à la fois, un écrivain plein de verve, un homme du monde et un habile commerçant. On va voir sa maison comme un chef-d'œuvre de magnificence et de goût. Les bas-reliefs au-dessus de sa porte lui reviennent à trente ou quarante mille livres.

(*Note de l'auteur.*)

d'hui que sa Lutèce est devenue si grande et si peuplée! Figurez-vous quelque chose comme vingt-cinq mille maisons de quatre à neuf étages, toutes remplies d'habitants, dont le nombre s'élève à plus de six cent mille âmes[1]. Dans toutes les rues (on en compte jusqu'à mille), c'est toujours la même cohue et le même bruit. A dix et onze heures du soir tout est encore sur pied, tout se meut et s'agite. A partir de minuit, l'animation diminue. Mais dès quatre heures du matin les ouvriers, les savoyards, etc., reparaissent, et peu à peu la ville semble renaître et recommence son train de vie comme la veille.

LXII.

J'ai dîné aujourd'hui chez M. G., pour lequel j'avais une lettre de Genève. Il est quelquefois fâcheux de ne pas connaître les usages d'un pays. J'arrivai à deux heures précises, c'était beaucoup trop tôt, et il n'y avait encore personne. Le maître de la maison s'habillait dans son cabinet

---

[1]. Ce nombre a triplé depuis 1790. Quant aux maisons, on en comptait soixante-sept mille en 1865 : comme on les fait d'un cinquième plus grandes, en moyenne, il se trouve qu'on est logé à peu près de même qu'autrefois; seulement les espaces habités sont plus également distribués.

après sa promenade du matin ; madame était occupée à lire chez elle. Au bout d'un quart d'heure elle entra dans le salon où, seul, assis devant la cheminée, je m'amusais à feuilleter la *Poétique* de Marmontel, oubliée sur un sofa.

Mme G. est une femme d'une trentaine d'années. Elle parle anglais, italien, et à l'instar de Mme Necker, qui réunissait chez elle les d'Alembert, les Diderot, les Marmontel, elle aime la société des hommes de lettres. Nous causâmes littérature, et avec beaucoup d'entrain, car Mme G. se faisait un plaisir de contredire toutes mes opinions. J'avais dit, par exemple, que Racine et Voltaire étaient pour moi les premiers tragiques français ; elle me déclara que Chénier était un dieu en comparaison. Je me figurais qu'on n'écrit plus en France aussi bien qu'autrefois ; elle me dit qu'il venait chez elle plus de vingt écrivains qui tous sont incomparables. Je vantais Dupaty ; elle m'assura que personne ne le lisait à Paris ; qu'il était bon avocat, mais mauvais observateur. J'admirais *Raoul*, le nouveau drame ; elle en parlait avec dédain. Bref, nos controverses n'auraient jamais fini, si on ne fût venu annoncer l'arrivée d'autres invités.

En quelques instants le salon se remplit de marquis, de chevaliers de Saint-Louis, d'avocats, d'Anglais : chacun en entrant adressait à madame un compliment de sa façon. M. G. vint le dernier,

On parla des divers partis politiques, de leurs intrigues, des décrets de l'Assemblée nationale, etc. Les Français discutaient, critiquaient, s'extasiaient; les Anglais bâillaient. Malgré moi, je me mis du parti des derniers, et ne fus pas fâché quand on vint dire que le dîner était servi. Pendant le dîner, qui fut excellent, les orateurs allèrent toujours leur train. On remarquait surtout un avocat qui aurait voulu, disait-il, être ministre pour six mois au plus, rien que pour payer toutes les dettes de la monarchie, tripler ses revenus, enrichir le Roi, le clergé, la noblesse, le tiers état... M. G. le saisit enfin par le bras en lui disant d'un air grave : « Assez, assez, ô homme généreux ! » J'éclatai de rire ; heureusement je n'étais pas le seul. Du reste l'avocat n'en fut nullement choqué, et continua à développer ses vastes projets, en s'adressant principalement au frère de Necker, qui se trouvait à table et qui l'écoutait avec un sang-froid imperturbable. Paris, et le Palais-Royal surtout, abonde en parleurs de cette espèce, et il faut avoir la tête bien forte pour ne pas attraper la migraine, par suite de leur éloquence. J'avais à côté de moi un Anglais, homme sérieux, qui, apprenant que j'étais Russe, m'entretint de notre climat, de notre genre de vie, etc. Le fameux voyageur Coxe est son ami ; ils ont parcouru ensemble la Suisse et l'Allemagne. On sortit de table à cinq heures, et, comme je me retirais, M. G. m'engagea à venir les dimanches dîner avec ses amis.

J'avais encore pour M. N..., vieux gentilhomme provençal, une lettre de la part de son frère, *émigré* que j'ai connu à Genève. Il est presque aveugle, sourd, perclus, et n'habite Paris que pour sa femme, une jeune et jolie blonde qui raffole des fêtes et des spectacles. Quel couple mal assorti! Comment un tel mariage peut-il être heureux, pensai-je en regardant M. et Mme N..., ce Vulcain et cette Vénus, ce froid octobre et ce mai fleuri? O nature! laisses-tu pousser ainsi des roses sur les glaciers ?

On me reçut avec une courtoisie mêlée d'indifférence, comme on fait généralement ici avec les étrangers; on m'invita à dîner, à souper, etc. Mme N... me dit que Paris devenait ennuyeux, qu'elle se proposait d'aller vivre en Suisse sur la montagne, près de Neufchâtel, que Rousseau a dépeinte avec tant de charme à d'Alembert; qu'elle comptait y trouver le bonheur au sein de la belle nature. Je ne pus qu'applaudir à de si poétiques projets.

LXIII.

Paris aujourd'hui n'est plus ce qu'il était jadis. Un nuage menaçant plane sur ses tours, et assombrit la physionomie de cette ville somptueuse. Le luxe qui y régnait autrefois a quitté ce séjour préféré, en jetant sur toute chose un voile de crêpe noir, et ne laissant à sa place qu'un reflet incertain de sa splendeur passée. Les horreurs de la révolution ont chassé de Paris ses plus riches habitants ; la haute noblesse a émigré, et ceux qui sont restés vivent pour la plupart très-retirés, dans le cercle restreint de leurs amis et de leurs proches parents.

« Ici, me disait l'abbé X., en suivant avec moi la rue Saint-Honoré et en désignant avec sa canne de grandes maisons inhabitées, ici, chez le marquis D., se réunissaient le dimanche les femmes à la mode, les hommes de haut parage, les beaux esprits les plus renommés ; les uns jouaient, les autres dissertaient sur la philosophie, sur les sentiments, sur le goût, sur le beau idéal. Là, chez la comtesse A., venaient tous les jeudis les plus profonds politiques des deux sexes ; on y comparait les idées de Mably à celles de Jean-Jacques, on les discutait et l'on posait les bases d'une nouvelle utopie. Là encore, chez la baronne F., M. lisait chaque samedi ses commentaires sur la Genèse, peignant à de jeunes femmes l'antique et informe chaos sous des dehors si épouvantables, qu'elles s'en trouvaient mal de frayeur et d'angoisse. Vous arrivez à Paris trop tard, mon cher monsieur, les beaux jours sont loin de nous ; on ne soupe plus, la bonne compagnie s'est éparpillée dans tous les coins du monde. Un homme *comme il faut* ne sait plus aujourd'hui que faire, que devenir ni où passer sa soirée. »

Toutefois l'abbé avouait lui-même que les Français avaient depuis longtemps désappris l'art de s'amuser en société, comme ils le possédaient au siècle de Louis XIV, alors qu'ils fréquentaient les salons de la fameuse Marion Delorme, de la comtesse de la Suze, de Ninon Lenclos, où Voltaire lisait ses premiers vers, où Voiture, Saint-Évremond, Ménage, faisaient briller leur bel esprit et dictaient les lois du goût et de la sociabilité. « C'est John Law, continua l'abbé, c'est cet aventurier, avec sa malheureuse banque, qui a mis à néant la richesse et l'amabilité des Parisiens, en faisant de nos joyeux marquis des marchands de papier et des usuriers. Dans ces mêmes lieux où les délicatesses d'un esprit enjoué se plaisaient à revêtir les formes d'une conversation fine et élégante, on ne parla plus que du prix courant des billets de banque, et les salons se transformèrent en bourses ou en marchés. Cela n'a pas duré sans doute : Law fut forcé de fuir. Mais la vraie gaieté française ne revint pas, ou ne revint qu'exceptionnellement, à de rares intervalles, dans les salons de Paris. On se mit à jouer aux cartes avec frénésie. De jeunes femmes se donnaient des soirées pour se ruiner entre amies, à tour de rôle, ne songeant plus à plaire ni à charmer les hommes par leur esprit. Ensuite, la mode tourna aux perroquets et aux économistes, aux intrigues académiques, à l'Encyclopédie, aux calembours, au magnétisme, à la politique. Nos belles dames se firent auteurs, et trouvèrent ainsi le moyen... d'endormir leurs amants. Tout le monde se mêlait de philosophie, se donnait de l'importance ; on forgeait des mots nouveaux, étranges et bizarres, que Racine et Boileau n'eussent pu ni comprendre ni accepter, et je ne sais vraiment où nous en serions arrivés de malaise et d'ennui, si les foudres de la Révolution ne fussent venues soudain éclater sur nos têtes... »

Ceci dit, l'abbé me serra la main et me quitta.

LXIV.

J'ai vu hier, dans la chapelle du château, le Roi et la Reine.

La sérénité, la douceur et la bienveillance sont peintes sur la figure du Roi. On sent qu'aucune mauvaise pensée n'a accès auprès de lui. Il y a de ces heureux naturels qui nécessairement sont portés à faire le bien : tel est ce prince ! Il peut se trouver dans l'adversité, il peut périr dans la tourmente; mais l'Histoire inscrira son nom, le nom de Louis XVI, parmi ceux qui furent les bienfaiteurs de l'humanité, et sa mémoire sera chère à toute âme sensible.

Quant à la Reine, malgré tous les coups dont l'infortune l'a frappée, elle est encore belle et majestueuse. Marie-Antoinette est née pour être reine. Son port, son regard, son sourire, tout indique en elle un être supérieur. On ne saurait douter que son cœur ne soit profondément blessé. Eh bien ! elle sait cacher sa douleur, et pas un nuage ne vient obscurcir l'éclat de ses beaux yeux. Tout en priant, elle les tournait gracieusement vers le Roi ou vers Madame Royale, sa fille. La princesse Élisabeth, sœur du Roi, priait avec une grande ferveur : il m'a semblé lui voir quelques larmes dans les yeux.

La chapelle était remplie de monde : j'ai manqué en être suffoqué. On regardait le Roi, encore plus la Reine : les uns soupiraient et s'attendrissaient, d'autres restaient impassibles ou bien s'amusaient à railler les pauvres moines qui chantaient les vêpres. Le Roi avait un habit violet, la Reine, sa belle-sœur et sa fille étaient en noir, avec de simples coiffures.

J'ai vu le Dauphin aux Tuileries. La belle et sensible Mme de Lamballe, celle à qui Florian a dédié ses *Contes*, lui donnait la main. Charmant enfant! Ange de candeur et d'innocence ! Avec sa petite veste foncée et un ruban bleu en écharpe, il prenait l'air et se laissait aller à son humeur enfantine! On accourait de toutes parts pour le voir, on se découvrait devant lui; l'enfant payait de retour ces attentions du public, et avait un sourire pour chacun de ceux qui l'admiraient[1]. Le peuple aime encore le sang de ses rois !

1. Dans son journal du 4 janvier 1790, Arthur Young dit en parlant de la Reine, qu'il a vue se promener aux Tuileries : « La populace la suivait, parlant très-haut et ne lui marquant d'autre respect que de lui ôter son chapeau quand elle passait; c'est plus que je n'aurais cru. Sa Majesté ne paraît pas bien portante, elle semble affectée et sa figure en garde des traces.... On a réservé un petit jardin pour l'amusement du Dauphin; on y a bâti un petit pavillon

LXV.

Paris, le .. avril 1790.

Parlerai-je de la Révolution ? Vous lisez les journaux, n'est-ce pas, vous savez donc tout ce qui se passe ici. Qui aurait jamais pu s'attendre à de pareilles scènes de la part de ces frivoles Français si renommés pour leur amabilité et leur ardent royalisme, d'une nation qui chantait naguère à l'unisson, de Calais à Marseille, et de Bordeaux à Strasbourg :

> Pour un peuple aimable et sensible
> Le premier bien est un bon roi !

Ne croyez pas, du reste, que toute la nation prenne une part active dans la tragédie qui se joue en France. Non, pas même la centième partie; les autres regardent faire, discutent, disputent,

où il se retire en cas de pluie ; je le vis à l'ouvrage avec sa bêche et son râteau, mais non sans deux grenadiers pour l'accompagner. C'est un joli petit garçon, d'un air très-avenant ; il ne passe pas sa sixième année ; il se tient bien. Partout où il va, on lui ôte son chapeau, ce que j'observais avec plaisir. » *Voyages en France*, t. I, p. 341 (édition de 1859).

rient ou pleurent, applaudissent ou sifflent, comme on fait au spectacle. Ceux qui n'ont rien à perdre sont hardis comme des loups; ceux qui tiennent à leur avoir sont timides comme des lièvres. Les uns veulent s'emparer de tout, les autres voudraient sauver quelque chose. Une guerre défensive contre un ennemi audacieux est rarement heureuse. A en juger par les événements, la noblesse et le clergé en France sont impuissants à sauver le trône.

Depuis le 14 juillet, on ne parle plus que d'aristocrates et de démocrates, on se jette ces mots à la tête sans en comprendre la portée. Voici un échantillon de l'ignorance populaire.

Dans un village des environs, les paysans arrêtent un jeune homme bien mis et le forcent à crier avec eux : « Vive la nation ! » Il fait de son mieux, et crie, en agitant son chapeau : « Vive la nation ! » — C'est bien, c'est bien ! lui disent-ils, nous voilà satisfaits. Vous êtes un bon Français : allez. Mais, un moment ; expliquez-nous d'abord ce que c'est que la nation ? »

On raconte que le Dauphin, jouant avec son écureuil et lui donnant des chiquenaudes, s'amuse à l'appeler « aristocrate », expression banale qu'il a retenue à force de l'entendre, tant ce mot est prodigué ici à tout propos.

Un marquis, comblé des faveurs du Roi, se met aujourd'hui au premier rang pour cabaler contre la cour. Comme ses amis le lui reprochaient : « Que faire, leur dit-il froidement en haussant les épaules, que faire ? J'aime les t.. t.. t.. troubles. » Le marquis est bègue.

Chacun son goût. Mais avez-vous lu, marquis, les annales de la Grèce et de Rome ? Vous souvient-il de la ciguë et de la roche Tarpéienne ? Le peuple est un fer tranchant qu'on ne manie pas sans danger, et la Révolution est un gouffre qui engloutit la vertu et aussi le crime (ou ceux qui s'en servent comme moyen de bouleversement).

Toute société civile que des siècles ont fondée et consolidée doit être sacrée pour les bons citoyens. La moins parfaite a de quoi nous étonner, car elle ne se maintient que par l'action des principes d'ordre et d'harmonie qui sont en elle. L'*Utopie* sera toujours le rêve de sœurs généreux, un rêve ! Ou bien, si elle se réalise, ce ne peut être que par l'effet imperceptible du temps, par le progrès successif et lent, mais d'autant plus sûr, de la raison, des lumières, de l'éducation et des mœurs. Lorsque les hommes se seront convaincus que la vertu est nécessaire à leur bonheur, l'âge d'or reparaîtra, et l'on se trouvera heureux sous tous les gouvernements. Les secousses violentes, au contraire, sont toujours stériles, et tout révolutionnaire qui creuse l'abîme se prépare à lui-même un échafaud. Confions-nous, mes amis, confions-nous à la Providence ! Elle a son plan à elle et le cœur des rois est dans sa main : cela doit nous suffire.

Les esprits légers se figurent que tout est facile à quiconque sait oser ; les hommes sages, au contraire, comprennent le danger des perturbations sociales et préconisent, en conséquence, la paix et la sécurité publique. La monarchie française a produit des grands rois, des grands hommes en tout genre. A l'ombre de ses lois, les arts et les sciences florissaient, la vie avait ses agréments et ses douceurs ; le pauvre gagnait sans trop de peine son pain quotidien, et le riche jouissait en paix de son superflu... D'audacieux réformateurs ont levé la hache pour abattre l'arbre sacré, en disant : « Nous ferons mieux ! »

Républicains sans vertu ! Ouvrez le livre de Plutarque et apprenez de la bouche de Caton, le plus grand et le plus intègre des républicains de l'antiquité, que « l'anarchie est pire que quelque pouvoir que ce soit ».

Je vous citerai, en terminant, certains vers de Rabelais[1], dans lesquels mon ami l'abbé X. voit, l'imagination aidant, une prédiction infaillible de la révolution actuelle.

1. François Rabelais (1483-1553), moine défroqué, plein de science et de verve satirique. Vivant à l'époque de la Réformation, alors qu'un esprit nouveau *protestait* partout contre l'ancien ordre de choses, il fit sous le voile de

> Je fays sçavoir à qui le veut entendre,
> Que cet hyver prochain, sans plus attendre,
> Voyre plustost, en ce lieu où nous sommes,
> Il sortira une manière d'hommes
> Las du repos et faschez du séjour,
> Qui franchement iront, et de plein jour,
> Suborner gens de toutes qualitez,
> A différens et partialitez,
> Et qui voudra les croire et escouter,
> Quoy qu'il doive advenir et couster.
> . . . .
> Mesme les grands, de noble lieu saillis,
> De leurs subjets se verront assaillis ;
> Et le debvoir d'honneur et révérence
> Perdra pour lors tout ordre et différence.
> Car ils diront que chascun à son tour
> Doibt aller hault, et puis faire retour;
> . . . .
> Alors auront non moindre authorité
> Hommes sans foy, que gens de vérité :
> Car tous suivront la créance et estude
> De l'ignorante et sotte multitude,
> Dont le plus lourd sera receu pour juge, etc.

La langue a vieilli ; je vous envoie une traduction.

l'allégorie et d'un langage facétieux, dans un roman intitulé *Gargantua* (1535), la critique des préjugés et des abus existants. Il était donc facile de trouver dans son livre des prophéties s'appliquant à la Révolution. Un homme sérieux, M. Ginguené a cherché à démontrer dans son opuscule : *De l'autorité de Rabelais dans la Révolution présente*, 1791, in-8°, que le *Gargantua*, en ridiculisant les moines et autres choses, a préparé les esprits au changement des institutions civiles et religieuses. C'était aller chercher Rabelais bien loin, quand on avait Voltaire si près.

LXVI.

Paris, le 30 avril.

D'où vient que mon cœur éprouve parfois des tristesses sans cause apparente? D'où vient que le ciel se rembrunit tout à coup à mes yeux, alors que le soleil est radieux à l'horizon? Comment expliquer ces atteintes de mélancolie?... Serait-ce le pressentiment de quelque malheur que le sort me réserve dans l'avenir?...

Sombre et abattu, j'ai erré aujourd'hui près de six heures dans les environs de Paris. Je me trouvai à la fin dans le bois de Boulogne, devant un vieux château gothique que François Ier fit bâtir à son retour d'Espagne, et auquel il donna le nom de Madrid. Ce château est entouré de fossés profonds ; ses remparts sont couverts de ronces. Le silence règne et le vide s'est fait à la place où le roi s'enivrait jadis d'amour et de volupté. Je voyais les cerfs du parc courir autour de moi ; le soleil descendait vers son couchant ; le vent agitait le feuillage des arbres qui peuplent ce lieu solitaire. Je voulus voir l'intérieur du château.

Une verte mousse couvre les bas-reliefs du balcon, représentant diverses scènes des *Métamor-*

phoses d'Ovide : les amours de Pyrame et de Thisbé, la mort de Sémélé ; toutes ces gracieuses images s'effacent sous l'action puissante du temps et d'une végétation parasite... Je traversai les trois premières pièces sans m'arrêter ; dans la quatrième, ornée de sculptures et de tableaux, il me sembla entendre un profond soupir. Je regardai autour de moi, et... figurez-vous ma surprise ! Dans un coin de ce grand salon, auprès d'une cheminée de marbre, j'aperçus une femme d'une soixantaine d'années, pâle, maigre, couverte de haillons, assise dans un grand fauteuil... Elle jeta les yeux sur moi, fit un mouvement de tête et me dit d'une voix faible : « Bonsoir ! » Je restai quelques instants immobile comme devant une apparition. Enfin, m'étant approché de cette pauvre femme, je lui adressai quelques questions, et j'appris qu'elle habite depuis deux ans ce château abandonné, ne vivant que d'aumônes et de charité.

« Personne ne vient vous inquiéter ici ? lui demandai-je.

— Personne. Un jour le surveillant du château me trouva couchée sur de la paille, dans l'antichambre. Je lui racontai mon histoire, celle de ma pauvre fille ; il en fut attendri, me donna quelque argent et me dit de passer dans le salon, parce qu'il y a des croisées, et qu'on n'y sent pas le vent comme dans les autres pièces. Brave homme!

— Vous aviez une fille ?

— Oh ! oui, une fille ! Elle est là-haut, bien plus haut que le château de Madrid. J'étais heureuse avec elle dans notre petite cabane comme au paradis. Alors le monde valait mieux qu'aujourd'hui, et les hommes étaient moins méchants. Savez-vous comment on la nommait dans le village ? Les hommes l'appelaient un rossignol, et les femmes une fauvette. Elle aimait à chanter, assise, à côté de moi, à la fenêtre, ou en cueillant des fleurs dans le bois; on s'arrêtait et on l'écoutait. Mon cœur tressaillait de bonheur. Alors les créanciers nous laissaient tranquilles. Louise parlait, et chacun voulait bien patienter. Louise est morte, et l'on m'a chassée de chez moi, avec ma besace sur le dos. Me voilà seule dans ce monde, à pleurer sur ces pavés, froids comme leurs cœurs !

— Vous n'avez donc pas de parents ?

— Si; mais chacun vit pour soi. Personne ne se soucie de ma misère, et moi je ne veux pas les troubler dans leur aisance. Dieu merci, j'ai un gîte. Savez-vous bien que ce fut ici la résidence de notre bon François Ier ? C'est moi qui l'ai remplacé. Quelquefois, la nuit, il me semble l'entendre marcher dans l'appartement avec ses ministres et ses généraux, et leur parler du temps passé.

— Vous n'avez donc pas peur ?

— Peur? Et de quoi? Il y a longtemps que j'ai cessé d'avoir peur.

— Mais que sera-ce, brave femme, si vous tombez malade, si vos pieds engourdis par l'âge...

— Je mourrai, voilà tout. »

Nous nous tûmes tous les deux. Je m'approchai de la fenêtre et je contemplai le coucher du soleil qui dorait de ses derniers rayons les alentours pittoresques de Paris. Grand Dieu! pensai-je, que de splendeur dans le monde physique et que de misère dans le monde moral! Le malheureux dans son abandon, livré à ses douleurs, isolé au milieu d'une foule indifférente, insensible, peut-il, ô soleil, jouir de ton magnifique aspect? peut-il admirer le bel azur du ciel étoilé? peut-il se délecter aux fraîches émanations des vertes prairies et des bois pleins d'harmonie? le peut-il? Non, il souffre et se désole sans cesse. Cachez-le donc, nuit ténébreuse! Emportez-le, courants éthérés, en d'autres lieux, où les bonnes âmes ne souffrent pas, où les vagues d'un immense océan, l'océan de l'éternité, amortissent le feu cuisant de toutes les douleurs...

Il commençait à faire nuit. Je serrai la main à la pauvre vieille, et je rentrai tout pensif à Paris.

LXVII.

Paris, le .. avril.

Je viens de recevoir votre lettre, et ma joie est au comble. Est-il possible que vous ne m'ayez pas écrit depuis le 14 février jusqu'au 7 avril? Vous ne savez donc pas, mes bons amis, ce qu'il m'en coûte, à moi, pauvre voyageur, d'être privé de vos nouvelles! Votre silence m'a fait bien souffrir. Pardonnez-moi si ceci a l'air d'un reproche; mais j'ai de la peine à en revenir. J'en reviens cependant; je me dis : « Dieu merci! » et tout est oublié.

Vous avez pensé que je ne sortirais jamais de Genève. Oh! si vous saviez comme j'avais fini par m'y ennuyer! Vous me demanderez pourquoi j'y suis resté si longtemps. C'est parce que j'attendais quelques mots de vous; je ne voulais reprendre mon voyage que rassuré et le cœur content; mais j'attendais vainement.

Vous avez raison : Paris est une ville unique. Il n'y en a pas une où l'on trouve tant de sujets d'observation pour le philosophe, tant de choses curieuses pour celui qui aime les arts, tant de distractions et d'amusements pour le bon vivant.

Mais aussi que d'écueils, que de piéges tendus à la faiblesse! C'est une mer orageuse où l'on tombe de Charybde en Scylla. Des sirènes à chaque pas, et leur chant est si doux, si enivrant! On s'oublie si facilement! Le réveil est terrible, car, aussitôt qu'on ouvre les yeux, on s'aperçoit de l'épuisement de sa bourse.

Toutefois, il ne faut pas croire que la vie à Paris soit ruineuse. Au contraire, chacun y peut vivre agréablement à peu de frais. J'entends parler des agréments ou des plaisirs permis, strictement permis. Celui qui voudrait fréquenter les actrices et les danseuses ou les maisons de jeu, être, comme on dit, de toutes les parties, celui-là n'aurait pas assez de tout l'or de l'Angleterre. Quant à avoir son ménage, cela revient aussi cher que chez nous, à Moscou. Mais voici comment on vit honnêtement et sans trop dépenser.

On a une jolie chambre dans un hôtel garni. Le matin, en prenant son café, un café supérieur à tout ce qui se donne sous ce nom en Allemagne et en Suisse, on lit les feuilles publiques, où l'on trouve toujours quelque chose d'intéressant, de touchant ou de drôle; on fait ensuite venir un coiffeur, grand bavard qui vous conte mille anecdotes sur Mirabeau et Maury, sur Bailly et La Fayette, qui vous arrose d'eau de senteur et vous blanchit la tête d'une poudre fine et délicate; puis, on endosse un simple frac et on va flâner en ville. On visite le Palais-Royal, les Tuileries, les Champs-Élysées, on va voir quelque célébrité littéraire ou artistique, on entre chez un libraire ou chez un marchand d'estampes, chez Didot, par exemple, pour admirer ses belles éditions de classiques ; on dîne dans un restaurant où l'on a pour un rouble cinq ou six mets très-bien apprêtés et un dessert. Après dîner, on dispose de son temps de façon à pouvoir, jusqu'à six heures, aller visiter quelque église, un monument, une galerie de tableaux, et pour arriver au premier coup d'archet à l'Opéra ou à la Comédie, où l'on repaît ses sens d'harmonie et d'illusions, on pleure ou on rit ; après quoi on va nonchalamment reposer ses esprits surexcités par tant de merveilles, au café *de Valois,* du *Caveau,* etc., et là, en savourant une bavaroise, on laisse errer ses regards sur l'enfilade de ces brillants magasins, de ces arcades, de ces allées, on entend faire de la politique en plein air, et enfin rentré chez soi, dans sa modeste chambrette, on résume ses impressions, on jette quelques notes sur le papier, on s'étend sur son lit et (tel est aussi le terme de la vie) on s'endort, en songeant à l'avenir. C'est ainsi que je passe mon temps, et je m'en trouve bien.

LXVIII.

Paris, le 13 avril 1790.

Aujourd'hui, à la séance publique de l'Académie des inscriptions et belles-lettres, le jeune Scythe[1] a eu l'honneur de faire connaissance avec Platon-Barthélemy[2].

On m'avait promis de me présenter à lui ; mais aussitôt qu'on me l'eut désigné, cédant à un premier mouvement, je m'approchai et je lui dis :

« Monsieur, je suis Russe. J'ai lu *Anacharsis* ; je sais admirer les chefs-d'œuvre du génie. Agréez donc l'hommage de mon profond respect, quelque

1. Karamzine.
2. Jean-Jacques Barthélemy (1716-1795), membre de l'Académie des inscriptions (1747) et de l'Académie française (1789). Doué d'un génie subtil et possédant une vaste érudition, il aborda les questions les plus ardues sur les antiquités, sur les langues perdues, comme le phénicien, etc. D'autre part, son imagination, capable d'embrasser l'ensemble des faits, enfanta, après un labeur de trente années, un ouvrage « où l'érudition est rendue aimable par les grâces de l'esprit », le *Voyage du jeune Anacharsis* (1788). C'est un tableau de la Grèce à l'époque la plus mémorable de son histoire, présenté sous forme de récits que l'esprit neuf mais intelligent d'un Scythe se plaît à faire avec la science de l'abbé Barthélemy.

inhabile que je sois à vous l'exprimer. » Il quitta son fauteuil, me prit par la main et me répondit avec un regard de bonté :

« Je suis charmé de vous voir ; j'aime le Nord, et mon héros ne vous est pas étranger.

— Je ne demanderais pas mieux que de lui ressembler un peu. Je suis à l'Académie, Platon est là devant moi ; mais mon nom est moins connu que le nom d'Anacharsis.

— Vous êtes jeune comme Anacharsis ; comme lui vous voyagez sans doute pour vous instruire : il y a donc de la ressemblance entre vous deux.

— Il y en aura encore davantage si vous voulez bien me permettre de vous entendre quelquefois. Je n'ai pas besoin d'aller en Grèce : la Grèce est dans votre cabinet.

— Je regrette que vous soyez arrivé chez nous dans un moment où Apollon et les Muses sont obligés de monter la garde. Cependant j'espère que nous nous reverrons. Vous allez entendre aujourd'hui mon mémoire sur les médailles samaritaines. Cela vous ennuiera comme de raison ; mais que faire ? Mes collègues, peut-être, vous entretiendront de choses moins arides. »

La séance de l'Académie fut ouverte. Barthélemy reprit sa place. Il y avait là trente membres à peu près, et autant de spectateurs. En effet, la dissertation de l'abbé Barthélemy, traitant des médailles de Jonathan, d'Antigone, de Siméon, n'était pas faite pour m'amuser. Aussi, je le regardai plus que je ne l'écoutai. Barthélemy est le portrait vivant de Voltaire : grand, maigre, un regard pénétrant et un sourire d'une finesse athénienne. Il a plus de soixante-dix ans ; mais sa voix est agréable, son maintien droit, tous ses mouvements vifs et prompts. Ainsi donc les travaux de l'esprit ne nous font pas vieillir. Ce n'est point une vie sédentaire, c'est la vie orageuse des passions qui creuse des rides sur notre front.

Barthélemy n'a connu dans sa vie qu'une seule passion, l'amour de la gloire, mais sa philosophie a su en tempérer les effets. Je me trompe ; comme Montesquieu, il est de plus « amoureux de l'amitié », et en a donné une preuve éclatante par son généreux dévouement pour le ministre disgracié, le duc de Choiseul : il a cherché à adoucir pour lui les ennuis de l'isolement et de l'exil. C'est à lui et à son épouse qu'il a dédié *Anacharsis,* en ces termes délicats et touchants : « Vous que j'eus l'avantage de connaître dans mon voyage de Perse, Arsame, Phédime ! illustres époux, combien de fois vos noms ont été sur le point de se mêler à mes écrits ! De quel éclat ils brillaient à ma vue, lorsque j'avais à peindre quelque grande qualité du cœur et de l'esprit, lorsque j'avais à parler de bienfaits et de reconnaissance ! Vous avez des droits sur cet ouvrage. Je le composai en partie dans ce beau séjour dont vous faisiez le plus bel ornement ; je l'ai achevé loin de la Perse et toujours sous vos yeux ; car le souvenir des moments passés auprès de vous ne s'efface jamais. Il fera le bonheur du reste de mes jours ; et tout ce que je désire après ma mort, c'est que sur la pierre qui couvrira ma cendre on grave profondément ces mots : *Il obtint les bontés d'Arsame et de Phédime*[1]. »

J'ai vu à cette même séance publique M. Lévesque[2], auteur d'une *Histoire de Russie* qui, malgré ses défauts, vaut encore mieux que beaucoup d'autres ouvrages sur ce sujet.

Il faut malheureusement convenir que nous n'avons pas encore d'histoire de Russie bien faite,

---

1. *Œuvres complètes* (édition de 1821), t. I, p. 228.
2. Pierre-Charles Lévesque (1736-1812) fut, sur la recommandation de Diderot, nommé professeur au Corps des cadets à Saint-Pétersbourg en 1773. Après sept années d'études, revenu dans sa patrie, il publia son *Histoire de Russie*, 1782, 5 vol. in-12. Un ouvrage sur l'histoire de France lui ouvrit en 1789 les portes de l'Académie des inscriptions, dont il devint un des membres les plus actifs et les plus distingués. « Comme historien, a dit de lui un de ses récents biographes, Lévesque n'a pas eu le génie de la critique et la poésie du style ; l'enthousiasme et l'art lui ont manqué. » C'est précisément l'opinion exprimée par Karamzine dans sa lettre. Nous dirons toutefois qu'avec ses vivacités de jeune homme, il ne rend pas à Lévesque la justice qui lui est due.

c'est-à-dire écrite avec talent, avec un esprit critique et sobre, comme Tacite, Hume, Gibbon nous en ont fourni les modèles. Je ne pense pas que notre histoire offre moins d'intérêt que celle des autres peuples. Sachez choisir, sachez peindre et animer votre sujet, et vous ferez quelque chose d'intéressant, même pour les étrangers. Les généalogies des princes, leurs discordes, les guerres civiles, les incursions des nomades, sont, j'en conviens, passablement fastidieuses ; mais aussi qui vous force de les rapporter en détail? Abrégez ce qui est peu important, comme a fait Hume dans son *Histoire d'Angleterre;* mais conservez soigneusement et mettez en relief tout ce qui peint la nature et le génie particulier du peuple russe, les grands caractères, les hauts faits de nos héros, de nos hommes d'élite. Nous avons eu notre Charlemagne, — Vladimir ; notre Louis XI, — le tsar Ivane ; notre Cromwell, — Godounov. Nous possédons en outre un prince qui n'a son pareil nulle part, — Pierre Ier. Toutes ces grandes figures font époque non-seulement chez nous, mais encore dans l'histoire de l'humanité, et leur siècle mérite bien qu'on s'y arrête.

Lévesque est un homme capable ; il a de l'intelligence, du style, du jugement ; mais il manque de verve et d'animation. Peut-il en être autrement ? La Russie lui est étrangère, et l'amour filial, les vives sympathies que nous avons pour notre pays lui font défaut. Il me déplaît, je l'avoue, lorsque, cherchant à rabaisser Pierre Ier (autant qu'un écrivain de second ordre peut rabaisser un grand homme), il dit : « On lui a peut-être refusé avec raison le titre d'homme de génie, puisque, en voulant former sa nation, il n'a su qu'imiter les autres peuples. » C'est là un propos que j'entends souvent sortir même de la bouche des Russes, mais que je ne comprends vraiment pas.

La voie des lumières est la même pour tous les peuples ; ils y marchent à la suite les uns des autres. Les étrangers étaient plus avancés que les Russes, il n'y avait donc qu'à leur emprunter leur savoir, qu'à s'approprier le fruit de leur expérience. Fallait-il chercher ce qui était déjà trouvé ? Fallait-il que les Russes renonçassent à bâtir des vaisseaux, à former des troupes régulières, à fonder des fabriques, des académies, parce que tout cela a été inventé par d'autres? Quel peuple s'est passé d'imitation ? Ne doit-on pas commencer par faire comme les autres, sauf à faire mieux ensuite ?

« Mais, me dit-on, pourquoi singer? A quoi bon des emprunts inutiles ? — De quoi s'agit-il ? On veut parler, je crois, de la barbe et du costume. Pierre le Grand nous a fait couper la barbe, parce que c'est plus convenable. Quant au costume, il nous en a fait adopter un qui est plus commode :

un habit trop long embarrasse la marche. — Mais il est plus chaud. — Nous avons des pelisses. — Pourquoi avoir deux espèces de vêtements ? — Parce qu'il est impossible d'avoir le même habit dans un appartement chauffé à 20° *au-dessus* de zéro, et dehors, par une température de 20° *au-dessous*. Quant à la barbe, elle est un attribut de la sauvagerie : ne pas se raser et laisser pousser ses ongles, c'est la même chose. La barbe incommode en été ; en hiver, elle n'abrite qu'une partie du visage ; par un temps de gelée humide, elle se couvre de neige et de givre ; enfin, il y a d'autres moyens de se garantir du froid. »

Pierre le Grand a brisé avec nos anciens usages, d'abord parce que ces usages étaient en eux-mêmes grossiers et indignes de notre siècle ; puis, parce que c'étaient autant d'obstacles à d'utiles innovations. Il fallait, pour ainsi dire, tordre le cou à l'obstination de nos vieilles routines pour nous assouplir et nous rendre capables d'apprendre et de faire mieux. Si Pierre était né souverain d'une île privée de communication avec tous les autres peuples, il aurait cherché et sans doute trouvé dans son génie les mille inventions nécessaires au bonheur de ses sujets ; mais, ayant vu le jour en Europe, où florissaient déjà les arts et les sciences, il n'avait qu'à tirer le rideau qui nous cachait les progrès de l'esprit humain, et qu'à nous dire :

« Voyez, tâchez de les égaler et, si vous pouvez, de les surpasser. » Les Allemands, les Français, les Anglais, nous avaient devancés de près de six siècles : Pierre, de sa main puissante, nous lança dans la même voie, et je pense que déjà nous ne sommes plus si éloignés du but. Toutes les *jérémiades* sur l'altération du caractère russe, sur la perte de la physionomie morale de notre nation, ne sont qu'une mauvaise plaisanterie ou qu'un défaut de raisonnement. Nous ne sommes plus ce que furent nos ancêtres : tant mieux ! La rusticité, l'ignorance, l'ennui étaient leur partage dans les plus hautes conditions de la société; nous avons, au contraire, à notre disposition tout ce qui peut servir à développer notre esprit et à nous procurer de nobles jouissances. Ce qui n'est que *national* n'est rien en comparaison de ce qui est *humain*, universel. Il importe peu d'être Slave, si l'on n'est *homme*. Ce qui convient aux hommes ne saurait être mauvais pour les Russes, et ce que les Anglais et les Allemands ont inventé pour le bien de leurs semblables m'appartient, car je suis homme.

Encore une opinion tout aussi bizarre : « Il est probable, dit Lévesque, que si Pierre n'avait pas régné, les Russes seraient aujourd'hui ce qu'ils sont. » C'est-à-dire que si Pierre le Grand ne nous avait rien appris, nous n'en serions pas moins instruits ! Comment le serions-nous devenus ? Par nous-mêmes ? Mais ne sait-on pas quelle peine a eue ce monarque pour vaincre notre obstination à rester dans l'ignorance ? Non, les Russes n'étaient pas disposés à se laisser civiliser. Au temps du tsar Alexis, il y avait déjà des étrangers à Moscou; mais ils n'exerçaient aucune influence sur les Russes, qui ne daignaient pas les fréquenter. Quelques jeunes hommes, les libres penseurs de l'époque, se permettaient de courir en traîneau dans la colonie allemande : voilà tout, et ils passaient pour des libertins ! Il ne fallait rien moins qu'une volonté de fer, que le pouvoir absolu du tsar pour opérer une réforme aussi soudaine. Nos rapports avec les autres pays de l'Europe étaient contraints et hérissés d'obstacles; leur civilisation ne pénétrait que difficilement en Russie, et, à laisser les choses suivre leur cours naturel, deux siècles auraient à peine suffi pour amener ce que notre héros a fait dans l'espace d'une vingtaine d'années. De même que Sparte sans Lycurgue, la Russie sans Pierre ne serait jamais sortie de son néant [1].

Mais... nous sommes encore à l'Académie des inscriptions. On y a encore lu un mémoire *sur les progrès de la peinture chez les Grecs*[2]; on a

---

1. Voir la note à la fin du volume.
2. Lu par M. Lévesque, auteur de ce mémoire.

prononcé ensuite l'éloge d'un membre décédé[1]. J'ai observé une chose que j'avais déjà remarquée au théâtre : pas une idée, aucune expression heureuse n'échappe au goût exquis du public; ses acclamations en font foi. Ce que l'on affectionne principalement ici, ce sont les moralités, les sentences, les vérités générales, appliquées aux faits contemporains. Ainsi, dans le panégyrique d'aujourd'hui, l'orateur ayant dit, en parlant de Louis XVI : « Un prince à qui toutes les vertus sont familières, dont la seule passion est de rendre ses sujets heureux, et qui ne cherche de consolation aux peines souvent bien amères de la royauté, que dans l'amour de son peuple, ne pouvait manquer d'accorder son estime et sa confiance au magistrat vertueux qui, sans ambitionner ni les richesses, ni le crédit, ni même la gloire, s'était dévoué tout entier au bonheur de ses concitoyens, » — tout l'auditoire éclata en applaudissements. Enfin, à la suite d'autres lectures encore on fit la distribution des prix et l'on proclama les questions proposées pour l'année suivante.

Après la séance, je présentai mes civilités à M. Lévesque et lui fis compliment de la bonne opinion qu'il a des Russes, auxquels il a l'extrême bonté de ne refuser ni esprit naturel,

---

1. Éloge de M. le premier président d'Ormesson.

ni capacités pour les sciences. Barthélemy en sortant m'adressa encore quelques phrases aimables, je dirai presque amicales, qui me comblèrent de joie.

J'ai rencontré aussi Marmontel[1], l'auteur des charmants contes qui, sous le rapport du style, sont, vous le savez, inimitables. C'est une connaissance qui fait plaisir. La physionomie de Marmontel est très-avenante; ses manières dénotent un homme de la meilleure société de Paris. Figurez-vous qu'un romancier allemand, dont j'ai oublié le nom, s'est permis d'en faire, dans son journal de voyage, une espèce de manant, et de dire qu'il a des manières grossières et impertinentes. Quel hâbleur!... Marmontel a plus de soixante ans. Il est marié à une jeune personne,

---

1. Jean-François Marmontel (1723-1799) vint à Paris jeune et pauvre, fut protégé par Voltaire et madame de Pompadour, et fit à son tour la fortune du *Mercure* en y publiant ses *Contes moraux* : l'édition particulière a paru en 1761. Il a fait des tragédies, des opéras, des poèmes, des romans historiques, des mémoires, etc. Sa *Poétique* (1763) lui ouvrit l'accès de l'Académie française, dont il devint en 1783 le secrétaire perpétuel. La Sorbonne censura en 1767 son *Bélisaire*, et Catherine II traduisit elle-même le chapitre XV (incriminé) de ce livre, sur la tolérance. — Marmontel avait un extérieur avantageux et une belle physionomie, mais sa conversation était moins attrayante que ses écrits, qui plaisent toujours par l'élégance du style, quand celle-ci ne dégénère pas en affectation.

et vit retiré à la campagne pour jouir plus complétement de son bonheur.

La Harpe est mon voisin dans la rue Guénégaud. On estime son goût, son talent critique et sa facile élocution. Il est le premier tragique après Voltaire. Ses œuvres manquent de feu et d'imagination, mais il y a de beaux vers. En ce moment il a la direction littéraire du *Mercure de France* avec Chamfort, qui est aussi membre de l'Académie française. Mercier et Florian sont à Paris, mais je n'ai pas encore eu l'avantage de les voir.

LXIX.

Paris, le .. mai.

Mlle Dervieux, ci-devant artiste dramatique, une actrice médiocre, mais qui s'est rendue fameuse par ses galanteries, ayant amassé quelques millions à ce métier lucratif, a eu l'idée de se faire bâtir un hôtel splendide qui excite en ce moment la curiosité des Parisiens et des étrangers. On va voir cette maison comme une merveille. Il faut avoir un billet. Mon compatriote P. m'en ayant procuré un, j'y suis allé comme les autres. Quel délicieux séjour! Quels décors! Peinture, bronzes, marbre, boiseries, tout brille, tout charme la vue. La maison n'est pas grande, mais l'esprit en a tracé le plan, l'art en a été l'architecte, le goût l'a décorée, et la prodigalité a tenu la bourse. Là, il n'y a rien qui ne soit beau, et partout avec le beau se trouve l'utile, l'aisance de la vie.

Après avoir parcouru quatre ou cinq pièces, nous entrâmes dans le sanctuaire, la chambre à coucher. Le pinceau a figuré sur ses murs Hercule aux pieds d'Omphale, des Amours à cheval sur sa massue, Armide devant une glace, plus occupée de ses atours que des protestations d'amour de Renaud, assis auprès d'elle; Vénus enfin, qui, après avoir ôté sa ceinture, la présente... à qui? on ne sait pas trop, probablement à la maîtresse de la maison. On cherche des yeux... on ne voit rien. La couche des voluptés, jonchée de fleurs qui ne se fanent jamais, c'est-à-dire de roses artificielles sans épines, est élevée de quelques marches, sur lesquelles l'aspirant est sans doute tenu de s'agenouiller. Derrière la chambre à coucher se trouve une salle de bain avec un bassin de marbre, et au-dessus une estrade pour l'orchestre, afin que la belle puisse prendre son bain au son harmonieux d'une musique enivrante.

La porte de la salle de bain donne sur le jardin, dont les sentiers sont bordés de fleurs et d'arbustes odoriférants : pelouses et bosquets sont à peindre, on dirait que chaque feuille, chaque brin d'herbe a été assorti avec un soin particulier. Le chemin en serpentant vous conduit à une grotte sauvage avec cette inscription : « Ici l'art se marie à la nature; » et ailleurs: « Ici, je m'abandonne à la rêverie! » Un jeune Anglais qui était avec nous dit en voyant cette dernière inscription : « A d'autres! à d'autres! mademoiselle Dervieux! »

La dame du château habite le second étage, que nous avons également visité et où les appartements, quoique décorés avec goût, sont moins beaux que ceux du premier. J'aurais été curieux de voir la nymphe elle-même, mais elle s'était plu à se rendre invisible. Seulement elle avait *oublié*, sur le canapé, son corset, qui fait pressentir une taille de guêpe, son bonnet de nuit orné de faveurs roses et son peigne d'écaille. Un rideau de taffetas vert cachait la déesse à nos yeux, mais nous n'eûmes pas l'audace de le tirer.

La nouvelle Ninon a eu la fantaisie de mettre en vente son temple enchanté. Un riche Américain, l'un de ses adorateurs, se propose, dit-on, de l'acheter pour la moitié du prix, savoir six cent mille livres, afin d'en faire présent à la propriétaire actuelle, à l'issue d'un magnifique souper qu'il lui donnera dans le même hôtel. Un regard de gratitude et d'admiration de la donataire sera, il faut l'espérer, la récompense du galant donateur.

LXX.

Les Académies. Travailler ensemble dans un même but, d'après le meilleur plan possible, tel est la fin que se proposent toutes les académies. Invention utile aux sciences, aux arts, à l'humanité ! L'idée de participer à d'honorables travaux, l'émulation et l'assistance mutuelle, le concours de la réputation personnelle de chaque membre avec la gloire collective du corps entier, tout cela donne des ailes à l'esprit humain. Il faut rendre justice aux Académies de Paris : elles ont toujours été plus laborieuses et plus utiles que beaucoup d'autres sociétés savantes.

L'Académie française proprement dite a été fondée par le cardinal de Richelieu pour le perfectionnement de la langue française. Sa devise est : *A l'Immortalité !* C'est dommage qu'elle soit redevable de son existence à un aussi cruel ministre ! C'est dommage que chaque nouveau membre soit obligé, dans son discours de réception, de faire son éloge. C'est dommage que la plupart des membres ne doivent leurs places qu'à leur naissance. Il est vrai que d'autre part messieurs les *Quarante* tiennent à observer dans leurs réunions la plus stricte égalité. Autrefois ils étaient tous assis sur des chaises. L'un d'eux, homme de haut parage, ayant un jour demandé un fauteuil, tous les autres prirent aussitôt des fauteuils : c'est toujours quelque chose.

L'œuvre principale de l'Académie est un dictionnaire de la langue française, œuvre utile, mais tellement incomplète, que dans la première édition on y avait oublié le mot *Académie*. Le dictionnaire anglais de Johnson et le dictionnaire allemand d'Adelung sont beaucoup mieux faits. Voltaire a signalé les imperfections du dictionnaire de l'Académie, et il se proposait même de les corriger, quand la mort est venue le surprendre.

L'Académie s'occupe aussi de critique littéraire, mais ce n'est pas ce qu'elle fait de mieux. Ainsi, pour plaire à Richelieu, elle a essayé de démontrer que le *Cid* était au-dessous de la réputation qu'on lui avait faite; les amateurs du théâtre n'en mirent que plus de zèle à prôner les mérites de Corneille. L'Académie pourrait faire beaucoup de bien si elle publiait un journal critique et littéraire. Du reste, telle qu'elle est, elle rend déjà de grands services. Que de bons livres ont été inspirés par le désir de devenir membre de l'Académie ou pour obtenir ses suffrages ! Chaque année, elle choisit un double sujet de poésie et d'éloquence, qu'elle met au concours, et le jour de la Saint-Louis, elle proclame, en séance publique et solennelle, le nom du vainqueur, et remet aux plus dignes des médailles ou accorde des accessit.

Vous me demanderez pourquoi La Fontaine, Molière, J.-J. Rousseau, Diderot, Dorat et tant d'autres écrivains n'ont jamais été membres de l'Académie? La raison en est simple : partout où il y a des hommes, on a l'envie et l'injustice. Il est parfois plus honorable de n'être pas académicien que de l'être. Les vrais talents reçoivent tôt ou tard de l'opinion publique ou de la postérité le prix qu'ils ont mérité. Ce ne sont que les esprits médiocres qui briguent ou qui se fâchent de ne pouvoir obtenir un brevet de capacité. On connaît le mot de Piron : « Messieurs les Quarante ont de l'esprit comme quatre, » et son épitaphe :

> Ci-gît Piron; il ne fut rien,
> Pas même académicien.

Eh bien! on voit dans une des salles de l'Académie, entre autres célébrités, le buste de Piron. Vengeance magnanime, et qui fait le plus grand honneur à ce corps savant.

L'Académie des sciences, fondée par Louis XIV, se compose de soixante-dix membres, et s'occupe de physique, de chimie, d'astronomie et de mathématiques pures. Elle a pour objet la découverte de la vérité et le perfectionnement des connaissances humaines, suivant sa devise : *Invenit et perfecit*. Elle publie chaque année un gros volume de ses travaux, et cette collection est pour ainsi dire l'histoire du progrès scientifique depuis Louis XIV. Les savants étrangers tiennent à grand honneur d'être nommés membres de l'Académie de Paris; toutefois, leur nombre est déterminé par la loi : huit, pas davantage. Les chimistes et les astronomes de Paris n'ont pas leurs pareils au monde. Un savant, en Allemagne, se découvre en prononçant les noms de Lalande et de Lavoisier.

Lalande[1], oubliant les soucis de la terre, ne s'occupe, depuis quarante ans, que de la sphère céleste, où il a fait de nombreuses découvertes. Il est le Thalès des temps modernes, et l'on pourra graver un jour sur sa tombe la belle épitaphe qui ornait celle du premier sage de la Grèce[2].

Indépendamment de sa science, Lalande se fait

1. Joseph-Jérôme Le Français, célèbre sous le nom de Lalande (1732-1807). Outre ses nombreux écrits sur l'astronomie, il s'est distingué surtout comme professeur au Collége de France, où il resta quarante-six ans. — Lalande n'était pas marié et n'avait pas de fille, mais une nièce adoptive, Mme Le Français, très-versée dans les sciences et qui l'aidait dans ses calculs astronomiques.
2. Voici cette épitaphe d'après Diog. Laerce (édit. Didot):

Γυμνικὸν ἄν ποτ' ἀγῶνα θεώμενον, Ἠλεῖε Ζεῦ,
  Τὸν σοφὸν ἄνδρα Θαλῆν ἥρπασας· ἐκ σταδίου.
Αἰνέω ὅττι μιν ἐγγὺς ἀπήγαγες· ἦ γὰρ ὁ πρέσβυς
  Οὐκέθ' ὁρᾶν ἀπὸ γῆς ἀστέρας ἠδύνατο.

remarquer par son amabilité, sa vivacité et son enjouement. Il élève sa fille également *pour le ciel*, lui enseignant les mathématiques et l'astronomie et lui donnant le doux nom d'*Uranie*. Il a une correspondance suivie avec les plus célèbres astronomes de l'Europe, et ne parle qu'avec estime de Bode, le savant Berlinois.

Lavoisier[1] est le génie de la chimie, qu'il a enrichie de découvertes immortelles. Il est millionnaire, ayant été fermier général avant la Révolution ; mais sa richesse, loin d'amortir son zèle pour les sciences, n'est entre ses mains qu'un puissant moyen de propager partout leurs bienfaisants effets. Les expériences de chimie exigent souvent de grands frais, et Lavoisier ne les marchande pas. Outre cela, il est très-aumônier et fait beaucoup de bien aux pauvres. On l'a comparé à Helvétius, qui a aussi été fermier général, ami des lumières et bienfaiteur des indigents ; mais la philosophie de ce dernier ne vaut pas la chimie de Lavoisier. Mon camarade Becker est plein d'admiration pour ce

---

1. Antoine-Laurent Lavoisier, né en 1743, membre de l'Académie des sciences à vingt-cinq ans, principal fondateur de la chimie moderne. Il a eu le mérite de dire : « l'air et l'eau ne sont pas des éléments, » et de le prouver par l'analyse. Député à l'Assemblée nationale, il fit un rapport remarquable sur la *Richesse territoriale du royaume de France en* 1791. Il fut guillotiné le 8 mai 1794, à titre d'ancien fermier général.

savant, qui lui a fait beaucoup d'amitiés en apprenant qu'il était l'élève du chimiste berlinois Klaproth. Je suis toujours touché jusqu'aux larmes quand je vois les sciences rapprocher les hommes des climats les plus divers, des pays les plus éloignés, et leur inspirer cette estime réciproque qui n'a pour mobile aucun motif d'intérêt personnel. Gloire, gloire éternelle aux sciences !

Les travaux si féconds de Lavoisier ont donné le goût de la chimie aux dames françaises, et l'on a remarqué que depuis quelque temps ces belles dames ont pris l'habitude d'exprimer les tendres mouvements de leur cœur par des termes empruntés à la nouvelle science.

Bailly[1] est aussi une célébrité académique : il s'est fait connaître par une *Histoire de l'astronomie ancienne et moderne*. On ne peut s'empêcher de regretter qu'il se soit lancé dans la Révolution et qu'il ait échangé ainsi le calme de son cabinet de savant... Dieu sait pour quoi... peut-être pour un échafaud !

---

1. Jean-Sylvain Bailly, né en 1736, élève en astronomie de l'abbé de la Caille, lui succéda à l'Académie des sciences. Son *Histoire de l'astronomie ancienne] et moderne*, 1775-1783, 4 vol. in-4°, le fit recevoir membre de l'Académie française et de l'Académie des inscriptions. Envoyé en 1789 aux états généraux, président de l'Assemblée nationale, maire de Paris, il disait à Lalande : « qu'un orage avait passé qui avait entraîné toutes ses idées de science. » Il fut conduit à la mort avec d'affreux outrages le 12 novembre 1793.

L'Académie des inscriptions et belles-lettres doit aussi son origine à Louis XIV. Voilà un siècle qu'elle explore patiemment le domaine infini de l'histoire, consacrant ses veilles à l'étude des mœurs, des coutumes et des monuments des peuples de l'antiquité. Les quarante volumes de mémoires qu'elle a publiés sont une véritable mine d'or pour l'historien. Vous ne saurez jamais ce que furent les Égyptiens, les Perses, les Grecs, les Romains, si vous ne lisez les Mémoires de l'Académie. En les lisant, il semble qu'on vit avec les anciens, et qu'on assiste à tous les détails de leur vie publique et privée. L'emblème de cette Académie est la Muse de l'Histoire, tenant dans sa main droite une couronne de lauriers, et montrant de la main gauche une pyramide avec cette inscription : *Vetat mori*.

Je n'ai plus qu'à vous nommer l'Académie de peinture, de sculpture et d'architecture, qui est installée au Louvre, témoignage vivant de la sollicitude éclairée de Louis XIV ou de son ministre Colbert pour les beaux-arts.

LXXI.

J'étais curieux de voir comment s'amuse le peuple de Paris. Je visitai donc aujourd'hui les *guinguettes*. On nomme ainsi les restaurants de la banlieue, où le peuple va les dimanches dîner pour dix sous et boire du vin à bon marché. Vous ne sauriez vous imaginer un spectacle plus bruyant et plus varié. Des salles immenses, remplies d'individus des deux sexes : on y danse, on y chante et l'on y crie. J'ai vu deux vieux de soixante ans dansant gravement un menuet avec deux vieilles. Les jeunes battaient des mains en criant : *bravo!* Il y en avait qui chantaient sous l'action des fumées du vin et qui voulaient absolument danser : ils se tenaient à peine sur leurs jambes, se trompaient de dames, et, au lieu de leur faire des excuses, ne cessaient de dire : *peste! diable!* etc. C'est le règne de la grosse gaieté. Ainsi donc les Russes ne sont pas les seuls à encenser Bacchus. Il y a toutefois cette différence que le Français dans son ivresse n'est que tapageur et ne cherche point à se battre.

Des marchandes de fleurs se tiennent aux portes des guinguettes ; au sortir, elles vous saisissent par le bras en disant : « Cher monsieur, beau monsieur, acceptez mon bouquet de roses! » On est obligé d'accepter ce présent, de donner une pièce de six sous, et d'y ajouter un mot quelconque de politesse. Les marchandes de fleurs à Paris sont du même acabit que les poissardes. Prenez garde de leur déplaire : elles seraient capables de vous couvrir de boue. Mais si elles s'aperçoivent que vous avez déjà un bouquet dans la main, elles ne vous forcent pas d'en prendre un autre. Un jour, comme nous passions sur le Pont-Royal, le baron de V. et moi, nous fûmes accostés par deux de ces femmes qui nous demandèrent — un baiser ! Nous voulûmes continuer notre chemin ; mais ces Bacchantes nous en infligèrent un en pleine joue. Elles riaient à gorge déployée et nous poursuivaient de leurs cris : « Encore, encore un baiser, s'il vous plaît ! »

LXXII.

En passant sur le quai du Dauphin, j'aperçus sur la Seine deux pavillons chinois, et j'appris que c'étaient des bains. J'y descendis, et pour vingt-quatre sous je pris un bain froid dans un joli petit cabinet. Tout y est d'une propreté admirable. Une conduite amène dans chaque cabinet l'eau, filtrée à travers une couche de gravier. On y donne aussi des leçons de natation, à trente sous le cachet. J'y ai vu nager trois personnes avec beaucoup d'adresse.

Il y a, en outre, à Paris, des bains chauds que les médecins recommandent à leurs malades. Les mieux organisés portent le nom de *bains russes*, des bains de vapeur ou de fumigation, simples et composés, etc. Pour deux roubles, on est lavé, épongé et parfumé d'essences aromatiques, comme dans nos bains géorgiens.

LXXIII.

Paris, le .. mai.

Le jour de l'Ascension, 13 mai, je suis allé au village de Suresne, situé sur la Seine à deux lieues de Paris. J'avais entendu dire que le jour de cette fête on couronnait de roses, chaque année, une jeune fille de dix-huit ans, la plus vertueuse du canton. Mais, hélas! j'en fus pour ma peine : la fête de la rosière n'a pas eu lieu, parce que l'Hôtel de ville n'a pas payé les intérêts du capital qu'un M. Eliot y avait déposé pour fonder ce prix de vertu, bien que la somme ne fût que de trois cents livres. Suivant l'usage, c'est le curé de la paroisse qui proclame après vêpres les noms de trois jeunes filles de Suresne les plus dignes de récompense; anciens du village en choisissent une, la couronnent de fleurs et la promènent dans les rues avec accompagnement de musique et de chants exécutés en chœur. C'était une jolie fête! Les dames de Paris, toujours curieuses de voir l'innocence si près de la capitale, ne manquent pas de venir prendre part à son triomphe et danser familièrement sur la pelouse avec les bons villageois de Suresne. J'ai vu ceux-ci endimanchés à l'auberge, où j'ai dîné, et bu de leur vin, qu'ils me vantaient avec emphase presque autant que les bonnes mœurs de leur petit pays.

Depuis longtemps je n'avais aussi bien goûté les charmes de la campagne, et cela à moins de deux lieues de Paris! Je ne me lassais pas de causer avec les paysans et les paysannes : ces dernières me plurent par leur bonne franchise. — « Où vas-tu avec ce livre à la main? demandai-je à une petite fille.— Je vais à l'église, monsieur, prier Dieu.— C'est dommage que je ne sois pas de votre religion; j'aurais aimé prier à côté de toi, ma petite. — Mais le bon Dieu est de toutes les religions, monsieur. » — Convenez, mes amis, qu'une pareille philosophie a quelque chose d'admirable chez une petite fille de campagne.

J'ai passé agréablement ma soirée à Issy, dans les beaux jardins du duc d'Infantado et de la princesse de Chimay. Il y a là une superbe allée de vieux marronniers terminée par une belle pièce d'eau. La vue dont on jouit du haut des terrasses est magnifique. On découvre le château de Meudon, Bellevue, le bois de Boulogne, la vallée de la Seine, et à l'horizon le mont Valérien.

En général, les environs de Paris sont charmants : jolis villages, jardins, chefs-d'œuvre d'art, monuments historiques. Je vais souvent hors de la ville et j'y rentre parfois très-tard. En ce moment tout est en fleurs, et le printemps semble vouloir se confondre avec l'été par des nuances graduelles d'une exquise délicatesse.

LXXIV.

Paris, le .. mai[1].

Je suis resté toute la journée seul, dans ma chambre, souffrant d'un affreux mal de tête. Le soir, je suis allé sur le Pont-Neuf, et là, adossé au piédestal de la statue, je me suis plu à voir les ombres de la nuit descendre sur Paris et se mêler

1. Cette lettre est datée du 29 avril, et le commencement répond bien à cette date. Mais nous nous sommes permis de la reporter à la deuxième quinzaine de mai, parce qu'il y est question de la rentrée de Larive et de la nouvelle salle du théâtre des Variétés. C'est évidemment une suite de notes envoyées sous le même pli.

aux dernières lueurs du jour, auquel viennent se substituer les étoiles là-haut, les réverbères ici-bas. Depuis que je suis à Paris, je passe toutes mes soirées au spectacle, en sorte qu'il y a déjà un mois que je n'ai pas vu le crépuscule. Et pourtant, qu'il est beau le crépuscule du printemps, même dans ce Paris si besoigneux et si peu fait pour la contemplation !

Aller, un mois durant, tous les jours au spectacle, sans se lasser du rire de Thalie ni des larmes de Melpomène, y trouver toujours un nouveau plaisir, c'est inconcevable, mais cela est pourtant ainsi. J'avoue n'avoir eu jusqu'ici qu'une idée superficielle de l'état de l'art scénique en France. Je puis dire maintenant en connaissance de cause que cet art y a atteint un haut degré de perfection dans toutes ses parties.

Il y a dans Paris cinq principaux théâtres : le grand Opéra, les Français, les Italiens, le théâtre de *Monsieur* et les Variétés. On y joue tous les jours, et tous les jours (cela vous étonnera) ils sont pleins de monde, au point qu'à six heures on y trouverait difficilement une place.

Quiconque est allé à Paris et n'a pas vu le grand Opéra[1] est, dit-on, pareil à celui qui, se trouvant à

---

1. L'Opéra se nommait alors « Académie royale de musique », et les représentations se donnaient dans la salle du Théâtre de la Porte-Saint-Martin d'aujourd'hui.

Rome, n'aurait pas vu le pape. En effet, l'Opéra est quelque chose de prodigieux, à cause de ses brillantes décorations et de son beau corps de ballet. Tout y est si vivant et si naturel que j'y ai été pris plus d'une fois. On en croit à peine ses yeux, tant est rapide le changement de décorations. En un clin d'œil, le paradis se change en enfer ; des mers font place à des pâturages fleuris et couverts de troupeaux ; l'azur du ciel s'évanouit si soudainement au souffle de la tempête, qu'on en est tout saisi ; un moment après le jour reparaît, l'orage s'apaise, et le cœur est rasséréné en même temps que l'horizon de ce ciel factice.

Quoique les bons danseurs ne manquent pas ici, Vestris brille pourtant parmi eux, comme Sirius parmi les étoiles. Tous ses mouvements sont si vifs, si gracieux, si expressifs, que je ne puis me rassasier de le voir et de l'admirer. On peut donc être orateur sans phrases ? Vestris est un Cicéron dans son genre. Aucun poëte ne pourrait exprimer la flamme qui brille dans ses yeux et le jeu de sa physionomie, lorsque sa naïve bergère lui dit par son doux regard : *Je t'aime*, et que transporté de joie, la pressant sur son cœur, il prend le ciel et la terre à témoin de son bonheur.

Gardel est superbe dans la pantomime tragique. Quel port majestueux ! C'est un héros dans chacune de ses attitudes, dans la moindre de ses actions.

Si Vestris est l'enfant des Grâces, Gardel est un élève des Muses sévères. Nivelon est un second Vestris. Le reste des danseurs et des danseuses forme un beau groupe, un charmant ensemble de figures à ravir. Lorsque les nymphes de Terpsichore apparaissent sur la scène, comme portées légèrement par Zéphyr, je me figure un pré parsemé de fleurs ; ma vue s'égare dans la variété de leurs attraits. Mais au milieu de tant de beautés, la gracieuse Miller, la svelte Pérignon les surpassent toutes : on les remarque comme on distingue une rose ou un lis au milieu d'un parterre de fleurs des champs.

Lays, Chenard, Lainez, Rousseau, sont les principaux sujets de l'Opéra ; jamais, au dire des Français, aucun pays n'en produisit de meilleurs. Ils me plaisent, à moi, non-seulement par leur chant, mais aussi par leur jeu, deux talents qui ne vont pas toujours ensemble ! Marchesi n'a jamais pu me toucher comme Lays et Chenard. Qu'on me taxe d'ignorance et de rusticité, peu importe, je n'en soutiendrai pas moins qu'il manque à la voix de ce célèbre chanteur italien quelque chose que je prise au-dessus de tout : il lui manque l'âme ou ce *je ne sais quoi* que je nomme ainsi, et que je trouve à un degré supérieur chez le jeune Rousseau, artiste plein d'inspiration, et aussi mélodieux qu'habile.

Mlle Maillard est en ce moment la première cantatrice. Vous avez entendu parler de la Saint-

Huberti : elle ne joue plus. On prétend qu'elle est devenue folle. Les amateurs la regrettent beaucoup.

L'orchestre, composé des meilleurs musiciens de Paris, est aussi exquis et aussi soigné que tout le reste. En un mot, mes chers amis, les arts ici sont à leur apogée, et leur ensemble exerce sur le spectateur une espèce de fascination.

L'entretien d'un pareil théâtre exige nécessairement de grandes dépenses. Aussi, quoique les places s'y payent très-cher, et qu'elles ne restent jamais vides, l'Opéra revient à la Cour, suivant le compte rendu de M. Necker, à trois ou quatre millions de livres.

Au Théatre-Français proprement dit[1], on joue la tragédie, le drame et la haute comédie.

Quant à la tragédie, vous le savez, mon opinion est faite, et rien ne pourrait la faire changer. Les tragiques français sont pleins de noblesse, de grandeur et de beauté, mais ils ne sauraient m'émouvoir comme la muse de Shakespeare et de quelques poëtes allemands. Les Français ont un goût très-fin et très-délicat; ils excellent dans l'art d'écrire. Mais sous le rapport de l'invention — pardonnez-moi, ombres sacrées des Corneille, des Racine, et des Voltaire ! — le sentiment de la nature leur

---

1. C'est le théâtre du faubourg Saint-Germain qu'on nomme l'Odéon. En 1790 il portait le titre de « Théâtre de la Nation ».

fait le plus souvent défaut. Leurs tragédies sont comme de beaux tableaux, où les couleurs et les nuances sont parfaitement bien assorties ; on les admire, et cependant, on sent que la vie n'y est pas. Le naturel est toujours mélangé d'artifice : ce sont des Grecs et des Romains *à la française* qui parlent d'amour ou qui raisonnent comme ils n'ont jamais raisonné, mais, à tout prendre, ces personnages n'offrent aucun des traits particuliers qui les caractérisent dans l'histoire. Le public ne demande à un auteur que de beaux vers, *des vers à retenir*, qui font ici la fortune d'une pièce. Aussi les poëtes en mettent-ils le plus qu'ils peuvent, et ils en sont plus préoccupés que de l'action, des incidents et de l'intérêt des situations. Ils semblent oublier que c'est dans ces situations extraordinaires, bien qu'empruntées au train naturel des choses, que les caractères se révèlent et que les paroles elles-mêmes puisent toute leur valeur. Bref, les œuvres de la Melpomène française brillent, et elles brilleront toujours par la beauté du style et de la versification. Mais s'il est vrai que la tragédie doit ébranler l'âme et nous impressionner profondément, les compatriotes de Voltaire peuvent à peine se flatter de posséder deux ou trois véritables tragédies, et d'Alembert a eu raison de dire que leurs pièces sont plutôt faites pour être lues ou récitées, que pour être représentées.

En tout cas, elles ne produiraient aucun effet sur la scène si l'on n'avait à sa disposition des acteurs tels que Larive, Saint-Prix, Saint-Phal, et des actrices comme Mlles Sainval, Raucourt, etc. Quelle diction exquise ! quel art dans le geste et les attitudes ! Décidément, si, malgré la magie des effets scéniques répandus à profusion, le spectateur reste insensible et froid, ce ne sont pas les acteurs qu'il faut en accuser [1].

Larive est roi sur la scène : figure grecque s'il en fut jamais, voix sonore et d'une intensité rare. Cet artiste avait, il y a quelque temps, quitté la

---

1. L'auteur semble sortir de sa réserve habituelle par ces critiques un peu hardies. On ne doit lui en faire ni un crime, ni un mérite particulier. Il s'était initié aux opinions de l'Allemagne, où l'opposition grondait alors contre le faux genre classique et invoquait le nom de Shakespeare. En France même, Voltaire qui venait de découvrir Shakespeare, les satellites de Voltaire, La Harpe, Marmontel et autres, se roidissaient en vain contre l'influence de ce génie que Le Tourneur avait fait connaître par de bonnes traductions, et contre la chute imminente des vieux systèmes dans l'art et la littérature. La cognée était au pied de l'arbre. « L'art dramatique, a dit M. Fr. Guizot (en 1821), en se vouant (exclusivement) aux plaisirs des classes supérieures, voit se resserrer et s'appauvrir son domaine; une sorte de monotonie l'envahit ; son indépendance est en péril aussi bien que sa variété et son énergie. Les habitudes de la bonne compagnie ont leurs petitesses... Le talent devient l'esclave de la mode. » C'est cet état de choses qu'on paraît avoir en vue dans cette lettre.

scène. On dit qu'ayant conçu de l'antipathie pour la jeune actrice Desgarcins, il avait cherché à la brouiller dans son jeu. Le parterre, avisant chez lui cette mauvaise intention, le siffla, et lui, outré d'un tel affront, jura de ne plus reparaître sur la scène. Cependant deux années passées dans l'inaction lui parurent un siècle. Habitué aux applaudissements, il se mit à les regretter, lutta avec lui-même, et finit par reparaître dans Œdipe[1]. J'étais ce soir-là au théâtre[2]. Il était comble : sans parler du parquet, des loges et du parterre, l'orchestre même était rempli de spectateurs auxquels les musiciens avaient cédé leurs places. A cinq heures commença le tapage ; une demi-heure après la toile se leva et tout se tut. A la première scène, un profond silence règne dans la salle. Mais aux paroles de Dimas : « Œdipe en ces lieux va paraître, » un tonnerre d'applaudissements éclate et dure jusqu'à l'instant où Larive s'avance vêtu de blanc, en magnifique costume grec, ses longs cheveux épars sur ses épaules, faisant de la tête un salut demi-humble et demi-fier à cet immense auditoire pour lui témoigner sa sensibilité. Durant les cinq actes les applaudissements ne disconti-

---

1. *Œdipe,* tragédie de Voltaire. Il la composa à l'âge de dix-neuf ans, en 1718. Elle eut un grand succès et fut jouée quarante-cinq fois cette même année.

2. Le 4 mai 1790.

nuèrent point. Larive a fait tout ce qu'il a pu pour les mériter, et, comme disent les Français, il s'est surpassé lui-même, sans ménagement pour ses poumons. On ne comprend pas comment il a eu la force d'achever sa terrible tâche, ni comment les spectateurs ont pu continuer jusqu'au bout leurs bruyantes démonstrations. La scène dans laquelle Œdipe apprend qu'il a tué son père, qu'il est l'époux de sa mère, et maudit son affreux destin, cette scène m'a pétrifié. Impossible d'exprimer le désordre qui régnait en ce moment dans les traits de son visage : l'épouvante, le désespoir, la fureur, mélange confus que la parole ne saurait traduire. L'auditoire a jeté un cri d'horreur en le voyant, poursuivi par les Furies, tomber de sa hauteur et frapper de sa tête le péristyle dont toutes les colonnes parurent s'ébranler. On entendait de loin l'écho prolongé de ses gémissements. Le public, insatiable d'émotions, le rappela. Il parut donnant le bras à Mlle Raucourt qui joue le rôle de Jocaste : il put à peine prononcer deux ou trois mots ; la toile tomba.

Saint-Prix a les mêmes emplois que Larive, mais il ne pourra jamais l'égaler, quoiqu'il ne manque pas de talent.

Saint-Phal remplit les rôles d'amants dans les tragédies et les drames. C'est un jeune homme de belle taille et de mine agréable. Il excelle dans le

Cid[1]. Il joue Rodrigue à merveille, à l'exception de quelques scènes dont je ne suis pas entièrement satisfait. Ainsi, lorsqu'il raconte au roi son combat avec les Maures, il affecte de peindre par sa voix tantôt le calme de la nuit, tantôt le bruit de la bataille et le choc des armes, etc. Le public l'applaudit; cependant ceux qui sont initiés aux principes de l'art dramatique ne sauraient approuver cette espèce d'imitation trop recherchée.

Mlle Sainval[2] est premier sujet pour la tragédie. Quoiqu'elle ne soit plus très-jeune ni très-belle, elle plaît par son talent et l'animation de son jeu.

Mlle Raucourt est incomparable dans *Médée*[3]. Une figure imposante, de grands yeux noirs qui brillent sous d'épais sourcils comme des éclairs par une nuit sombre; une chevelure d'ébène; les traits du visage réguliers, mais sans aménité; une beauté sans douceur, un sourire sévère : voilà Médée ! Je crois voir encore flotter sur elle son manteau de feu, semé de signes cabalistiques, et un poignard briller dans les mains de

---

1. *Le Cid,* tragédie de Pierre Corneille. Elle a été représentée le 22 avril.
2. C'est Mlle Sainval la cadette.
3. *Médée,* tragédie du baron de Longepierre (1697). Durant le séjour de Karamzine à Paris, elle a été jouée les 19 et 23 avril, et le 29 mai.

la demi-déesse indignée autant que désespérée. On dirait que ce rôle a été fait exprès pour Mlle Raucourt. Le timbre métallique de sa voix forte et vibrante exprime admirablement l'inflexibilité de son cœur et celle du destin dont elle est l'instrument malheureux [1].

La célèbre Mlle Contat, célèbre par sa beauté et par sa coquetterie plus encore que par son jeu, représente les rôles d'amantes dans les drames et quelquefois dans les tragédies. Elle a près de trente ans, mais elle est toujours belle, et le parterre est plein de ses adorateurs heureux et malheureux. On dit qu'un jeune comte étant devenu amoureux d'elle a perdu la tête et s'est fait char-

[1]. Les appréciations esthétiques sont toujours plus ou moins personnelles. En conséquence, si l'on compare celles de cette lettre concernant le jeu des acteurs aux jugements émis dans un ouvrage estimable sur le Théâtre-Français, intitulé *Souvenirs d'un vieil amateur dramatique* (nouvelle édition, 1861, in-12), on ne sera pas surpris de trouver des opinions diamétralement opposées. Ainsi on reproche dans cet ouvrage à Larive sa déclamation retentissante, ses gestes violents, ces moyens matériels enfin « qui étonnent les oreilles et les yeux plus qu'ils n'émeuvent les esprits et les cœurs. » Quant à Mlle Raucourt, tout en reconnaissant ses avantages extérieurs, on la met bien au-dessous de Mlle Clairon dans *Médée* surtout, « rôle qu'elle débitait en grossissant sa voix déjà rauque de sa nature, et qu'elle hurlait comme pour faire peur aux petits enfants. » Voilà des arrêts sans appel; mais sont-ils justes ? C'est une question de goût et de nerfs.

treux. Elle est séduisante dans la nouvelle pièce :
le Couvent[1]. Une robe noire, un voile blanc, un
air d'ingénuité... Ah, malheureux comte, je comprends ta folie !

On lui fait répéter chaque fois l'air :

> L'attrait qui fait chérir ces lieux
> Est le charme de l'innocence.

Sa voix, mélodieuse au delà de toute expression,
fait les délices du public.

Mais aucun artiste ne me fait autant de plaisir
que Molé, l'unique, l'excellent Molé, qui joue les
pères dans presque toutes les comédies. Je l'admire dans le *Misanthrope*, et il m'a fait deux fois
pleurer dans le *Montesquieu* de Mercier. Certes,
l'auteur de *l'Esprit des lois* a dû avoir ce même
air de noblesse, ce sourire affable, ces mêmes
manières pleines d'urbanité et de philanthropie.

Je vous dirai en définitive, que la Thalie britannique et la Thalie germanique doivent céder le
pas à la Thalie française. Les comédies anglaises
sont fades ou grossières et choquent généralement
le bon goût ; les pièces allemandes sont pour la plupart médiocres.

---

1. *Le Couvent,* jolie pièce de Laujon, représentée pour
la première fois le 16 avril 1790. Comédie *sans hommes.*

Le théâtre que j'aime le mieux est le Théâtre des Italiens[1], où l'on ne représente du reste que des mélodrames français. J'y vais pour entendre la musique des meilleurs maîtres, et pour admirer le jeu de la célèbre Dugazon et le chant de Rose Renaud, jeune personne d'une vingtaine d'années que le public applaudit à outrance et qui est en effet digne d'admiration.

Il y a deux nouveaux mélodrames qui font surtout mes délices : *Raoul Barbe bleue* et *Pierre le Grand*.

Le sujet de la première pièce est pris dans un vieux conte et se prête très-bien à la scène. Raoul, riche gentilhomme, aime Isaure, charmante personne, fille d'un marquis peu aisé ; il lui offre sa main et de beaux présents. La demoiselle a de l'affection pour le jeune Vergi, qui de son côté en est épris ; mais, hélas ! Vergi n'a rien qu'un cœur tendre et fidèle ; or, aux yeux des femmes, un cœur, quelque tendre et fidèle qu'il soit, ne vaut pas les dons brillants de la fortune. L'opulence de Raoul éblouit Isaure. Elle admire ses présents... Quel goût exquis ! quelle magnificence ! Elle n'y tient plus, prend un diadème ruisselant de diamants, le met sur sa tête, se regarde dans une

---

1. La salle du Théâtre Italien (plus tard Opéra-Comique) se trouvait au boulevard de la Chaussée d'Antin, à la place de l'ancien hôtel de Choiseul.

glace et... donne sa main au fier Raoul. Malheureux Vergi !

Isaure habite un immense château, où elle est servie, fêtée, adorée, où tout la réjouit, tout flatte sa vanité. Parfois, très-rarement, un soupir s'échappe de son sein infidèle ; parfois, mais rarement, il lui semble qu'elle eût été plus heureuse avec le bon et tendre Vergi qu'avec son froid époux. Un jour, Raoul part : on ne sait où il va ; mais, avant de prendre congé de sa femme, il lui donne une clef dont la tige est d'or et l'anneau de diamant. « Je vous interdis l'usage de cette clef, dit-il ; c'est celle de cette porte. » Et il ajoute : « Si vous ne désirez point ma perte, si vous ne voulez pas mourir vous-même, promettez-moi de ne pas être curieuse. » Isaure jure, — les jolies femmes jurent si facilement ! Elle jure, et... un moment après elle ouvre la porte. Figurez-vous sa terreur !... Elle aperçoit les têtes des trois premières femmes de Raoul, et en traits de feu ces mots : « *Curiosité punie !* » Il avait été prédit à Raoul que la curiosité d'une femme serait cause de sa perte : voilà pourquoi il mettait à l'épreuve celles qu'il épousait, et les faisait mourir aussitôt qu'elles avaient montré cette faiblesse, espérant sauver ainsi sa vie. C'est Mlle Dugazon qui remplit le rôle d'Isaure. Pâle, les cheveux épars, elle tombe dans un fauteuil et chante d'une voix entrecoupée :

> Ah! quel sort
> Le barbare
> Me prépare!
> C'est la mort! (*bis.*)

Vergi travesti en femme, et se faisant passer pour la sœur d'Isaure, est auprès d'elle et partage son désespoir. Il faut à tout prix sauver l'infortunée, mais comment? Vergi, sans armes, est entouré d'ennemis. Il n'y a qu'un moyen : c'est d'informer de tout les frères d'Isaure. Vergi leur dépêche son page avec un billet.

Mais Raoul revient, il voit que la porte a livré ses mystères. Il s'écrie :

> Perfide! tu l'as ouverte!
> Tu mourras, oui, tu mourras!
> Sois certaine de ta perte,
> Sois sûre de ton trépas!

Pleurs, supplications, tout est inutile. Il faut mourir.

Vergi, en attendant, toujours déguisé, monte sur une tour et regarde au loin. Moment d'affreuses angoisses! Il s'établit entre Isaure et lui ce dialogue :

> — Anne, ma sœur, ne vois-tu rien venir?
> — Je ne vois que le ciel et la terre,
> Je ne vois personne accourir.
> — Anne, ma sœur, ne vois-tu rien venir?

— Tout au pied de la montagne
J'aperçois dans la campagne
Un nuage s'élever.
. . . .
Un nuage de poussière
Qui s'élève de la terre
Et vers nous semble arriver.
— Ô ciel, si c'étaient mes frères !
— C'est du côté de leurs terres. »

Enfin Vergi se démasque et provoque Raoul en combat singulier. Le téméraire ! C'en est fait ; il périra, mais il verra d'abord le supplice de celle qu'il aime.

Tout à coup un grand bruit se fait entendre ; la porte du château est forcée. Raoul s'élance avec ses gens au-devant des ennemis. Vergi alors conduit trois des vassaux du comte, les pères des malheureuses assassinées, dans le fatal cabinet, où

Trois corps et sanglants et meurtris,
Trois têtes sont réunies
Sur de fumants plateaux.

Furieux, ils se précipitent sur Raoul et le tuent. Isaure est sauvée ; elle court embrasser ses frères. Vergi se jette à ses pieds... La toile tombe.

La musique est de Grétry : elle est très-agréable.

Il y a dans le mélodrame de *Pierre le Grand* des scènes qui ne manquent pas de charme, surtout pour un Russe. L'action se passe sur les limites de la Russie, dans un obscur village que le tsar habite avec son ami Lefort, et où il travaille dans un chantier comme simple ouvrier. On l'appelle le bon Pierre, et on l'aime pour son caractère honnête et laborieux. Michu joue très-bien ce rôle. Il me semblait voir notre empereur en personne. Peut-être aussi mon imagination y a-t-elle contribué un peu ; je n'en sais rien ; mais l'illusion me faisait plaisir, et je m'y abandonnai. Dans ce même village vit aussi une jeune et jolie veuve, Catherine, dont on admire la vertu et la bienfaisance. Pierre, prompt à s'enflammer pour tout ce qui est beau et généreux, éprouve une vive passion pour Catherine, qui l'aime également et ne s'en cache point. Ils se jurent un amour mutuel. Pierre sera l'époux de Catherine ; il l'a promis, sa parole est sacrée. Lefort, resté seul avec le prince, lui dit : « Une pauvre femme sera donc l'épouse de mon empereur ! O Pierre, vous êtes unique dans toutes vos actions ! Quel exemple vous donnez aux souverains ! L'âge précieux que tant de princes passent dans les plaisirs et la mollesse, vous l'avez employé, vous, à dompter vos passions, à cultiver les sciences, à vous former une âme digne de votre rang. Vous prisez dans cette villageoise la vertu, qui est supérieure aux dons de la naissance et de la fortune, et vous l'appelez à partager votre cœur et le trône ! »

Le second acte s'ouvre par les fiançailles : un

tabellion rédige le contrat qu'il lit en présence de tout le village, accouru pour assister au bonheur de deux cœurs, qui s'aiment si tendrement. Les plus vieux serrent, de leurs débiles mains, la main de la promise, et d'une voix paternelle, attendrie, lui souhaitent toute sorte de prospérités. De jeunes filles lui mettent sur la tête une couronne de roses et chantent de gracieux épithalames. Pierre en est touché jusqu'au fond du cœur. On entoure les heureux amants ; tout le monde est aux anges. On sait que Lefort a une belle voix ; on le prie de chanter un de ses airs favoris. Il hésite un instant, prend une guitare et chante :

>Jadis un célèbre empereur
>Remit le soin de son empire
>Entre les mains d'un sage gouverneur,
>Pour courir le monde et s'instruire.
>Les trésors, les rangs, la grandeur,
>Ne font pas toujours le bonheur.

>Il prit l'habit d'un charpentier,
>Afin de cacher sa naissance,
>Et visita jusqu'au moindre chantier
>De l'Angleterre et de la France.
>Les trésors, etc.

>Courbé sous de pesants fardeaux,
>Couvert de sueur et de poussière,
>De la marine il suivit les travaux
>Pendant près d'une année entière.
>Les trésors, etc.

Il prend la hache, le marteau,
Au lieu de sceptre, de couronne,
Et réussit à construire un vaisseau,
Dont la beauté séduit, étonne.
Les trésors, etc.

Grands rois, superbes potentats,
Quittez vos cours, vos diadèmes ;
Ainsi que lui sortez de vos États,
Voyagez, travaillez vous-mêmes,
Et vous verrez que la grandeur
Ne fait pas toujours le bonheur.

On applaudit l'air et les paroles. Néanmoins, ces braves gens ne veulent pas croire qu'un tel prince ait jamais existé. Catherine est moins incrédule ; l'instinct de l'amour ne la trompe point, et elle paraît dire à Lefort : « Cela doit être vrai, car ton chant va au cœur ! » Son amant, d'ailleurs, Pierre lui-même l'affirme, bien que d'un air ému et embarrassé.

Mais tout à coup la scène change. Arrive Menchikov qui apprend au tsar qu'en Russie on le croit mort, que des mutins profitent de ces fausses alarmes pour se révolter, que sa présence à Moscou est nécessaire, et que sa garde fidèle l'attend avec impatience à la frontière. Pierre ne craint pas l'insurrection : un seul de ses regards saura bien dissiper tous les nuages. Mais il lui tarde de se montrer à sa garde. Il part brusquement.

Catherine se croit abandonnée, trahie. Elle s'écrie :

> Pierre !... Il échappe à ma vue...
> A cette trahison me serais-je attendue ?
> Quoi ! sur le point de nous unir,
> Il m'abandonne... O ciel, que devenir ?

Son désespoir est au comble. Enfin, Pierre reparaît, accompagné de Menchikov, de boïards et de militaires, il se montre dans le costume magnifique de tsar de Russie. La jeune femme renaît à la vie, mais cette vie va bientôt changer pour elle. Au lieu d'une pauvre cabane qu'elle eût été heureuse de partager avec son bien-aimé, Pierre lui dit : « Recevez le titre d'impératrice et soyez mon épouse ! — Hélas ! répond Catherine ; que n'ai-je comme vous un empire, une couronne ! — Comptez-vous pour rien celle-ci ? demande Pierre en désignant la couronne de fleurs qu'elle a sur la tête. Je ne tiens la mienne que de la naissance, et vous, Catherine, vous devez la vôtre à vos vertus !... » Elle hésite encore. Les boïards la supplient d'accepter ; le régiment Préobrajensky apparaît sur la scène ; des cris d'allégresse retentissent dans les airs : « Vive Pierre ! vive Catherine ! » La pièce est finie, j'essuie mes larmes, des larmes de joie et dont je suis fier, parce que je suis Russe.

Ce mélodrame est de M. Bouilly[1]. Il est fâcheux seulement que l'on y fasse paraître le tsar, Menchikov et Lefort en costume polonais, et les gardes en kaftans verts de paysans avec des ceintures jaunes. J'entendais mes voisins dire autour de moi que les Russes s'habillaient encore aujourd'hui de

---

1. Jean-Nicolas Bouilly (1763-1842) s'est fait connaître par des pièces de théâtre et des livres d'éducation. *Pierre le Grand*, son premier opéra, fut représenté le 13 septembre 1789, en présence de la reine Marie-Antoinette, et a été souvent joué à cette époque. La pièce fut reprise le 7 mai 1814. Cette fois l'acteur qui remplissait le rôle de Lefort chanta pour la clôture ce couplet de circonstance :

> Des bords fameux de la Néva,
> Jusques aux rives de la Seine,
> Si la discorde s'éleva,
> Et des traités rompit la chaîne,
> L'avenir promet d'être heureux ;
> Et des destins ont à la France
> Avec un peuple généreux
> Rendu son ancienne alliance.
>   Béni sois à jamais,
> Preux et magnanime ALEXANDRE!
>   Tu viens de nous rendre
>   Et les Bourbons et la paix.

L'histoire de Pierre I*er* a fourni le sujet de tragédies médiocres à Dorat, Carion Nisas et autres. La pièce la mieux réussie est encore un opéra-comique, celui que Meyerbeer a donné sous le titre de *l'Étoile du Nord*, paroles de M. E. Scribe, et qui aussi a été mis en scène dans des circonstances extraordinaires le 16 février 1854.

même. Tout plein de mon sujet, je ne pris pas la peine de les en dissuader.

On ne représente guère sur le Théâtre de Monsieur[1] que des opéras-comiques italiens et quelquefois de petits intermèdes français. Il serait difficile de trouver, même en Italie, une troupe aussi bien assortie. Quels beaux talents ! Mlle Baletti, la première chanteuse, se distingue non-seulement par sa voix et sa beauté, mais aussi par sa conduite irréprochable. Une actrice de Paris et la vertu, quelle mésalliance ! Aussi, les lords anglais disent-ils en soupirant que c'est un phénix. Parmi les chanteurs, les plus remarquables sont : Raffanelli, Mandini et Viganoni.

Le nouveau Théâtre des Variétés[2] est le plus

---

1. Nommé ainsi parce que ce fut *Monsieur*, frère du Roi, qui fit venir à Paris, en 1789, une troupe choisie d'Italiens, qui jouèrent d'abord dans une salle des Tuileries. La Cour ayant occupé ce château à la suite des événements d'octobre, la troupe alla jouer à la foire de Saint-Germain, près de Saint-Sulpice, en attendant qu'une salle fût construite pour elle rue Feydeau.

2. Ce théâtre portait officiellement sur les affiches le nom de « Théâtre du Palais-Royal », et c'est le Théâtre-Français d'aujourd'hui. L'auteur l'appelle Variétés, désignation qui avait cours dans le public, parce que la plupart des acteurs qui y jouaient avaient appartenu à un autre théâtre appelé « Variétés amusantes ». La nouvelle salle, inaugurée le 15 mai 1790, pouvait contenir, d'après la déclaration de M. Louis, architecte, plus de 2,400 personnes.

grand de tous : il est aussi le mieux décoré. On y joue des comédies et des drames. Le célèbre Monvel, un second Lekain, en fait l'ornement. Il est vieux, il n'a ni voix ni prestance, mais l'art et la vivacité de son jeu tiennent lieu de tout. Chacune de ses paroles va à l'âme; on dirait que son regard s'enflamme et s'éteint tour à tour quand il le veut. Larive, Monvel et Molé, voilà trois artistes qui n'ont pas leurs pareils dans toute l'Europe.

Indépendamment de ces cinq théâtres, il y en a encore d'autres à Paris. Chaque théâtre a son public. Sans parler des personnes riches qui ne vivent que pour le plaisir et la distraction, les hommes des conditions les plus modestes regardent comme une nécessité d'aller au spectacle deux ou trois fois par semaine; ils y rient, pleurent, applaudissent, sifflent. Ils décident du sort des pièces qui y sont représentées. En effet, il y a parmi eux des connaisseurs auxquels rien n'échappe, ni une belle pensée, ni une heureuse expression. « A force de forger on devient forgeron, » et j'ai plus d'une fois été surpris de voir un goût très-raffiné au parterre, qui se compose d'un monde très-mélangé. L'Anglais se montre dans tout son éclat au Parlement et à la Bourse, l'Allemand dans son cabinet de savant, le Français au théâtre.

Les spectacles ne sont suspendus que pendant la quinzaine de Pâques. Mais comme ce serait trop long pour les Français que ces quinze jours passés sans spectacle, on donne pendant tout ce temps à l'Opéra des concerts spirituels, auxquels prennent part les plus grands virtuoses, et où j'ai passé quelques heures vraiment délicieuses. On exécutait le *Stabat Mater* de Haydn : mes larmes coulaient d'abondance, je me sentais transporté dans les sphères célestes, parmi les anges ! Qu'on me dise après cela que notre âme, capable d'éprouver des sensations aussi pures et aussi sublimes, n'a pas en elle quelque chose d'immatériel et de divin ! Ce qui a mis le comble à mon admiration, c'est un *duo* exécuté par Lays et Rousseau. Ils chantaient, l'assistance respirait à peine... ah ! que c'était beau !

LXXV.

Paris, le .. mai.

Je ne profite pas beaucoup des sociétés de Paris. Je suis avare de mon temps, et j'aurais regret de le perdre dans les trois ou quatre maisons où l'on me reçoit. Une politesse froide n'est pas faite pour m'attirer.

Mme G. a beau me dire que son hôtel est le rendez-vous de toutes les célébrités littéraires, je n'ai pas encore eu la chance de rencontrer chez elle un seul auteur connu. La conversation n'a rien de suivi : on s'entretient de questions personnelles, à mots couverts, dans un jargon inintelligible pour un étranger. Je suis là, à me taire, ou forcé de répondre à des questions comme celles-ci : « Fait-il bien froid à Pétersbourg? Pendant combien de mois peut-on aller en traîneau? On voyage sur des rennes chez vous, n'est-ce pas? » etc. Cela n'est pas gai. Je préfère aux dîners fins de M. G... quelque restaurant, où je vois une foule de gens qui me sont inconnus, et où, tout abasourdi de propos bruyants et animés, je me retrouve pourtant avec moi-même, avec mes pensées, tout occupé à forger des plans pour le reste de la journée.

Mme N., mon autre connaissance, est aussi aimable qu'elle est jolie. J'y vais quelquefois ; nous causons de la Suisse, de Rousseau, des charmes de la vie champêtre, et même d'amour platonique. Mais voici le revers de la médaille : elle reçoit beaucoup chez elle le jeune baron S., et aussitôt qu'il paraît, je sens que je suis de trop dans son salon ; mon amour-propre en est un peu froissé. Quant à lui, il a des manières brutales qui me déplaisent. Il s'étend sur le divan, à côté de madame ; il joue le rôle d'un homme distrait ou blasé, crache sur de beaux tapis anglais et pose sa tête sur les coussins. Or, comme la dame lui souffre tout cela sans le mettre à la porte, il faut en conclure qu'il a le droit de chasser du salon ceux qui s'y trouvent sans sa permission. Aussi, je prends lestement mon chapeau et je me sauve. La belle Provençale ne songe plus à aller en Suisse et à se retirer sur la montagne de Neufchâtel dont Rousseau a fait un si joli tableau dans sa lettre à d'Alembert. Le baron a su tourner en ridicule ce projet, qu'il appelle une inspiration romanesque de vieille date.

Il y a en ce moment peu de Russes ici : il n'y a que la famille du prince G[1]., P... et l'ambassade, composée de l'ambassadeur, de son secrétaire et de l'interprète D... que je vois souvent. D[2]... n'est pas riche; mais il est parvenu à se faire une belle collection de livres et de manuscrits rares dans

---

1. Les jeunes princes Galitsine, Dmitri Vladimirovitch et son frère Boris, après avoir passé cinq ans à l'école militaire de Strasbourg, se trouvaient depuis 1789 à Paris. Le prince Dmitri se distingua plus tard dans les guerres contre Napoléon Ier, et occupa dès 1819, pendant vingt-cinq ans, le poste de gouverneur-général de Moscou. Il est mort à Paris, le 27 mars 1844, à la suite d'une opération malheureuse faite par Civiale. Le prince aimait à se rappeler la prise de la Bastille, où son gouverneur français les avait entraînés, lui et son frère, et où ils furent forcés par la foule de prendre part au combat, un fusil à la main.

2. M. Doubrovsky, employé en 1789, à Paris, comme interprète, fut plus tard conseiller d'ambassade à Rome et à Madrid. Amateur d'autographes et de manuscrits, il dépensa ses modiques ressources à des acquisitions de ce

toutes les langues. Il possède des lettres originales de Henri IV, de Louis XIII, de Louis XIV et de Louis XV, du cardinal de Richelieu, de la reine Élisabeth d'Angleterre, et d'autres personnages célèbres. Il connaît la plupart des bibliothécaires de Paris, et il se procure par leur entremise les pièces les plus curieuses, qui risqueraient de périr irrévocablement par ces temps de trouble. Le jour même de la prise de la Bastille, D. acheta pour un louis d'or toute une liasse de papiers parmi lesquels il y avait des lettres touchantes d'un malheureux homme de lettres embastillé, et le journal d'un prisonnier détenu sous Louis XIV. Il est persuadé que ce journal est celui du personnage connu sous le nom de *Masque de fer*.

Voici ce que Voltaire a écrit à ce sujet : « Quelques mois après la mort de ce ministre[1], il arriva un événement qui n'a point d'exemple ; et ce qui est non moins étrange, c'est que tous les historiens l'ont ignoré. On envoya dans le plus grand secret au château de l'île Sainte-Marguerite, dans la mer de Provence, un prisonnier inconnu, d'une taille au-dessus de l'ordinaire, jeune

genre, et sauva ainsi de précieuses reliques du passé, vouées à la destruction par la populace de Paris. Il fit don de sa collection à l'empereur Alexandre (en 1805), qui l'indemnisa largement. Il est mort en 1816.

1. Le cardinal Mazarin, mort en 1661.

et de la figure la plus belle et la plus noble. Ce prisonnier, dans la route, portait un masque dont la mentonnière avait des ressorts d'acier, qui lui laissaient la liberté de manger avec le masque sur son visage. On avait ordre de le tuer s'il se découvrait. Il resta dans l'île jusqu'à ce qu'un officier de confiance, nommé Saint-Mars, gouverneur de Pignerol, ayant été fait gouverneur de la Bastille, l'an 1690, l'alla prendre à l'île Sainte-Marguerite, et le conduisit à la Bastille, toujours masqué. Le marquis de Louvois alla le voir dans cette île avant la translation, et lui parla debout et avec une considération qui tenait du respect. Cet inconnu fut mené à la Bastille, où il fut logé aussi bien qu'on peut l'être dans ce château. On ne lui refusait rien de ce qu'il demandait. Son plus grand goût était pour le linge d'une finesse extraordinaire, et pour les dentelles. Il jouait de la guitare. On lui faisait la plus grande chère, et le gouverneur s'asseyait rarement devant lui. Un vieux médecin de la Bastille, qui avait souvent traité cet homme singulier dans ses maladies, a dit qu'il n'avait jamais vu son visage, quoiqu'il eût souvent examiné sa langue et le reste de son corps. Il était admirablement bien fait, disait ce médecin : sa peau était un peu brune; il intéressait par le seul son de sa voix, ne se plaignant jamais de son état, et ne laissant point entrevoir ce qu'il pouvait être.

« Cet inconnu mourut en 1703, et fut enterré la nuit à la paroisse de Saint-Paul. Ce qui redouble l'étonnement, c'est que quand on l'envoya dans l'île de Sainte-Marguerite, il ne disparut dans l'Europe aucun homme considérable. Ce prisonnier l'était sans doute, car voici ce qui arriva les premiers jours qu'il était dans l'île. Le gouverneur mettait lui-même les plats sur la table, et ensuite se retirait après l'avoir enfermé. Un jour le prisonnier écrivit avec un couteau sur une assiette d'argent, et jeta l'assiette par la fenêtre, vers un bateau qui était au rivage, presque au pied de la tour. Un pêcheur, à qui le bateau appartenait, ramassa l'assiette, et la rapporta au gouverneur. Celui-ci étonné demanda au pêcheur : « Avez-vous lu ce qui est écrit sur « cette assiette, et quelqu'un l'a-t-il vue entre vos « mains? » — « Je ne sais pas lire, répondit le « pêcheur. Je viens de la trouver, personne ne l'a « vue. » Ce paysan fut retenu jusqu'à ce que le gouverneur fût bien informé qu'il n'avait jamais lu, et que l'assiette n'avait été vue de personne. « Allez, lui dit-il, vous êtes bien heureux de ne « savoir pas lire. » Parmi les personnes qui ont eu une connaissance immédiate de ce fait, il y en a une très-digne de foi qui vit encore (1750). M. de Chamillart fut le dernier ministre qui eut cet étrange secret. Le second maréchal de La Feuillade, son gendre, m'a dit qu'à la mort de son beau-père, il le conjura à genoux de lui apprendre ce que c'était que cet homme, qu'on ne connut jamais que sous le nom de l'*Homme au masque de fer*. Chamillart lui répondit que c'était le secret de l'État, et qu'il avait fait serment de ne le révéler jamais. Enfin, il reste encore beaucoup de nos contemporains qui déposent de la vérité de ce que j'avance, et je ne connais point de fait ni plus extraordinaire ni mieux constaté. »

Cette intéressante énigme paraît résolue aujourd'hui par les Mémoires du duc de Richelieu. D'après ces Mémoires, l'*Homme au masque de fer* serait fils d'Anne d'Autriche et frère jumeau de Louis XIV; le cardinal de Richelieu se serait décidé à le cacher aux yeux de tout le monde, afin qu'il ne s'avisât pas un jour de disputer la couronne au grand roi. Cette hypothèse me semble peu probable.

Je ne crois pas non plus que le journal auquel mon compatriote attache une si grande importance soit celui du *Masque de fer*. Voici les preuves que donne M. D. pour l'affirmer : « Le prisonnier fait à plusieurs reprises mention du chocolat qu'on lui servait le matin à son déjeuner; or, du temps de Louis XIV, les personnes de haut rang seules prenaient du chocolat. Comme à cette époque aucun homme considérable ne se trouvait détenu à la Bastille, il est à présumer que le journal en question est celui du *Masque de fer*. » Je ferai observer pour ma part, que celui qui l'a écrit n'y dit rien de bien remarquable : on y voit des plaintes sur sa triste destinée, sur les rigueurs et les ennuis de la prison, des mots détachés, des phrases sans liaison et sans orthographe, rien de plus.

LXXVI.

Paris, le .. mai.

Voilà six jours de suite que je me rends dès dix heures du matin au couvent des Carmélites, rue Saint-Jacques.

Pourquoi faire? me demanderez-vous. Est-ce pour admirer l'église, une des plus anciennes de Paris, entourée jadis d'une épaisse forêt où saint Denis se déroba dans une caverne à ses persécuteurs, c'est-à-dire aux ennemis de la vraie foi, de la piété et de la vertu? Est-ce pour décider la question entre ceux qui font remonter la fondation de ce temple à l'époque du paganisme et ceux qui l'attribuent au roi Robert, prétendant les uns que l'image sculptée au haut du portail est celle de Cérès, les autres qu'elle représente l'archange saint Michel? Ou bien est-ce pour voir le trésor du couvent, pour examiner les détails de son architecture, etc.?

Non ; je me rends au couvent des Carmélites pour contempler la *Madeleine* de Lebrun[1], admirable toile qui m'attire, me fascine, et parfois me fait pleurer à chaudes larmes. Oui, je pleure avec elle, car j'éprouve la douleur cuisante de son repentir, et l'ardeur de ses larmes me brûle le cœur. La voilà ! Elle a connu les vanités de ce monde ; elle a connu l'abîme des passions. Ce qui l'épouvante, ce ne sont point les tourments de l'enfer, mais la pensée qu'elle est indigne des bontés de Celui qu'elle aime de toutes les puissances de son âme, indigne de l'amour infini de son Père céleste. « Pardonnez-moi ! semble dire son regard suppliant ; pardonnez-moi, Seigneur ! » Ah ! n'en doutons pas, le Dieu de miséricorde a pardonné à cette pécheresse repentante ; car les hommes eux-mêmes, les hommes qui sont si peu humains, se laisseraient fléchir par l'expression de regrets aussi sincères. Je ne me serais jamais figuré qu'un tableau pût me toucher et me ravir à ce point. Plus je la regarde, et plus je suis pénétré de la beauté de Madeleine. Tout séduit en elle : les traits de son visage, sa taille, ses bras, ses cheveux épars,

---

1. Charles Lebrun (1619-1690), l'un des chefs de l'école française, grand peintre d'histoire, protégé par Colbert. Il travailla quatorze ans à la décoration de la grande galerie de Versailles. Après Colbert, Louvois favorisa Mignard aux dépens de Lebrun, qui en conçut un chagrin mortel.

jetés comme un voile sur son sein d'une blancheur éblouissante, mais surtout ses yeux, ses yeux rougis de larmes. Les miens ne peuvent se rassasier de la voir, et j'y reviens sans cesse, toujours. Heureux celui qui, ayant cette image en sa possession, pourrait la contempler à son aise!

D'ailleurs, faut-il vous dire le charme secret qui s'attache pour moi au tableau de Lebrun? Le peintre a représenté sous les traits de Madeleine la belle et tendre duchesse de la Vallière[1], qui aima en Louis XIV non point le puissant roi, mais l'homme supérieur, et qui lui sacrifia ce qu'elle avait de plus précieux au monde, son cœur, la paix de sa conscience, l'opinion publique.

Figurez-vous cette nuit mémorable, lorsque se promenant avec ses compagnes, au clair de la lune, dans le parc de Versailles, la charmante la Vallière leur disait : « Vous parlez des beaux hommes de la cour; mais vous en oubliez le premier, qui est notre cher roi. Ce n'est point l'éclat de son trône qui éblouit ma vue; non, pauvre en sa cabane et en simple habit de berger, je l'aurais préféré, moi, à tous les hommes de l'univers. » Le Roi se trouvait là, dans une allée, à deux pas de la jeune

1. C'est là une tradition généralement contestée. Les portraits de mademoiselle de la Vallière que l'on a ne peuvent pas servir à constater la ressemblance dont il s'agit.

fille ; il avait entendu ses paroles, et son cœur lui dit : « Voilà celle que tu dois aimer ! » Il ne la connaissait pas ; le lendemain il essaya d'adresser la parole à toutes les dames de la cour, reconnut la Vallière au timbre de sa voix, lui donna son cœur et en fut adoré. Mais, volage, il trahit son amour. L'infortunée alors quitta le monde, se retira chez les Carmélites, et, renonçant aux vaines attaches de la terre, vécut encore trente-six ans, sous le nom de sœur Louise, dans l'exercice d'une piété exemplaire et dans la pratique des vertus que nous commande notre sainte religion.

LXXVII.

Une connaissance d'opéra. — J'arrivai à l'Opéra en compagnie d'un Allemand, M. Reinwald. Il y avait déjà dans la loge qu'on nous indiqua deux dames et un chevalier de Saint-Louis. « Restez ici, messieurs, nous dit l'une de ces dames ; vous voyez, nous n'avons rien sur la tête ; ailleurs vous trouverez des femmes très-hautement coiffées et qui vous empêcheront de voir. — Bien obligé, madame, » lui répondis-je, et nous nous plaçâmes derrière elle. Sa politesse m'avait frappé et me fit désirer de mieux voir sa figure. En attendant, mon camarade me parla en russe : les dames et leur cavalier nous regardèrent avec curiosité. J'eus alors l'occasion de mieux voir l'inconnue, ma voisine : c'était une jeune et jolie blonde. Sa robe noire rehaussait la blancheur de son visage ; un ruban bleu flottait dans sa chevelure bien fournie, non poudrée; un bouquet de roses ornait son beau sein blanc. « Êtes-vous bien ? me demanda-t-elle avec un doux sourire. — Parfaitement bien, madame. »

Le chevalier assis à côté d'elle ne faisait que remuer et incommodait beaucoup M. Reinwald. « Je ne resterai pas ici un instant de plus, dit mon Allemand ; ce maudit Français me fera venir des durillons aux genoux par sa turbulence. » Là-dessus, il sortit. Ma blonde inconnue le regarda sortir et me dit : « Votre ami n'est pas content de notre loge ? — Il voudrait être en face de la scène. — Et vous, vous nous restez ? — Si vous voulez bien le permettre, madame. — Vous êtes bien aimable.

— Je n'avais pas encore remarqué votre bouquet de roses, dit le chevalier en s'adressant à la dame; vous aimez donc les roses ?

— Beaucoup ; elles sont l'emblème de notre sexe.

— Celles-ci ne sentent rien, continua le chevalier en faisant aller ses narines.

— Pardon ; moi qui suis plus loin, je trouve qu'elles sentent bon.

— Vous êtes bien loin, en effet, me dit la dame. Mais qui vous empêche de vous rapprocher, si vous aimez les roses ? Il y a ici de la place... Vous êtes Anglais ?

— Si les Anglais ont le bonheur de vous plaire, madame, je suis fâché de vous dire que je suis Russe.

— Vous êtes Russe ? reprit le chevalier. Vous voyez, madame, que j'ai deviné juste. J'ai voyagé dans le Nord ; je me connais aux dialectes ; je vous l'avais dit sur-le-champ.

— Et moi, répliqua-t-elle, je pensais que vous étiez Anglais. Je raffole de cette nation.

— Celui qui, comme moi, poursuivit le chevalier, a été partout et qui est ferré sur le chapitre des nationalités, ne saurait s'y tromper. Vous autres Russes, vous parlez allemand, n'est-ce pas ?

— Non, monsieur, nous parlons russe.

— C'est ça, russe ; cela revient au même.

— Le théâtre est plein comme un œuf, dit la dame en regardant le parterre. Tant mieux ; j'aime les hommes.

— Vous avez raison, observa le chevalier, car autrement vous seriez ingrate.

— Peste, me dis-je, il m'a volé le mot.

— Seulement, d'après la loi de Moïse, continua-t-il, vous devez abhorrer les femmes.

— Et la cause?

— Amour pour amour, haine pour haine.

— Je suis chrétienne, répondit-elle en souriant. Mais j'avoue cependant que les femmes ne s'aiment pas entre elles.

— Pourquoi donc? demandai-je avec une naïveté sans pareille.

— Parce que... » Elle aspira son bouquet, me regarda du coin de l'œil et me demanda s'il y avait longtemps que j'étais à Paris, et combien de temps j'y resterais.

« Quand il n'y aura plus de roses dans les jardins, je n'y serai plus, répondis-je d'un ton piteux.

— Les roses chez moi fleurissent toujours, même en hiver, dit-elle en fixant son bouquet.

— L'art est tout-puissant, madame. Cependant la nature ne perd jamais ses droits; les fleurs naturelles ont plus de charme.

— Est-ce bien à vous, habitant du Nord, à vanter la nature? Elle est si triste dans votre pays!

— Pas toujours, madame. Nous avons aussi le printemps, des fleurs, de jolies femmes.

— Et aimables?

— Au moins *aimées*.

— En effet, je crois qu'on sait mieux aimer chez vous. En France, non; le sentiment ne se retrouve plus que dans les romans.

— Le sentiment n'est qu'un roman dans tous les pays, reprit le chevalier. J'ai voyagé, je sais cela.

— Oh! les Français sont athées en amour, dit la dame. Mais laissez-le parler; il vous dira comment on adore les femmes en Russie.

— Roman !

— Comment les hommes y sont tendres, prévenants...

— Roman ! répéta le chevalier en bâillant.

— Comment ils sont aux petits soins pour leurs dames, sans en être jamais las, *sans bâiller*.

— Roman ! roman ! » continua le chevalier avec un gros rire.

En cet instant, le théâtre s'illumina d'une vive clarté et le public battit des mains. La dame dit avec un sourire : « Les hommes aiment la lumière ; quant à nous, nous la redoutons. Voyez, par exemple, comme la dame d'en face est devenue tout à coup pâle !...

— C'est parce qu'elle fait comme les Anglaises, répondit le chevalier, elle ne met pas de rouge.

— La pâleur a son charme, répliquai-je à mon tour, et les femmes ont bien tort de se farder. »

La dame détourna la tête : hélas ! elle aussi était fardée. J'avais dit une sottise... Je me tus et me tins coi à ma place. Heureusement pour moi on commença l'ouverture. L'*Orphée* de Glück me transporta d'admiration à un tel point que j'oubliai tout ce qui m'entourait. Je pensai à Jean-Jacques, qui n'aimait pas Glück, mais qui, ayant assisté à une représentation d'*Orphée*, l'écouta en silence, et lorsqu'à la sortie du théâtre les amateurs l'entourèrent, lui demandant comment il avait trouvé la musique, se mit à chanter à demi-voix l'air :

> J'ai perdu mon Eurydice ;
> Rien n'égale mon malheur...

fondit en larmes et s'en alla, sans dire un mot de plus. C'est ainsi que les grands hommes savent reconnaître l'injustice de leurs propres arrêts !

La toile tomba. L'inconnue me dit : « Quelle divine musique ! Et vous, ce me semble, n'y avez même pas applaudi !

— Je n'en ai pas moins senti les beautés, madame.

— Glück est supérieur à Piccini, ajouta-t-elle d'un air convaincu.

— Il y a longtemps que la question est vidée entre connaisseurs, interrompit le chevalier. L'un est grand sous le rapport de l'harmonie, l'autre sous celui de la mélodie; l'un est toujours admirable, l'autre ne l'est que par moments ; l'un ne faiblit jamais, l'autre prend quelquefois l'essor pour s'élever jusqu'aux cieux ; l'un est plus caractérisé, l'autre est infiniment varié dans ses modulations. *Nous,* nous sommes depuis longtemps d'accord là-dessus.

— Moi, dit la dame, je ne suis pas pour ces savantes analyses. » Puis s'adressant à moi : « Et vous, monsieur ?

— Je pense comme vous, madame.

— Êtes-vous toujours bien, monsieur ?

— Parfaitement bien, madame, auprès de vous. »

Le chevalier lui dit quelque chose à l'oreille. Elle se mit à rire, regarda à sa montre, se leva, lui donna le bras et me dit : « Je vous salue, monsieur. » Tous les trois quittèrent la loge. Je restai stupéfait... Comment? S'en aller ainsi sans attendre le joli ballet de *Télémaque dans l'île de Calypso !* c'est drôle !... Je me trouvai plus au large dans la loge, mais c'était... moins gai. Je regardai la porte comme si j'eusse attendu le retour de ma voisine. Qui est-elle, au bout du compte? Une honnête femme, ou bien...? Bah! les grandes dames à Paris ne parlent pas aussi librement à des étrangers. Cependant, il peut y avoir des exceptions.

Pendant le ballet, mon imagination ne cessa de s'occuper de la belle blonde. Chose étrange, je croyais trouver de la ressemblance entre elle et les danseuses qui figuraient sur la scène... Rentré chez moi, j'y pensai encore.

« Et la pièce est finie? » me demanderez-vous

ironiquement. Peut-être la reverrai-je un jour aux Champs-Élysées ou au bois de Boulogne ; peut-être aussi aurai-je le bonheur de la sauver des mains des brigands, ou de l'arracher aux flammes ou aux vagues furieuses de la Seine. Qui sait?... Roman ! roman ! direz-vous encore avec le chevalier de Saint-Louis. Mon Dieu ! que les hommes sont devenus incrédules ! Ça vous ôte l'envie de voyager et de rapporter des anecdotes. Vous doutez? soit ; je me tais.

LXXVIII.

Paris, le .. juin.

Mme G. m'avait dit l'autre jour : « Après-demain nous aurons une *lecture*. L'abbé D. nous lira les « Pensées sur l'amour », ouvrage de sa sœur la marquise de L. C'est plein de profondeur, à ce qu'on dit. L'auteur y sera aussi, mais *incognito*. Si vous tenez à connaître l'esprit philosophique de nos dames, je vous engage à venir. »

Vous pensez bien que je n'y manquai pas, et, renonçant cette fois au spectacle, j'allai à huit heures du soir chez Mme G.

Je la trouvai au salon, au milieu d'un groupe d'hommes engagés dans une vive discussion. En face, sur un sofa, deux abbés causaient avec trois dames; il y avait en outre dans la salle plusieurs cercles animés : la société se composait d'une trentaine de personnes. A neuf heures, l'abbé D. prit place sur le sofa, et le silence se fit dans l'assemblée. Le lecteur tira de sa poche un petit cahier rose, dit quelques paroles de courtoisie, et commença sa lecture.

Je regrette beaucoup de ne pouvoir vous rendre littéralement les pensées de l'auteur. Vous en jugerez du reste par les fragments que je vais vous citer de mémoire.

« L'amour est ce moment critique de la vie que notre cœur attend avec un saisissement involontaire. La toile se lève : *c'est lui! c'est elle!* nous disons-nous soudain, et le Destin jette dans l'urne mystérieuse de notre existence le sort sur lequel se trouve écrite notre félicité ou notre perte.

« Quel pinceau pourrait reproduire l'image du véritable amour, de l'amour suprême, héroïque? C'est une énigme dont le mot nous manque encore. L'amour! Toute grandeur disparaît devant lui ou subit son empire. César est lâche, Régulus est faible en comparaison de l'amant passionné que rien n'arrête, qui brave les éléments, qui domine le monde et foule aux pieds toutes ses vanités. Nous ne dirons pas de lui : c'est un dieu, — car nous ne sommes pas païens, — mais nous dirons avec assurance : l'amant est plus qu'un simple mortel. Zoroastre se figure Dieu entouré de flammes ; la flamme d'un pur et vertueux amour est faite pour rayonner autour de son trône divin.

« Quand Montaigne a dit : « Je l'aimais parce « que c'était lui, parce que c'était moi, » Montaigne a parlé des amants, ou bien ses paroles n'ont pas de sens.

« Ce ne sont pas les attraits du corps qui donnent naissance à cette passion ; c'est le contact soudain de deux âmes qui se pénètrent par un regard, par un mot, un demi-mot peut-être. La passion n'est que l'élan mutuel de deux moitiés que leur séparation faisait cruellement souffrir.

« On n'aime qu'une fois, comme toute chose ne brûle qu'une fois dans ce monde.

« Il y a trois époques dans la vie des âmes sensibles : l'*attente*, l'*oubli*, le *souvenir*. J'appelle *oubli* les transports mêmes de l'amour, car il n'est qu'un éclair et l'on s'y oublie ; nous ne sommes pas des dieux, et la terre n'est pas un Olympe.

« L'amour laisse après lui un souvenir délicieux, qui n'est plus l'amour ; mais celui ou celle qui en est l'objet nous fait encore rêver et garde une place unique dans notre cœur.

« L'homme qui se passionne pour la gloire, les honneurs ou la richesse, me fait l'effet de celui qui, à défaut de la *Nouvelle Héloïse*, se met à lire un roman de Mlle de Scudéri; c'est qu'il manque de moyens, ou qu'il manque de goût.

« Un grand musicien a dit que la félicité des âmes dans l'autre monde consistera dans l'harmonie des accords qu'elles ne cesseront d'entendre; les âmes aimantes croient que cette félicité consistera dans l'amour.

« J'ignore s'il existe réellement des athées, mais je sais que les amants ne peuvent l'être. Leur regard ne se détache de l'objet aimé que pour se porter vers le ciel. Celui qui a aimé me comprend. »

L'assistance applaudissait à chaque phrase et criait : *Bravo ! c'est beau ! c'est ingénieux, sublime !* Quant à moi, je me disais : Ce n'est pas mal ; ceci est obscur et ampoulé, ce style n'a rien de féminin, etc. Mes yeux cherchaient l'auteur. Il était facile à deviner dans une dame brune d'une trentaine d'années, qui se tenait un peu loin du lecteur, paraissait distraite et avait l'air de feuilleter un livre ou un cahier de musique. En effet, la maîtresse de la maison finit par dire : « Je ne connais pas l'auteur, mais je brûle de l'embrasser, » et elle se jeta au cou de la marquise de L. On éclata en applaudissements.

Après cela la société se débanda : les uns se mirent à jouer aux cartes, d'autres assis ou debout entourèrent l'abbé D., parleur infatigable, qui disserta longuement sur les écrivains de la France moderne.

« Voltaire, disait-il, n'a écrit que pour son siècle; il a su mieux que personne exploiter les tendances de l'esprit contemporain : voilà tout! Mais les circonstances changeant, il devra perdre beaucoup de son lustre. Avide de popularité, il n'a jamais voulu devancer la foule de ses lecteurs, de crainte de leur paraître obscur ou transcendant; il tenait à être goûté par eux et applaudi *immédiatement;* voilà pourquoi il n'a fait que formuler d'une manière plus précise les idées communes généralement admises, puisant à pleines mains chez ceux qui avaient écrit avant lui, sans se préoccuper d'invention ou d'originalité. Il a l'esprit épicurien; il ne croit pas à l'immortalité de la gloire et ne songe nullement à la postérité. Il ne plante pas de cèdre, lui; il ne sème que des fleurs, dont quelques-unes sont déjà fanées à l'heure qu'il est : que sera-ce donc dans cent ans? Quel effet, je vous le demande, produiront un jour ses railleries portant sur les opinions superstitieuses et les systèmes philosophiques, alors que ces opinions et ces systèmes auront disparu? Aucun.

— Mais ses tragédies? dis-je à l'abbé.

— Ses tragédies ne sont pas à comparer à celles de Racine : leur style n'a pas la pureté, le nombre, la douce éloquence de l'auteur de *Phèdre* et d'*An-*

dromaque. Il y a quelques pensées hardies, qui du reste ne le sont plus pour nous aujourd'hui ; beaucoup de philosophie ; mais la philosophie n'est pas de l'essence du drame; beaucoup de goût, mais peu de vraie sensibilité.

— Comment, peu de sensibilité dans *Zaïre* ?

— Certainement ; je pourrais vous démontrer qu'il n'y a dans *Zaïre* que de ces sentiments qu'on retrouve dans le premier roman venu. Tout le mérite de Voltaire est dans l'expression ; mais on y chercherait en vain de ces grands et beaux élans du cœur qui abondent dans *Phèdre*, par exemple.

— Ainsi donc vous regardez Racine comme un grand tragique?

— C'est un grand écrivain, un poëte, si vous voulez; ce n'est pas un poëte tragique. Son âme trop tendre n'a jamais pu se prêter au *pathos* de la tragédie. Il n'a fait que des élégies dramatiques ; on y trouve du sentiment, un style inimitable, une éloquence vive et qui coule d'abondance ; sous ce rapport, il est *parfait* et peut servir de modèle aux poëtes français jusqu'à la consommation des siècles. Mais, habile à colorer les sentiments de l'âme les plus délicats, il ne possède pas l'art de peindre les sujets terribles ou héroïques. Racine n'a fourni à la scène aucun caractère vigoureux ; dans ses tragédies on entend prononcer de grands noms, on ne voit pas un seul de ces grands hommes que Corneille fait paraître dans les siennes.

— Alors, c'est à Corneille que vous décernez la palme?

— Corneille était digne d'être né à Rome. Le sublime est son élément, ses héros sont de vrais héros; mais son style est inégal; il faiblit parfois et choque le bon goût, surtout quand il veut être tendre ou galant.

— Que pensez-vous de Crébillon?

— Crébillon, c'est la terreur même. Si Voltaire plaît, si Racine charme, si Corneille élève l'âme, Crébillon, lui, épouvante l'imagination. Mais son style barbare est indigne de Melpomène et de notre siècle. Crébillon a eu l'audace de faire, après Racine, des vers grossiers et presque sauvages. On en rencontre de beaux quelquefois, mais ce n'est que par hasard et pour ainsi dire à l'insu de l'auteur. »

Quel terrible Aristarque! me dis-je à moi-même. Il est fort heureux pour nous que nous n'ayons pas en Russie des critiques aussi sévères.

On se mit à souper à onze heures. La conversation fut très-animée; mais il ne m'en est rien resté dans la mémoire. La causerie française est comme un feu qui court. Les propos s'échangent si rapidement, que l'attention ne peut les suivre.

LXXIX.

Je ne vous dirai aujourd'hui que quelques mots des principaux édifices de Paris.

Le Louvre. Ce fut d'abord une citadelle et la résidence des descendants de Clovis; ce fut aussi une prison d'État où l'on enfermait les barons révoltés contre le pouvoir royal. François Ier, grand batailleur, aimant les femmes et les beaux châteaux, fit ériger, à la place de l'ancien, un superbe palais auquel les premiers artistes de son siècle prodiguèrent leurs soins. Il resta inhabité jusqu'à Charles IX. Par l'ordre de Louis XIV, qui se faisait gloire de protéger les sciences et les arts, le Louvre s'orna d'une belle colonnade, chef-d'œuvre d'architecture, qui surprend d'autant plus qu'on en doit l'exécution à Claude Perrault, si maltraité par Boileau dans ses satires. On ne peut voir sans éprouver une certaine vénération pour le génie de l'homme ces portiques, ces péristyles, ces frontons, ces pilastres, couronnés par une terrasse bordée d'une belle balustrade. Combien de siècles, me suis-je dit à moi-même, ont dû s'écouler depuis le jour où quelques branches d'arbres servirent d'abri aux enfants d'Adam, jusqu'à la création de cette colonnade gigantesque et gracieuse à la fois ! Que l'homme est petit, que son intelligence est grande ! Mais combien aussi les progrès de son esprit sont lents et attardés par les obstacles !

Louis XIV habita longtemps le Louvre ; puis il donna la préférence à Versailles, et la place du grand monarque fut prise par Apollon et les Muses. Là se réunissent toutes les académies. On y loge quelques savants célèbres, des hommes de lettres, des poëtes. Louis en cédant sa demeure au génie l'a dignement honoré et s'est honoré lui-même.

Quand on parle du Louvre, on ne saurait oublier l'obélisque de neige qui fut érigé en face de ce palais par de pauvres gens, victimes de l'hiver rigoureux de 1784, pour marquer leur reconnaissance à Louis XVI, qui leur avait fait distribuer du bois pendant ce terrible hiver. Les poëtes de Paris se plurent à orner ce monument d'inscriptions dont la plus remarquable est celle-ci :

> Louis, les indigents que ta bonté protége
> Ne peuvent t'élever qu'un monument de neige.
> Mais il plaît davantage à ton cœur généreux
> Que le marbre payé du pain des malheureux.

Afin de perpétuer le souvenir de ce fait mémorable, un riche particulier, M. Jubault, a voulu qu'un obélisque de marbre fût élevé dans sa cour, et il a fait graver dessus les inscriptions attachées à l'obélisque de neige. Je suis allé chez M. Jubault, j'ai lu ces légendes, et en réfléchissant sur la manière dont les Français traitent aujourd'hui leur Roi, je me suis dit : « Voici un témoignage de gratitude qui prouve l'ingratitude des Français. »

Les Tuileries. Le palais des Tuileries a été ainsi nommé parce qu'il est élevé sur l'emplacement d'une fabrique de tuiles. Il a été bâti par Catherine de Médicis. Il se compose de cinq pavillons et de quatre corps de logis ; il est orné de colonnes de marbre, de frontons, de statues et d'une image du soleil, symbole du roi Louis XIV. L'extérieur de cet édifice n'a rien d'imposant, mais il a de la noblesse dans le style et il est bien situé. Il est bordé d'un côté par la Seine, et de l'autre par un jardin à hautes terrasses, embelli de fleurs, de statues, et, ce qui vaut mieux encore, de beaux arbres formant des allées touffues, au bout desquelles on voit la place Louis XV, ornée de la statue équestre de ce prince.

La famille royale habite ce château. J'y suis entré. C'était le jour de la Pentecôte[1]. Le Roi, suivi des chevaliers de l'ordre du Saint-Esprit, et la Reine, accompagnée de ses dames, s'étaient rendus à la chapelle. Au même instant, la foule des curieux se précipita dans les appartements intérieurs ; je fis de même, et, de salle en salle, nous

---

1. Le 23 mai.

arrivâmes jusqu'à la chambre à coucher. « Où allez-vous ainsi, messieurs? » demandaient anxieusement les gens de la cour. « Nous voulons voir, » répondait-on, et on allait toujours. Les murs sont couverts de tapisseries des Gobelins, ornés de tableaux et de sculptures ; il y a des cheminées de bronze. J'étais autant frappé du spectacle des hommes que de l'aspect des choses : je voyais des ministres, des ex-ministres, des courtisans et de vieux serviteurs du Roi qui haussaient les épaules à la vue de cette cohue de gens mal vêtus, vociférant, sans vergogne. Moi-même, m'y trouvant porté par le flot populaire, j'avais peine à me défendre d'un sentiment de tristesse. Quelle différence avec la cour de France d'autrefois, si brillante et si vétilleuse sous le rapport de l'étiquette ! En apercevant deux personnes assises à l'écart et causant à demi-voix, je me dis : Elles doivent s'entretenir de l'état désastreux de la monarchie et de ses malheurs à venir.

Le second fils du duc d'Orléans [1] s'amusait à jouer au billard avec un homme âgé. Ce jeune prince est très-beau de figure ; il faut supposer que son âme est aussi belle ; elle ne ressemble donc pas à l'âme de son père...

1. Antoine-Philippe d'Orléans, duc de Montpensier, né en 1775, mort à Twickenham en 1807. Ses *Mémoires* ont été publiés en 1824, 1 vol. in-8°.

Le château des Tuileries se relie au Louvre au moyen d'une longue galerie, dans laquelle on se propose d'établir un musée ou une collection de tableaux, de statues et d'antiquités dispersés jusqu'ici en différents lieux.

Le LUXEMBOURG appartient aujourd'hui au comte de Provence[1]. C'est un superbe palais bâti par Marie de Médicis, épouse d'un grand roi et mère d'un roi faible, femme d'un caractère ambitieux, mais qui n'a jamais su gouverner les hommes. Elle fut pendant de longues années la Xanthippe de Henri IV : parvenue au pouvoir, elle ne sut que dépenser les trésors amassés par Sully, souffler la guerre civile sur la France, faire la fortune de Richelieu et devenir la victime de son ingratitude. Après avoir comblé de richesses ses indignes créatures, elle finit ses jours dans l'exil, misérable, ayant à peine de quoi apaiser sa faim et de quoi se vêtir. Les jeux du sort sont parfois terribles.

Ces idées me préoccupaient lorsque je visitai le Luxembourg, ses terrasses et ses pavillons. Les appartements n'ont rien de remarquable si ce n'est la *galerie de Rubens*, vingt-quatre grands tableaux qui représentent Henri IV et la reine Marie entourés de figures allégoriques. C'est toujours ce même

---

[1]. Plus tard le roi Louis XVIII.

couple que l'on a devant les yeux ; mais que de variété dans les détails ! Marie au moment de ses couches est le chef-d'œuvre de Rubens. Les traces profondes de la souffrance, les joies de la maternité, et l'idée que ce moment suprême va combler les vœux de la France en lui donnant un Dauphin, la tendre expression de l'épouse qui semble dire au Roi : « Je vis ! nous avons un fils ! » tout cela est admirablement rendu. On s'aperçoit que le principal sujet du tableau... c'est la Reine ; elle est partout sur le premier plan : Henri n'y est que *pour elle.* Faut-il s'en étonner ? C'est d'elle que Rubens reçut ses commandes après la mort de Henri, et ce peintre adulateur a fait pour cette Reine plus que n'importe quel poëte ou quel historien : il a su lui gagner les cœurs par son art ; il me fait aimer Marie.

Parmi les figures allégoriques on remarque un joli visage de femme souvent répété. Le jeune artiste qui me servait de guide me dit : « C'est bien simple ; cette belle figure est Hélène Forman, la femme du peintre, qu'il aimait tendrement et dont il ne pouvait s'empêcher de placer l'image partout. » J'aime ceux qui savent aimer, et Rubens m'inspire par là une estime particulière.

Le jardin du Luxembourg a été jadis le lieu de promenade favorite des gens de lettres, qui aimaient à venir méditer dans ses allées ombragées. C'est là que Mably a souvent causé avec Condillac; c'est là que Rousseau, dans ses tristesses, interrogea maintes fois son cœur éloquent; Voltaire, jeune encore, y chercha des rimes harmonieuses pour ses spirituelles boutades, et le sombre Crébillon y rêva aux forfaits des Atrides. Aujourd'hui, le jardin n'est plus ce qu'il était autrefois. Bien des allées ont disparu; beaucoup d'arbres sont morts ou ont été coupés. Quant à moi, je jouis encore de leurs beaux restes. Comme la rue Guénégaud, où je demeure, n'est pas très-éloignée de ce jardin, je vais quelquefois m'y promener ou lire sur un banc de gazon.

M. D., s'y trouvant l'autre jour avec moi, m'a conté un fait assez curieux. Le 8 juillet 1784, tout Paris était venu dans ce jardin du Luxembourg pour assister à un voyage aérien de l'abbé Miolan, annoncé par les journaux. On attend deux, trois heures, le ballon reste immobile. Le public demande : « A quand l'expérience ? » L'abbé répond : « Dans un instant ! » Mais la soirée était venue et le ballon n'avait pas bougé. Le peuple exaspéré se précipita sur l'aérostat et le mit en pièces. L'abbé se sauva comme il put. Le lendemain, au Palais-Royal et à tous les coins de rue, on voyait des hommes qui criaient : « Voilà l'histoire du fameux voyage heureusement accompli par le célèbre abbé Miolan... un sou ! » En conséquence l'abbé mourut de mort civile, c'est-à-dire qu'il n'osa plus se montrer nulle part. Cette histoire si risible devait avoir son complément, qui ne l'est pas moins. Peu de temps après la catastrophe de Miolan, M. D. était allé à l'Opéra voir un nouveau ballet. Il y avait au parterre, devant lui, un homme de grande taille, qui se tenait debout et qui l'empêchait de voir. On avait beau le prier de se mettre un peu de côté, le géant, immobile, regardait, mais ne voulait pas que les autres pussent regarder à leur tour. Un jeune avocat qui se trouvait à côté de M. D. lui dit : « Voulez-vous que je fasse démarrer ce grand abbé ? — Ah ! de grâce, si vous le pouvez. — Vous allez voir. » Et aussitôt, se penchant vers ceux qui l'entouraient, il leur souffla ces mots : « C'est l'abbé Miolan, celui qui a trompé le public ! » Dix voix répétèrent : « C'est l'abbé Miolan ! » A l'instant tout le parterre cria : « Voilà l'abbé Miolan ! » et tout le monde montrait du doigt l'homme de grande taille, qui, surpris, vexé, désespéré, s'escrimait à droite et à gauche, disant : « Messieurs, je ne suis pas l'abbé Miolan ! » Bientôt il n'y eut plus, même dans les loges, qu'une voix : « C'est l'abbé Miolan ! » L'homme ainsi signalé n'était pas du tout Miolan, mais on le tenait pour tel, et il fut obligé de quitter la salle au plus vite. M. D., qui n'en pouvait de rire, ne savait comment remercier le jeune avocat, son libérateur ; et pendant longtemps encore la voix du public, répétant toujours le même cri, couvrait celle de l'orchestre.

On regarde le Palais-Royal comme le cœur, l'âme, le cerveau de Paris. C'est une création de Richelieu, qui en fit présent à Louis XIII. Le nom de *Palais-Cardinal,* qu'il porta d'abord, donna lieu à beaucoup de critiques et de débats. On trouvait ce nom insolent, absurde; on prétendit même qu'il n'était pas français. D'autres prirent le parti de Richelieu; on en appela au jugement du public, et l'arbitre des *élégances* de la langue française, Balzac, joua un rôle éminent dans cette controverse. La reine Anne d'Autriche y mit un terme en faisant effacer « cardinal » et mettre « royal ».

Louis XIV fut élevé dans le Palais-Royal, qu'il céda ensuite au duc d'Orléans. La famille d'Orléans n'occupe qu'une partie du bel étage. Tout le reste est consacré aux plaisirs du public ou à la spéculation. Là sont les spectacles, les clubs, les salles de concert, les magasins, les cafés, les appartements loués à de riches étrangers; là habitent les nymphes de premier ordre, là se nichent les courtisanes de la pire condition. Tout ce qu'on chercherait à Paris on le trouve au Palais-Royal. Voulez-vous un habit à la mode : allez au Palais-Royal; désirez-vous que vos appartements soient élégamment meublés en quelques instants : allez au Palais-Royal; avez-vous besoin de beaux tableaux, richement encadrés, allez au Palais-Royal. Bijoux, vaisselle d'or et d'argent, nouveautés, etc., on y peut tout avoir pour de l'argent. Dites un seul mot, et votre cabinet se garnira aussitôt de productions de l'esprit en toutes les langues, dans de belles armoires. Bref, on viendrait au Palais-Royal dans l'état primitif d'un sauvage du Canada, qu'au bout de quelques heures on pourrait être parfaitement mis, avoir une maison montée, des équipages, des domestiques, vingt plats sur sa table, et même une jolie figure de femme souriant d'aise et d'amour si l'on veut. On trouve ici réunis tous les remèdes contre l'ennui, et à la fois tout ce qui peut empoisonner la santé du corps et de l'âme, tous les moyens de soutirer l'argent à ceux qui en ont et de faire pâtir ceux qui n'en ont pas, toutes les ressources possibles pour mettre son temps à profit ou pour le tuer de la façon la plus impitoyable. On pourrait passer sa vie, la vie la plus longue, au Palais-Royal dans un enchantement perpétuel, et se dire en mourant : « J'ai tout vu, j'ai tout connu. »

Dans l'intérieur du château se trouve un jardin nouvellement planté. Quoique très-bien dessiné, ce jardin ne peut faire oublier aux Parisiens l'épais feuillage des arbres séculaires que le duc a cruellement fait abattre. « Maintenant, disent les mécontents, les allées sont à jour, et le plus petit oiseau ne saurait y trouver un abri. Autrefois, quelle différence! Au mois de juillet, dans les plus chaudes journées, nous avions ici de la fraîcheur comme au fond de la forêt la plus épaisse. Le fameux *arbre de Cracovie* s'élevait comme un roi au-dessus de tous les autres arbres. A son ombre, nos vieux politiques, réunis en cercle autour d'une coupe de limonade, se communiquaient réciproquement les secrets d'État, leurs profondes connaissances, leurs spirituelles conjectures. Les jeunes gens venaient écouter leurs arrêts, pour mander ensuite en province : « Tel roi déclarera bientôt la guerre à tel autre; c'est certain, car nous l'avons entendu dire sous l'arbre de Cracovie. » Celui qui n'a pas épargné cet arbre n'a rien de sacré au monde. Le nom du duc d'Orléans figurera à côté de celui d'Érostrate. Il est le génie incarné de la destruction ! »

Le nouveau jardin n'est pourtant pas sans charmes. Les pavillons verts autour du bassin et le temple de tilleuls plaisent à l'œil. Mais ce qu'il y a de plus curieux, c'est le Cirque, formant un carré allongé : il occupe le centre du jardin et est orné de colonnes ioniennes et de verdure, au milieu de laquelle apparaissent les blanches statues des grands hommes de la France. Vu de dehors, ce Cirque semble être un pavillon assez bas avec des portiques. Entrez, et vous verrez sous vos pieds des salles splendides, des galeries, un manége, vous pourrez y descendre et vous croire chez le roi des gnomes, dans un immense souterrain, éclairé d'en haut par de grandes croisées; des miroirs y réfléchissent d'une manière fantastique tous les objets que l'on a devant soi. On donne chaque soir, dans ces salles, des concerts ou des bals. Toutes les dames qui y vont sont charmantes et de bonne composition : quelle que soit la richesse de leur toilette, on peut les accoster librement et plaisanter avec elles sans qu'elles s'en formalisent; toutes jouent à merveille le rôle de grandes dames. C'est là aussi que les meilleurs maîtres d'armes de Paris font montre de leur art, et j'ai souvent admiré leur dextérité.

Un passage dérobé conduit des appartements du duc dans le manége : c'est une large voie qu'on peut parcourir à cheval et même en calèche. Une belle terrasse, émaillée de fleurs et plantée d'arbres, forme le toit de cet édifice et rappelle les antiques jardins de Babylone...

Les appartements occupés par la famille d'Orléans sont richement décorés. On y voit une collection de tableaux rares, un cabinet d'histoire naturelle, une salle d'antiques, de camées, de machines de toute sorte.

C'en est assez pour aujourd'hui : trêve d'histoire, et bonne nuit, mes amis !

LXXX.

Paris, le .. juin.

J'ai reçu de Mᵐᵉ N. un billet conçu en ces termes : « Ma sœur, la comtesse D., que vous avez vue chez moi, désire avoir des données certaines sur votre pays. Les circonstances où nous sommes sont telles que chacun doit songer à se créer un refuge ou une seconde patrie. Veuillez donc faire réponse aux questions ci-jointes : vous obligerez par là... » etc.

Il y avait en effet sur une grande feuille de papier plusieurs questions et de l'espace laissé en blanc pour les réponses. Ces questions et ces réponses, les voici : vous allez rire.

« Une personne d'une santé délicate pourrait-elle supporter les rigueurs de votre climat?

— En Russie on souffre moins du froid qu'en Provence. Dans nos appartements chauffés, avec nos bonnes pelisses, nous nous moquons des plus fortes gelées. En décembre et en janvier, alors qu'en France le ciel est couvert de nuages et que la pluie tombe par torrents, nos dames glissent en traîneau sur une nappe de neige brillante, et les roses fleurissent sur leurs blanches joues. Rien ne fait mieux ressortir leur beauté native, et il n'en est pas une qui, en rentrant chez elle, ne fasse songer à Flore, la déesse aux fraîches couleurs.

— Quelle saison de l'année est la plus agréable chez vous ?

— Toutes les quatre ; mais nulle part le printemps n'a autant de charme qu'en Russie. Le linceul blanc de l'hiver finit par fatiguer la vue ; l'âme aspire à un changement, et tout à coup la voix sonore de l'alouette retentit dans les airs ; le soleil de ses rayons ardents fait fondre les neiges accumulées ; l'eau murmure en descendant du haut des collines, et le laboureur s'écrie joyeusement comme le marin : « Terre ! terre ! » Les fleuves brisent les glaces qui les enchaînent, et franchissent audacieusement leurs limites ; chaque ruisseau alors paraît être un fils de l'Océan. Les prés décolorés, imprégnés d'un fluide qui les fertilise, se couvrent d'un tendre duvet de gazon et de fleurs. Les bois de bouleaux verdissent les premiers ; après eux les forêts épaisses de tilleuls et de chênes se revêtent de feuilles, aux chants joyeux des oiseaux, et le zéphir porte au loin l'arome du lilas en fleurs. Bref, le printemps chez nous descend du ciel si soudainement que l'œil ne peut suivre ses vives évolutions ; la nature a l'impétuosité de la jeunesse, et sa beauté éclate avec splendeur à son réveil. Ce qui demande chez vous plusieurs semaines pour mûrir, atteint chez nous en quelques jours le plus haut degré de perfection végétative. Vos prairies jaunissent au milieu de l'été; les nôtres sont vertes jusqu'à l'entrée de l'hiver. Quand vient l'automne, nous nous empressons de jouir de ses attraits ; car la belle nature est alors pour nous comme un ami qui va nous quitter pour longtemps, et notre sollicitude n'en est que plus vive. L'hiver venu, on se transporte à la ville, où l'on retrouve ses amis et la société.

— Quels sont les plaisirs que l'on goûte dans vos sociétés ?

— Les mêmes qu'ailleurs : les bals, les spectacles, les soupers, les jeux, et l'amabilité de votre sexe.

— Aime-t-on les étrangers en Russie ? Y sont-ils bien reçus ?

— L'hospitalité est la vertu principale des Russes. D'ailleurs, nous savons gré aux étrangers de leur civilisation, des idées utiles et des impressions agréables dont nous sommes redevables à leur initiative et qui étaient inconnues à nos pères.

— Les femmes sont-elles bien traitées ?

— La femme est reine chez nous. *Gloire et amour,* telle est la devise de nos preux chevaliers. »

Devinez, mes amis, la dernière question.

« Y a-t-il beaucoup de gibier en Russie ? »

demande mon mari, grand chasseur, ajoute la comtesse.

J'ai répondu de façon que M. le comte n'ait rien de plus pressé que de s'écrier : « Mon fusil ! des chevaux ! partons. » En un mot, si vous ne voyez pas bientôt arriver chez vous l'heureux couple fuyant une patrie en feu, ce ne sera certes pas de ma faute.

LXXXI.

Ermenonville.

Ermenonville est un village à neuf ou dix lieues de Paris. C'est là que J. J. Rousseau termina sa vie orageuse ; c'est là que sa dépouille mortelle repose en paix, une paix que ne troublent point des pèlerins débonnaires venant de tous côtés voir sa tombe et rêver sur les lieux mêmes qui reçurent son dernier soupir.

Le pays où se trouve Ermenonville était anciennement une contrée sauvage, couverte de bois, de marécages, de sables arides. Un homme très-riche et d'un goût exquis (M. de Girardin), ayant acquis cette propriété, en fit une espèce de jardin anglais, un délicieux paysage, une merveille.

Le château du propriétaire est resté tel qu'il

était avant l'acquisition du lieu; il est lourd, massif, et n'a rien de remarquable. Mais sa situation est des plus pittoresques. Une vallée riante, une rivière formant un bassin irrégulier devant le château, des îles, des bosquets, des grottes et des cascades, justifient bien cette inscription :

> Ici l'aimable nature,
> Dans sa douce simplicité,
> Est la touchante peinture
> D'une tranquille liberté.

Voici d'abord deux arbres avec leurs branches entrelacées et ces mots sur une tablette : *Omnia junxit amor.* « L'amour est le lien universel. » Près de là, un siége à bras fait par Rousseau, qui aimait à s'y reposer. On aperçoit alentour, suspendus aux arbres, des emblèmes de la vie pastorale, des chalumeaux, des houlettes, des couronnes de fleurs, et aux bords d'un bassin une pyramide, sur les quatre faces de laquelle sont gravés les noms des poëtes bucoliques Théocrite, Virgile, Gessner et Thomson.

On voit ensuite sur une éminence le *Temple de la philosophie moderne.* Il est inachevé; les matériaux sont réunis, mais les préjugés s'opposent à ce que sa construction soit menée à bonne fin. Sur les six colonnes qui le soutiennent, on lit les noms des principaux architectes qui y ont mis la main, avec une légende qui indique l'objet spécial de leurs travaux, de la façon suivante :

Newton — *lucem*, la lumière.

Descartes — *nil in rebus inane*, il n'y a point de vide dans la nature.

Voltaire — *ridiculum*, le ridicule.

W. Penn — *humanitatem*, l'humanité.

Montesquieu — *justitiam*, la justice.

Rousseau — *naturam*, la nature.

Une septième colonne brisée porte : *Quis hoc perficiet?* « Qui l'achèvera ? » Sur l'entrée du temple cette inscription : *Rerum cognoscere causas*, « Connaître les principes des choses. » Dans l'intérieur un quatrain latin annonce que ce temple est consacré à la mémoire de l'homme « qui n'a rien laissé à dire », à Michel Montaigne. — Les visiteurs ont formulé des réponses à la question *qui l'achèvera?* Les uns prétendent que l'homme n'atteindra jamais à la perfection en quoi que ce soit; d'autres espèrent que la raison aidée de l'expérience parviendra enfin à faire régner la vérité ici-bas.

On découvre de cette éminence une plaine délicieuse : des filets d'eau, claire comme du cristal, de vertes prairies, des bois agréablement nuancés, le jeu continuellement changeant de l'ombre et de la lumière.

En suivant le cours d'un ruisseau, dont le murmure a quelque chose de mystérieux, on traverse des grottes taillées dans le roc, et l'on arrive à un petit autel de pierre brute, sur lequel on lit : « A la Rêverie. » Plus loin, dans le lieu le plus sombre de la vallée, des vers latins sur une pierre moussue indiquent que là sont déposés les ossements accidentellement découverts d'hommes morts victimes des guerres civiles et religieuses. *Tantum religio potuit suadere malorum !* « Tant le fanatisme inspire de fureurs et de crimes! »

D'autre part, sur une colline faisant face au Temple de la philosophie, est un ermitage ou une chapelle rustique avec ces mots sur la porte :

Au Créateur j'élève mon hommage,
En l'admirant dans son plus bel ouvrage.

On traverse le chemin (la route de Senlis), et l'on se trouve tout à coup au fond d'un *désert,* dont l'aspect sauvage saisit le cœur. Ce ne sont que sombres sapins, gorges profondes, rochers, sol aride. Mais c'est un désert semé de souvenirs. Voici une chaumière sur laquelle on lit : « Charbonnier est maître chez lui. » Voici encore la grotte qui porte le nom de Rousseau et cette inscription : « Celui-là est véritablement libre qui n'a pas besoin de mettre les bras d'un autre au bout des siens pour faire sa volonté. » A mesure qu'on avance, le désert devient moins sombre : on voit des pelouses vertes, de beaux genévriers, des vallons, des cascades, qui rappellent Meillerie, Clarens, et le nom de Julie inscrit sur les arbres et sur les rochers.

La rivière qui serpente dans la prairie côtoie des vergers et des maisonnettes rustiques. On aperçoit sur la rive opposée un édifice gothique : c'est la *Tour de Gabrielle*. On y va en bateau, et on lit sur l'entrée de la tour :

> En cette tour droit de péage
> La belle Gabrielle avoit :
> C'est de tout temps qu'ici l'on doit
> A la beauté foi et hommage.

La forme de l'architecture, le goût et la disposition de l'ameublement rappellent ces temps éloignés où les hommes étaient moins habiles dans le décor de leurs habitations que sincères dans leur amour pour la gloire et pour la beauté. C'est ici, dans ce salon ovale, où l'on ne voit que deux siéges, que le roi chevalier s'entretenait avec sa belle amante, et c'est ici qu'il a composé sa chanson si connue :

> Charmante Gabrielle,
> Percé de mille dards,
> Quand la gloire m'appelle,
> Je vole au champ de Mars.
> Cruelle départie !
> Malheureux jour !
> C'est trop peu d'une vie
> Pour tant d'amour.

Les murs sont couverts de ces mots : « Charmante Gabrielle ! » mille fois répétés. On a parodié agréablement l'air de cette jolie chanson. Voici une de ces parodies :

> Ici de Gabrielle
> Fut l'aimable séjour ;
> Ici l'on vit près d'elle
> Mars vaincu par l'Amour.
> Au nom de cette belle
> Sois attendri,
> Français ! Il nous rappelle
> Le bon Henri.

On remarque non loin du château une maisonnette que M. de Girardin avait fait bâtir expressément pour Rousseau, mais qui ne fut achevée qu'après sa mort : il y a à côté un petit jardin, un pré où coule un ruisseau, sur lequel est jeté un pont léger, et un autel : « A l'Amitié, le baume de la vie. »

Rousseau n'a pas joui longtemps de l'amitié que lui prodigua le maître d'Ermenonville. Arrivé ici le 20 mai, il mourut le 2 juillet. Ce temps si court, il le marqua par une tenue irréprochable, par la simplicité de ses goûts, par ses manières sympathiques et par l'abandon avec lequel il aimait à s'entretenir avec les villageois, à jouer avec leurs enfants, à donner tout ce qu'il possédait. La veille de sa mort, il est encore allé herboriser dans la forêt. Le 2 juillet, à sept heures du matin, se sentant très-mal, il pria Thérèse d'ouvrir la fenêtre, contempla avec délice la fraîche verdure des prés, s'écria : « Que la nature est belle! » et tomba pour ne plus se relever. Homme incomparable, misanthrope plein d'amour, enfant jusqu'à son dernier souffle; malheureux dans la société des hommes, mais retrouvant la félicité au sein de la nature et de son créateur!

Il repose au milieu d'une jolie petite île appelée l'*Ile des Peupliers*, parce qu'elle est ombragée de ces beaux et grands arbres. On y passe en bateau, et le batelier raconte, pendant la traversée, comment Jean-Jacques a vécu dans ce village; comment un barbier d'Ermenonville a acheté sa canne et ne s'en déferait pas pour cent écus; comment la femme du meunier ne permet à personne de s'asseoir sur la chaise où s'assit Rousseau; comment le maître d'école garde encore deux de ses plumes; comment Rousseau allait toujours pensif et d'un pas inégal, mais saluant tout le monde d'un air affable. On est attiré par ces récits; on voudrait en même temps lire les nombreuses inscriptions qu'on voit sur le rivage, et l'on est impatient d'aborder dans l'île pour voir le tombeau de Jean-Jacques.

Là sous ces peupliers, dans ce simple tombeau
Qu'entourent ces ondes paisibles,

Sont les restes mortels de Jean-Jacques Rousseau :
Mais c'est dans tous les cœurs sensibles
Que cet homme si bon, qui fut tout sentiment,
De son âme a fondé l'éternel monument[1].

Toute tombe a par elle-même quelque chose de sacré : l'ombre qui l'habite semble dire par son silence : « Ce que tu es, je le fus ; tu seras ce que je suis. » Et dès lors, combien devait être plus intéressant pour moi le tombeau de celui à qui je dois les inspirations les plus sublimes et les moments les plus délicieux de ma vie !

Le monument est en marbre et a la forme d'un autel des anciens. On lit sur une de ses faces : « Ici repose l'homme de la nature, Jean-Jacques Rousseau, né à Genève le 4 juillet 1712, mort à Ermenonville le 2 juillet 1778 ; il fut inhumé le 4 juillet dans l'Ile des Peupliers. » Et sur la face opposée : *Hic jacent ossa Jean-Jacques Rousseau.*

---

1. Cette espèce d'épitaphe, que nous reproduisons d'après un autre voyageur, était écrite sur une pierre couverte de mousse et de ronces. Au lieu de copier ces vers un peu ternes et diffus, l'auteur a mis dans sa lettre un quatrain russe, que l'on pourrait traduire ainsi :

De frêles peupliers, au fond d'une île obscure,
Végètent sur ta tombe, ô sage généreux ;
Mais l'homme émancipé, mais l'enfant plus heureux
Grâces à toi, du Temps te font braver l'injure.

On voit un bas-relief représentant une femme qui tient un livre, sans doute un volume d'*Émile*, et qui allaite son enfant; d'autres enfants plus loin s'amusent à des jeux innocents. Dans un verger, au bord du lac, il y a le *banc des mères*.

C'est avec une peine mêlée de dégoût qu'on apprend ici les ignominies auxquelles se laissent aller les ennemis de Rousseau, qui, non contents de l'avoir persécuté pendant sa vie, viennent encore l'insulter après sa mort, griffonnent des propos orduriers sur sa tombe, y jettent de la boue, brisent et endommagent tout autour ce qui leur tombe sous la main. C'est à un tel point que M. de Girardin a été obligé de faire surveiller les visiteurs.

D'autre part, Rousseau a des admirateurs et de chauds partisans dont quelques-uns se lancent dans l'extrême opposé. On dit qu'un jeune Français s'étant mis dans la tête de prêcher sa doctrine en Asie, a rédigé pour les Arabes un catéchisme qui commence ainsi : « Qu'est-ce que la vérité? Dieu. — Quel est son vrai prophète? Jean-Jacques Rousseau, » etc. Le consul de France à Bassora atteste l'y avoir vu en 1780. Rousseau n'avait pas de telles prétentions. Je pense que, s'il eût vécu, l'encens exagéré que certains orateurs lui prodiguent aujourd'hui ne l'aurait pas flatté du tout : bon et sensible comme il l'était, je ne doute pas qu'il n'eût ouvertement désavoué la Révolution.

LXXXII.

Paris, le .. juin 1790.

Que vous dirai-je de l'Assemblée nationale, qui occupe en ce moment tous les esprits ? J'y suis allé une première fois à une séance du soir. Ayant voulu entrer par la grande porte réservée aux membres de l'Assemblée, j'en fus empêché par le factionnaire ; je me trouvais dans l'embarras, lorsqu'un homme en habit noir, plutôt laid que beau, me prenant par le bras, dit : « Allons, monsieur, allons ! » et me fit entrer dans la salle. Elle est grande ; il y a une table pour le président et deux autres, à côté, pour les secrétaires ; la tribune est en face, des bancs en amphithéâtre, des loges pour le public.

J'étais là au milieu d'une foule de gens en redingote bourgeoise et d'une tenue assez négligée. On parlait haut, on riait aux éclats, et cela dura ainsi près d'une heure. Enfin le même personnage qui m'avait fait entrer, — c'était Rabaut de Saint-Étienne, — s'approcha de la table du président, prit la sonnette, l'agita, et aussitôt, aux cris *en place ! en place !* chacun courut s'asseoir. Je demeurai seul au milieu de la salle, et me ravisant un peu, je m'assis sur un banc comme les autres. Un huissier vint me dire : « Vous ne pouvez pas rester ici. » Je passai sur un banc voisin. En ce moment, un membre, M. André, lisait un rapport sur un fait militaire[1]. On l'écoutait avec la plus grande attention ; moi aussi j'écoutais, mais cela ne dura pas longtemps, car mon persécuteur s'approchant de nouveau : « Monsieur, me dit-il, vous ignorez sans doute qu'il n'y a ici que des membres de l'Assemblée. — Où voulez-vous que j'aille, monsieur ? — Allez dans les loges. — Et s'il n'y a pas de place dans les loges? — Allez chez vous ou ailleurs. » Je sortis.

Une autre fois je suis resté dans la loge plusieurs heures de suite, et j'assistai à une séance des plus orageuses. Les députés du clergé proposaient de décréter que la religion catholique est et demeurera toujours la religion de l'État et que son culte sera le seul autorisé. Leur motion rencontra une forte opposition[2]. Le lendemain, Mirabeau, prenant la parole sur cette question, s'écria avec véhémence : « N'oubliez pas que d'ici, de cette tribune où je parle, on aperçoit la fenêtre d'où la main d'un monarque français tira l'arquebuse qui fut le

---

1. Ce détail et la présidence de Rabaut de Saint-Étienne qui occupa le fauteuil pour la dernière fois, à cette époque, le 27 mars, nous font croire qu'il faut reporter à ce jour la première visite de l'auteur à l'Assemblée.
2. Séance du 12 avril 1790.

signal de la Saint-Barthélemy. » L'abbé Maury répliqua à l'orateur et dit tout haut : « Mensonge ! on ne la voit pas d'ici, cette fenêtre. » Toute l'assistance éclata de rire. Cela me paraît peu convenable. En général, les séances de l'Assemblée n'ont rien d'imposant ni de solennel. Mais les orateurs parlent bien ; Mirabeau et Maury sont continuellement aux prises, comme Hector et Achille.

Après la discussion dont je viens de vous dire un mot, on vit paraître dans tous les magasins des tabatières *à l'abbé Maury :* on n'a qu'à presser le couvercle, il en sort aussitôt une figurine d'abbé. Voilà les Français ! une invention plaisante à propos du moindre incident.

Le soir du jour où l'Assemblée décréta l'émission des assignats[1], je me trouvais au spectacle. On donnait un vaudeville[2]. Au deuxième acte, l'acteur qui représentait un rôle de savetier improvisa des couplets composés pour la circonstance, avec ce refrain :

> L'argent caché ressortira
> Par le moyen des assignats.

Le public, transporté de joie, fit répéter plus de

---

1. Le 16 avril 1790.
2. On trouve sur les affiches de ce jour *l'Artisan philosophe,* vaudeville, représenté sur le théâtre de l'Ambigu comique.

dix fois « l'argent caché ressortira ». On croyait déjà voir des montagnes d'or et d'argent à ses pieds[1].

LXXXIII.

Paris, le .. juin 1790.

Vous rappelez-vous ce que Yorick dit au comte de B. touchant le caractère des Français : « Ils sont trop sérieux. » Le comte en fut surpris, mais la conversation ayant été interrompue, le plaisant Yorick ne put développer sa pensée. N'est-ce pas en parlant des Athéniens qu'on a dit qu'ils traitaient les affaires d'État comme des bagatelles, et les bagatelles comme des affaires d'État? Eh bien, ceci peut s'appliquer aux Français, qui du reste ne détestent pas qu'on les compare aux Athéniens. Songez aux vives controverses sur les anciens et les modernes ; songez aux disputes des gluckistes, des piccinistes, des mesmeristes, etc., disputes qui ont mis en émoi la cour et la ville, et vous conviendrez qu'au fond l'opinion de Yorick n'est pas

[1]. Les législateurs partageaient l'illusion du public, et c'est pour cela qu'ils décrétèrent des assignats portant un intérêt de trois pour cent. Mais on vit bientôt ces titres traités d'*impayables* par les railleurs.

un paradoxe. Mais, différents en cela de ces vieux shillings, « qui, à force d'être polis, n'ont plus d'empreinte, » les Français ont un caractère à eux, et en ont même plus que beaucoup d'autres peuples. C'est là une thèse que j'ai soutenue devant Mme N.; c'est ce que je lui ai dit dans une lettre, dont voici la traduction en abrégé :

« *Le feu, l'air* — tel est en deux mots le caractère des Français. Je ne connais pas de nation plus ardente et plus éventée que la vôtre; j'ajoute et plus aimable. On dirait que vous avez *inventé* la société, ou que la société a été inventée pour vous, tant la politesse et l'art de vivre avec les hommes semblent être innés au Français. Personne ne possède comme lui le talent de captiver les cœurs par un bon sourire, par un regard prévenant. Un Anglais, un Allemand auraient beau s'étudier des heures entières devant une glace pour imiter ces airs qui vous sont particuliers. Ce ne serait en tout cas qu'une affectation insipide ou qu'une grimace.

« Je veux vivre et mourir dans ma chère patrie ; mais après la Russie je ne connais pas de pays plus agréable que la France, où un étranger s'oublie, et parfois se croit parmi les siens. On prétend qu'il est difficile de trouver ici des amis sincères et fidèles. Des amis ? Ah! ils sont rares partout, et un étranger n'en peut espérer dans quelque pays que ce soit, car il n'est lui-même qu'une comète qui paraît et disparaît aussitôt. L'amitié est un besoin permanent de la vie : on veut être sûr de celui à qui on livre son cœur. Mais tout ce que je suis en droit de demander aux hommes, le Français me l'offre de bonne grâce. La légèreté, l'inconstance s'allient chez lui à des qualités qui tiennent à ces mêmes défauts. Le Français est inconstant, mais il n'est pas non plus rancunier; faire de l'admiration l'ennuie, haïr trop longtemps lui est insupportable. L'étourderie le pousse à abandonner ce qui est bien pour courir après le mal; mais il revient facilement de son erreur, il rit de lui-même, et quelquefois pleure sur ses travers. Une aimable inconséquence et une franche gaieté sont les compagnes inséparables de sa vie. De même que l'Anglais se réjouit de la découverte d'une nouvelle île, le Français s'applaudit d'un nouveau calembour. Sensible à l'extrême, il devient passionnément amoureux de la vérité, de la gloire, des grandes actions. Mais les amoureux sont infidèles ! Aussi ses accès de colère et de frénésie sont terribles : la Révolution en est une preuve foudroyante. Quel malheur, si cet affreux bouleversement politique doit avoir pour conséquence d'altérer le caractère aimable, enjoué et spirituel de cette nation ! »

Si vous trouvez que le portrait est un peu

flatté, pardonnez-moi, mes chers amis. Il a été fait pour une dame, pour une Française, qui n'eût pas manqué de m'accabler de son courroux, moi, « le barbare du Nord, » si j'avais été trop sobre d'éloges ou trop avare de compliments.

LXXXIV.

Je t'ai quitté, cher Paris, je t'ai quitté à regret et plein de bons sentiments pour toi ! Au milieu de tes agitations, j'ai vécu comme un citoyen de l'univers tranquille et content ; j'ai vu tes tempêtes sans en être épouvanté. Ni tes jacobins, ni tes aristocrates ne m'ont causé aucun dommage. J'ai assisté aux discussions, sans me mêler aux discordes ; j'ai rassasié mes yeux et mes oreilles de tes beautés et de tes splendeurs, soit dans les temples où l'art a semé ses prodiges, soit dans ces réunions savantes et littéraires où l'esprit brille et illumine les esprits. Je n'ai pu, sans doute, profiter de tout ce que tu m'offrais d'utile, ni me rendre bien compte de toutes mes impressions ; mais j'emporte dans mon âme quelques nouvelles idées, un trésor d'expérience et d'émouvants souvenirs : cela me suffit. Peut-être te reverrai-je encore une fois dans ma vie ! Je pourrai alors comparer le présent au passé, quand l'âge et le commerce du monde auront mûri mon esprit ou amorti la sensibilité de mon cœur. Combien j'aimerais gravir de nouveau le mont Valérien, d'où mon regard embrassa naguère tes alentours pittoresques! Qu'il me serait doux de me reposer un jour dans les ombrages du bois de Boulogne, où j'ai relu Mably et médité sur les vicissitudes de l'histoire! Peut-être serai-je alors plus capable de comprendre ce qu'elle a de mystérieux pour moi, et de vouer un amour plus vif et plus profond à l'humanité; ou bien, fermant pour toujours ses annales, peut-être cesserai-je de me préoccuper de ses destinées.

Adieu donc, cher Paris! et à toi aussi, aimable W., un dernier adieu! Nés sous d'autres cieux, la conformité de nos goûts nous rapprocha et une douce habitude nous fit passer ensemble trois mois délicieux. Je songe à ces agréables soirées où nous lisions en tête-à-tête les œuvres inspirées de Schiller, ton camarade d'école et ton ami; d'autres fois, nous nous laissions aller à nos propres impressions, devisant sur le monde et les hommes, faisant de la philosophie ou analysant quelque nouvelle comédie. Je n'oublierai jamais nos promenades, nos dîners à la campagne, nos diverses aventures, et je conserverai religieusement la lettre si sympathique que tu m'écrivis dans mon cabinet une heure avant notre séparation. J'ai fréquenté avec plaisir, à Paris, quelques-uns de mes compatriotes ; mais toi et Becker, je n'ai pu vous quitter sans douleur. Il me reste l'espérance qu'un jour, peut-être, nous nous reverrons dans ton pays ou dans le mien, dans d'autres conditions sans doute, mais toujours les mêmes quant au cœur et à l'amitié[1].

Et vous, mes amis de Russie, n'en soyez pas jaloux et ne me taxez pas d'infidélité envers vous parce que j'ai eu le bonheur de trouver en pays étranger un compagnon aimable et fidèle ! Cela a été pour moi un véritable bienfait du sort dans mes pérégrinations et mon isolement ; car on a beau voir tous les jours quelque chose de nouveau et d'intéressant, on ne le goûte qu'à moitié si l'on n'a personne pour communiquer les sensations qu'on éprouve.

1. Après dix ans de silence absolu, je reçus (à Moscou) une lettre de lui, datée de Saint-Pétersbourg, où il était venu avec une mission importante de son gouvernement. Je ne puis me refuser le plaisir de citer quelques passages de cette lettre : « Je vous supplie, mon cher ami, de me répondre le plus tôt possible, pour que je sache que vous vous portez bien et que je peux toujours me compter parmi vos amis. Vous n'avez pas d'idée combien le souvenir de notre séjour de Paris a de charmes pour moi. Tout a changé depuis, mais l'amitié que je vous ai vouée alors est toujours la même ; je me flatte aussi que vous ne m'avez pas entièrement oublié. J'aime à croire que nous nous entendons toujours à demi-mot, etc. » Il a épousé une jeune et char-

En définitive, je puis vous dire qu'à part les moments de mélancolie que vous me connaissez, je n'ai eu à Paris que des impressions douces et agréables. Passer dans les plaisirs près de quatre mois, n'est-ce pas, comme dit un docteur anglais, escamoter à l'aveugle fortune un assez joli présent?

Tous mes compatriotes sont venus m'accompagner jusqu'au bureau de la diligence : Becker et le baron de W. aussi. Là, nous nous sommes cordialement embrassés pour une dernière fois.

Nous voici déjà à huit lieues de Paris, à une station où l'on nous fait coucher. Mon imagination, toute au temps passé, n'a pas encore songé à l'avenir. Je vais en Angleterre, et je n'y ai pas même pensé.

LXXXV.

Haut-Buisson, 4 h. après midi.

Dans l'Ile-de-France les fruits sont déjà mûrs; en Picardie ils sont verts; aux environs de Boulogne tout est encore en fleurs. Le changement de

mante femme connue en Allemagne pour son esprit et ses talents. Un roman qu'elle a fait paraître sous le voile de l'anonyme a longtemps passé pour être l'ouvrage de Gœthe. *(Note de l'auteur.)*

climat saute aux yeux, et l'idée que je m'éloigne sans cesse des régions fortunées du Midi m'afflige profondément. La nature s'appauvrit à mesure que nous avançons vers le Nord.

En ce moment, assis au pied d'un marronnier, à quelques pas de la maison de poste, je vois à travers les champs et les prairies la mer bleue dans le lointain, et la ville de Calais entourée de sables et de marécages.

Quelle étrange sensation! Il me semble que je suis arrivé au bout du monde : ici finit la terre et commence l'Océan; la nature étiolée se meurt, et mes larmes coulent en abondance.

Tout est calme et triste autour de moi. Mes compagnons de voyage, étendus sur l'herbe près de la voiture, gardent un morne silence. Les postillons amènent les chevaux de relais. On n'entend que le sifflement monotone du vent qui agite le feuillage des arbres au-dessus de nos têtes.

Tout est prêt : on appelle pour monter en voiture. Dans une heure nous serons à Calais.

LXXXVI.

Calais.

On nous a descendus à l'hôtel de la poste. J'allai aussitôt chez M. Dessein, dont l'hôtellerie est la meilleure de la ville. Arrivé à la porte, je m'arrêtai tout court, regardant à droite et à gauche.

« Vous désirez quelque chose? me demanda un jeune officier en uniforme bleu.

— Je voudrais voir la chambre qu'a habitée Laurent Sterne [1].

— Et où il a mangé une soupe française?

— Une fricassée de poulets.

— Et où il a vanté la race des Bourbons?

— Où il a senti sa joue se colorer d'une carnation singulièrement délicate.

— Où le plus pesant des métaux lui parut plus léger qu'une plume dans sa main?

[1]. Laurent Sterne, célèbre écrivain anglais. Devenu curé de campagne sans en avoir la vocation, il créa un genre de prédication originale, persuasive, malgré ses bizarreries. Il s'est fait connaître par ses sermons et par ses romans. Walter Scott a reproché à ceux-ci « leur indécence et leur affectation ». On ne pourrait faire tout au plus que ce dernier reproche au *Voyage sentimental d'Yorick*, dont il s'agit dans cette lettre. Sterne vint en France, en 1764, pour cause de santé, et c'est là qu'il conçut l'idée de ce petit livre, dont la grande vogue s'explique par la singularité du ton qui y règne, de cet *humour* anglais qu'on ne connaissait pas encore sur le continent : mélange de naïveté et d'ironie; alternative de philanthropie et de dédain pour les petites misères de l'humanité; aperçus ingénieux à propos de circonstances insignifiantes en elles-mêmes; analyse des sentiments du cœur les plus cachés et de sensations éminemment fugitives et imprévues. Ce livre a été traduit en russe comme en beaucoup d'autres langues. — *Yorick* est le nom du fou dans *Hamlet*.

— Où il vit entrer le père Lorenzo avec la douceur d'un saint homme.

— Et où il ne lui donna pas un sou?

— Mais où il eût souhaité payer vingt livres à un avocat pour qu'il se chargeât de disculper Yorick aux yeux d'Yorick.

— Monsieur, cette chambre est au second étage, en face. Elle est occupée en ce moment par une vieille Anglaise avec sa fille. »

Je regardai la fenêtre qu'il m'indiqua : j'y vis un pot de fleurs et une jeune femme tenant un livre à la main — le *Sentimental Journey,* pardieu !

« Bien obligé, monsieur, dis-je à l'officier. Permettez-moi cependant de vous demander encore...

— Où est la remise dans laquelle Yorick fit la connaissance de la charmante sœur du comte de L.?

— Où il se raccommoda avec le père Lorenzo et avec sa conscience.

— Où Yorick donna à celui-ci sa tabatière d'écaille en échange d'une boîte de corne?

— Qui bientôt lui devint plus chère qu'une boîte d'or ornée de diamants.

— Cette remise est à cinquante pas d'ici, monsieur, de l'autre côté de la rue, mais elle est fermée, et M. Dessein, qui en a la clef, est allé... à vêpres. » L'officier sourit, me salua et se retira.

« M. Dessein est au théâtre, dit un passant. — M. Dessein monte la garde, reprit un autre passant; on vient de le nommer caporal de la garde nationale. » — O Yorick ! m'écriai-je, comme tout est changé en France ! M. Dessein caporal ! M. Dessein en uniforme ! M. Dessein qui monte la garde ! Grand Dieu !

La ville n'est pas grande, mais très-peuplée, et les Anglais forment au moins la sixième partie de la population. Les maisons ne sont pour la plupart que de deux étages. On n'y voit point de luxe, à l'exception des hôtels où descendent les étrangers. Du reste, tout me paraît ici triste et mesquin. L'air est imprégné de vapeurs et d'émanations salines qui agacent les nerfs. Pour rien au monde je ne voudrais demeurer ici longtemps.

On nous a servi au souper d'excellent poisson et un plat d'écrevisses toutes fraîches. Il y avait à table une trentaine de personnes, entre autres plusieurs Anglais nouvellement débarqués et qui se proposent de parcourir toute l'Europe. Ils ont avec eux un Italien, grand bavard et grand poltron, parlant un jargon anglo-français et ne tarissant pas sur les dangers qu'il a courus sur mer en traversant le canal. Les Anglais se moquaient de lui et disaient qu'il était comme Ulysse, qui cherchait à effrayer le roi Alcinoüs par ses récits. Quant à eux, ils ne cessaient de demander du vin, criant à l'hôtelier : « Du meilleur ! du meilleur ! » et le cristal rosé du champagne s'en allait en écume dans leurs verres. C'était si beau à voir que votre modeste ami n'y tint pas, et se fit donner aussi, sans s'informer du prix, une bouteille *du meilleur!* En effet, c'était de bon vin. Un Allemand à grand nez, assis à côté de moi, faisait force citations tirées des anciens poëtes pour démontrer que ce vin avait toute l'apparence et le goût du nectar qui coulait des cornes sacrées d'Amalthée. « On vante partout la science des Allemands, dit un Anglais, et je n'en doute plus maintenant. Vraiment, monsieur, vous êtes savant comme tous les diables! » Le fils de la blonde Germanie sourit et me parut très-satisfait du compliment.

Je passai dans ma chambre, je me couchai et m'endormis. Mais au bout de quelque temps je fus réveillé en sursaut par le tapage que faisaient les Anglais dans la pièce à côté. Je patientai près d'une demi-heure, mais n'en pouvant plus, je sonnai le garçon et l'envoyai dire aux Bretons en bombance qu'ils n'étaient pas seuls à l'hôtel et que leurs voisins avaient besoin de calme et de repos. Ils murmurèrent quelques *goddam,* et finirent par se taire.

LXXXVII.

Calais, 10 h. du matin.

Ayant appris que notre paquebot ne quitterait pas le port avant onze heures, j'allai errer au hasard dans les environs. Je suivis un sentier qui me conduisit à un petit cimetière, entouré de hauts arbres. Cela me fit penser que je pouvais bien me trouver près de la tombe du père Lorenzo, sur laquelle Yorick versa un torrent de larmes, en tenant d'une main sa petite boîte de corne, et de l'autre arrachant quelques orties qui n'avaient que faire de croître dans ce lieu sacré. Père Lorenzo! ami Yorick! pensai-je, appuyé sur une pierre moussue. Où êtes-vous? je l'ignore; mais combien j'aimerais à être un jour avec vous!

Je voyais bleuir à mes pieds quelques fleurs; je les cueillis et les mis dans mon portefeuille. Vous les verrez un jour, mes amis, si ma traversée est heureuse....

LXXXVIII.

En paquebot.

Nous voilà déjà depuis trois heures en mer ! Les rives de la France ont disparu ; on voit au loin celles de l'Angleterre. Le vent est très-fort ; presque tous les voyageurs sont malades.

Il y a dans le nombre une famille anglaise, composée d'un jeune lord, de sa femme et de sa sœur, revenant d'un voyage en Italie. Mylord est froid, mais poli ; les dames sont très-aimables. Avec quelle impatience elles attendent le moment de leur retour au pays natal, où elles vont revoir leurs amis et leurs parents, après une absence de six mois ! Elles voudraient déjà être à Londres, pour goûter les plaisirs qu'elles espèrent y trouver. Ah ! j'enviai leur sort du fond de mon cœur. Elles virent ma sensibilité : ce fut un motif de rapprochement entre elles et moi. Mylady ressentit la première les atteintes du mal de mer ; puis vint le tour de mylord : on les descendit dans la cabine. Miss resta sur le pont ; mais elle ne tarda pas à être malade aussi. Elle devint pâle tout à coup ; le vent emporta son chapeau et fit flotter à son gré sa blonde chevelure. Je m'empressai de lui apporter un verre d'eau ; mais rien ne put la soulager. Pauvre demoiselle! Elle me disait avec un regard effaré : « Je suis mal, très-mal; Dieu! je vais mourir! » Il fallut la conduire dans la cabine des dames : ses mains étaient froides et tremblantes ; sa poitrine se gonflait ; de grosses larmes inondaient son visage. Je la portai presque sur mes bras. Quelle affreuse maladie! En voyant souffrir les autres, je me sentis également défaillir. Je remontai sur le pont, et l'air frais me rendit mes forces.

Il y a à côté de moi deux Allemands, qui paraissent être des artisans et qui causent entre eux sans se gêner, croyant sans doute qu'on ne les comprend pas.

« Que verrons-nous en Angleterre? dit l'un d'eux. Les Français, nous les connaissons ; ils ne valent pas grand'chose.

— Je crois, répond l'autre, que les Anglais ne nous plairont pas davantage. Où trouver mieux que notre chère Allemagne, que les bords du Rhin?

— Où trouver un autre Weindorf? reprend le premier en souriant. C'est là que demeure Annette.

— Vrai! C'est là que demeure Annette... Non loin de là habite aussi Louise, poursuit son camarade en poussant un profond soupir.

— Pas loin, en effet.

— Encore six ou sept mois, reprend le premier après un moment de silence, et nous sommes en Allemagne !

— Sur les bords du Rhin !
— Là où demeure Annette !
— Là où habite Louise !
— Fasse Dieu ! fasse Dieu ! » s'écrient-ils d'une commune voix, tout joyeux et en se donnant de grosses poignées de main.

On aperçoit déjà Douvres et ses hautes tours qu'on illumine la nuit, et qui servent de fanaux aux navigateurs. Nulle verdure aux environs : des plaines et des collines de sable, rien autre chose.

Nous ne sommes plus loin du rivage, mais non pas encore hors de danger : une rafale peut emporter notre navire dans l'immensité des mers ; elle peut le briser contre des écueils invisibles et nous faire engloutir par les abîmes...

Douvres.

Terre ! terre ! Nous voici à Douvres ! Nous touchons le sol de la Grande-Bretagne.....

NOTE A LA PAGE 238.

Nous croyons devoir dire que les opinions de Karamzine concernant les réformes de Pierre le Grand se sont modifiées dans la suite, et qu'il est arrivé à des conclusions différentes, sinon diamétralement opposées à celles qui sont exprimées dans cette lettre.

Dans un Mémoire intitulé « De l'ancienne et de la nouvelle Russie », mis en 1811 sous les yeux de l'empereur Alexandre, Karamzine a tracé d'une main hardie, avec une concision et un fini dans l'expression qu'on ne lui connaissait pas encore, le tableau des phases diverses de la civilisation russe. Cherchant à réhabiliter le passé, il présente d'abord « l'ancienne Russie » non pas comme une masse informe et inerte où, suivant le mot de Fontenelle, « tout est à faire et rien à perfectionner, » mais comme un corps d'État considérable, vivant de sa propre vie politique, morale et religieuse, ayant déjà, au prix d'efforts inouïs, progressé dans ses mœurs et ses institutions, et qui méritait par conséquent qu'on tînt compte de son histoire, de son tempérament national, et qu'on respectât autant que possible ses coutumes. L'auteur continue ainsi :

« Pierre apparut... La postérité a rendu justice aux

grandes qualités personnelles et aux grandes actions de ce prince. Doué d'un esprit pénétrant, d'une volonté de fer, d'une activité infatigable, il organisa l'armée, remporta de brillantes victoires, triompha d'un ennemi vaillant et habile, conquit la Livonie, créa une flotte, des ports de mer, fit de sages lois, encouragea les fabriques, l'exploitation des mines, fonda des écoles, une académie, et fit entrer la Russie dans le système des États européens. Le trait le plus saillant de son génie, c'est qu'il sut employer les hommes d'après leurs capacités naturelles. Les grands capitaines, les administrateurs intelligents naissent également à toutes les époques; mais il faut les deviner et les choisir, et un bon choix, les grands génies seuls sont capables de le faire. Pierre eut ce rare talent.

« Cependant nous autres Russes, qui connaissons notre histoire, dirons-nous comme les étrangers qui l'ignorent, que Pierre a créé de toutes pièces notre puissance politique? Pourrions-nous oublier Ivane Ier et Ivane III, qui tirèrent pour ainsi dire du néant un État considérable, et, ceci n'est pas moins important, fondèrent un pouvoir ferme et absolu? Pierre a fait de grandes choses, mais il en a trouvé les moyens préparés par ses prédécesseurs. Et tout en glorifiant ce monarque, devons-nous perdre de vue le côté regrettable de son règne si éclatant?

« Qu'on passe l'éponge sur ses défauts personnels, soit. Mais n'a-t-il pas franchi les bornes d'une sage réserve en se passionnant pour les usages des peuples étrangers? N'a-t-il pas méconnu cette vérité, que l'esprit national est un élément nécessaire de la puissance des États? C'est cet esprit national, joint à l'amour indélébile pour la foi de ses pères, qui a sauvé la Russie de sa perte à l'époque des « imposteurs ». Cet esprit n'est pas autre chose que l'estime qu'on fait de sa dignité morale. En déracinant les anciens usages, en les dénigrant ou les ridiculisant, le Tsar rabaissait ses sujets à leurs propres yeux. Or, le mépris de soi-même, est-ce là un sentiment qui porte l'homme et le citoyen aux belles actions? L'amour de la patrie tient en majeure partie aux petits détails de la vie nationale qui, aux yeux d'un cosmopolite, ne sont qu'indifférents, mais qu'un génie politique regarde comme autant de ressorts utiles à ses grandes vues. La civilisation est un bien précieux sans doute; mais en quoi consiste la civilisation? Dans la pleine possession de tout ce qui peut contribuer à notre bien-être: les arts et les sciences n'ont pas d'autre objet. Eh bien! le costume, le régime culinaire, la barbe des anciens Russes, tout cela était-il un obstacle à la propagation des lumières? Un peuple peut emprunter à un autre ses connaissances ou ses idées sans s'approprier pour cela ses usages. Que les habitudes se modifient successivement et d'elles-mêmes, rien de mieux, mais les régenter par des actes législatifs, c'est là un excès intolérable du pouvoir absolu. La nation, en se donnant un maître, lui a dit : « Faites régner la sécurité publique au dedans et au dehors; sacrifiez, s'il le faut, la partie pour le tout. » Elle n'a pu lui dire : « Contrariez selon votre bon plaisir nos coutumes et les habitudes de notre vie privée. » Sous ce rapport le prince ne peut agir que par l'exemple; par ordonnance, jamais!

« Il faut du temps pour consolider de nouvelles institutions; et la vie de l'homme est si courte! Pierre fut donc obligé de se borner à réformer la noblesse. De là une conséquence fâcheuse : autrefois, la conformité des usages rapprochait, du moins extérieurement, toutes les classes de la nation; depuis la réforme, la haute société fut comme retranchée ou séparée du peuple, et le cultivateur, le bourgeois ne virent plus en quelque sorte dans les nobles russes que des étrangers. Ces différences ne tendent-elles pas à diminuer la cohésion nécessaire des éléments constitutifs de l'État?... Une imitation servile dans les relations sociales fut dès lors regardée comme une vertu et comme un mérite particulier.

« Le train des habitudes domestiques changea aussi par l'initiative du Tsar. Les seigneurs tinrent maison ouverte ; leurs femmes et leurs filles, quittant les appartements où elles étaient confinées, furent obligées de paraître dans de bruyants salons, où les deux sexes confondus se livrèrent aux plaisirs de la danse et de la bonne chère. On se permit des libertés, on contracta des liaisons passagères ou dangereuses, des amitiés fragiles, au détriment des liens sacrés du sang et de l'amour conjugal.

« Je ne prétends pas dire par là que nous valons moins que nos ancêtres. Je crois au contraire que nous les surpassons en savoir et même en moralité, puisqu'un sentiment plus développé nous fait quelquefois rougir là où ils ne voyaient, eux, aucun sujet de blâme ou de honte. Nous avons acquis, à la vérité, certaines vertus morales, mais nous avons perdu quelque chose de notre vertu politique. Le nom de *Russe* n'a plus pour nous la magie qu'il avait jadis pour nos pères. Initiés bien avant Pierre aux avantages d'une civilisation étrangère, ils avaient néanmoins cette conviction intime qu'un Russe orthodoxe est supérieur aux autres hommes, et que la sainte Russie est le premier pays du monde. Qu'ils se soient trompés, qu'importe, si cette illusion exaltait leur patriotisme et leur force morale !... Nous sommes devenus cosmopolites ; nous ne sommes plus les citoyens ou les fils dévoués de notre pays natal. La faute en est à Pierre Ier.

« Il est grand sans doute. Il l'eût été plus encore, s'il avait trouvé moyen de nous éclairer sans affaiblir en nous la conscience de notre valeur propre, sans étouffer le germe de nos vertus publiques et privées.

« . . . . Or, les coutumes nationales étaient si vivaces, que Pierre, lui qui avait à un certain point l'idée de la liberté humaine, fut obligé de recourir à toutes les rigueurs du despotisme pour dompter des sujets qui d'ailleurs lui étaient si dévoués. La chancellerie secrète travailla jour et nuit : des tortures, des supplices, furent les moyens de notre réformation sociale! Quelques-uns aimèrent mieux mourir pour l'honneur du kaftane et d'une partie de leur barbe, que de s'en séparer. Il leur semblait, à ces malheureux, qu'en les forçant d'abjurer ces usages, on leur enlevait la patrie même.

« Mais la volonté de Pierre était inflexible comme son pouvoir absolu. Rien ne l'effrayait ni ne l'arrêtait.

« En somme, les fautes même d'un homme supérieur témoignent de sa puissance. Elles sont ineffaçables ; on ne peut les corriger. Ce qu'il a fait de bon et de mauvais demeure à jamais. Son génie a lancé la Russie dans une voie nouvelle : il serait impossible de revenir à un état de choses qui n'est plus. »

Il y a entre ce passage du Mémoire et la lettre de 1790 un contraste frappant. On comprend qu'en faisant cette citation nous n'avons pas cédé au désir de mettre un esprit aussi éminent en contradiction avec lui-même. Toute vérité a ses antinomies : les signaler l'une après l'autre n'est pas se contredire. Le bien ici-bas est mêlé au mal, l'imperfection étant le stigmate de toutes les productions de l'homme, des hommes de génie et de leurs plus grandes actions. Le contraste est dans la nature des choses.

Deux circonstances en particulier ont pu influer sur l'esprit de Karamzine en 1811. D'abord, les réformes qui s'opéraient sous ses yeux à l'instigation de Speransky provoquaient une sourde opposition, dont il se fit l'éloquent et courageux interprète. Ce rôle devait le rendre également hostile à tout procédé violent, y compris ceux dont s'était servi Pierre le Grand. Puis, Karamzine travaillait à l'*Histoire de Russie*, et à ce moment il était entré fort avant dans l'étude des origines slaves. Il y avait trouvé les traces d'anciennes vertus qui valaient bien les mœurs réformées de son temps. Il se mit donc à regretter le passé et à blâmer celui qui n'avait pas su le respecter. Quels que soient les motifs de ce revirement, il était sincère et avait sa raison d'être dans les éléments qui constituent l'opinion publique en Russie. Aujourd'hui même il y a deux partis opposés : l'un voudrait voir revivre un état de choses plus normal, l'ancienne Russie, qui n'a été que mutilée par l'influence de l'étranger; l'autre se plaît à confondre l'avenir de la patrie avec celui de l'Europe ou de l'Amérique, et désirerait se rapprocher le plus possible de la civilisation de ces pays. Il y aurait, peut-être, un troisième parti à recommander, celui que l'Apôtre a indiqué quand il a dit : « Éprouvez tout et gardez le meilleur »... Quoi qu'il en soit, il paraît que Janus au double front, avec sa clef et sa verge, sera longtemps encore le symbole de la Russie comme il a été le symbole de Rome, et c'est ce qui donne à ces discussions rétrospectives un intérêt qu'elles n'auraient pas ailleurs.

Au fond, toutes les critiques qu'on a pu faire à propos des réformes de Pierre le Grand se résument par cette boutade de J. J. Rousseau : « Le tsar Pierre n'avait pas le vrai génie, celui qui crée et fait tout de rien. Il a voulu d'abord faire des Allemands et des Anglais, quand il fallait commencer par faire des Russes[1]. » Il faudrait commencer par réfuter ce propos, s'il ne l'avait été d'une manière péremptoire et spirituelle par Voltaire, qui a tancé « le Genevois » pour sa suffisance et son étourderie, et qui a dit entre autres choses : « Jean-Jacques n'a pas vu qu'il fallait se servir d'abord des Allemands et des Anglais pour faire des Russes[2]. » Remarquons de plus qu'il n'a pas suffi à Pierre le Grand de *se servir* des étrangers : on l'avait fait avant lui. Il a voulu que la Russie cessât d'être étrangère à l'Europe et qu'elle devînt elle-même européenne sous tous les rapports.

Oui, les innovations du Tsar ont été brusques, violentes, cruelles même. Plaignons la génération qui les a portées et qui a dû en subir le choc. Elle était sacrifiée et elle le sentait : de là sa ténacité à conserver les coutumes des aïeux, d'anciens usages qu'on lui imputait à crime sans motif apparent. Montesquieu n'a été que superficiel quand il a dit ironiquement : « Certain peuple a longtemps pris la liberté pour l'usage de porter une longue barbe; » et en note : « Les Moscovites ne pouvaient souffrir que le tsar Pierre la leur fît couper. » Le fait est qu'ils se croyaient le droit de porter une barbe, et ce qu'ils ne pouvaient souffrir, c'est la persécution qui blessait leur liberté individuelle dans les choses minimes.

Ceci une fois admis, qu'on nous demande si les réformes en question étaient nécessaires, et nous dirons qu'elles étaient urgentes. Il fallait à tout prix se mettre au niveau des autres pays. Une lutte suprême allait com-

---

1. *Contrat social,* liv. II, ch. VIII.
2. *Dictionnaire philosophique* (Pierre le Grand et J. J. Rousseau), t. XXXI, p. 428, éd. Beuchot.

mencer. Le vautour du Nord planait déjà sur la Russie ; il l'eût mise en lambeaux et l'aurait roulée à ses pieds, comme il a fait avec la Saxe et la Pologne, si le héros de Poltava ne s'était mis en garde. Et pour cela, pour sauver la nation russe, il fallait la réveiller de son sommeil, vaincre ses préjugés, ses méfiances et sa superstition ; il fallait la précipiter, comme Mentor précipita un jour Télémaque, dans les flots d'une mer écumante.

Nous ne pouvons pas, cela va sans dire, traiter ici cette question à fond. Disons seulement qu'aujourd'hui ce n'est plus de l'adoption d'un costume qu'il s'agit, mais du discernement qu'il importe de mettre avant tout dans le choix et l'appropriation des idées qui bouillonnent confusément au sein des nations européennes, et qui, traduites en textes de lois ou en articles de journaux, exercent une influence utile ou funeste sur les destinées d'un grand pays.

APERÇU SOMMAIRE

DES

LETTRES D'UN VOYAGEUR RUSSE.

Notre travail devant être achevé pour un jour donné (le 1er décembre), nous avons été forcé d'abréger et de mettre de côté un certain nombre de ces lettres. Nous avons sacrifié d'abord celles qui, écrites au commencement du voyage, nous semblaient offrir le moins d'intérêt.

Le nord de l'Allemagne, que notre voyageur a dû traverser avant d'arriver à Weimar, était à cette époque un pays peu curieux et peu attrayant : de grands espaces boisés, de pauvres campagnes soumises au régime féodal, quelques villes, et dans ces villes aucun mouvement, une vie monotone, étroite et gênée. Frédéric II venait de mourir ; le caporalisme et la scolastique dominaient en Prusse. Aussi n'y rencontrait-on sur sa route que de vieux majors alternant avec des étudiants en philosophie ou en théologie, etc. Une visite à Kant et à d'autres savants, voilà tout ce que Karamzine a pu noter dans son journal d'un peu intéressant.

Nous regrettons davantage ses lettres sur l'Angleterre, le dernier pays qu'il a vu, car il est revenu à Saint-Pétersbourg par mer. Il parle assez longuement de Londres et de la vie anglaise. Il a visité les prisons, les hospices, Greenwich, Westminster; il a vu les élections au Parlement, le jury, les courses, les théâtres, il ne néglige pas de dire quelques mots sur les sciences et la littérature. Outre l'importance de ces objets, l'auteur y ajoute le poids de ses réflexions, et il faut convenir qu'à force de voir et de comparer, il avait gagné lui-même en expérience et en sagacité : il cède moins à l'imagination; ses observations ont plus de netteté, ses jugements plus de profondeur. Un jour peut-être aurons-nous l'occasion de compléter ce qui manque ici.

Nous voulions donner au moins un aperçu général de l'ouvrage, et en cela nous avons été bien servi par la fortune. Il existe un compte rendu des *Lettres d'un voyageur russe*, fait par Karamzine lui-même, voici dans quelles circonstances :

En 1797, des notabilités littéraires de l'émigration française fondèrent à Hambourg une revue internationale, le SPECTATEUR DU NORD. La Rédaction de cette Revue ayant demandé à Karamzine des articles sur la littérature russe, il en fit un, dans lequel, après quelques généralités sur les temps anciens, il parla de son œuvre, qui venait de paraître à Moscou en cinq volumes, et qui était en effet l'événement du jour en Russie. Nous insérons ici ce morceau, qui donnera en même temps une idée de la prose française de Karamzine. Le voici :

« Cet ouvrage doit en partie son succès à la nouveauté du sujet pour les lecteurs russes. Depuis assez longtemps nos compatriotes voyagent dans les pays étrangers ; mais aucun d'eux, jusqu'à présent, ne s'est avisé de le faire la plume à la main. L'auteur de ces lettres a eu le premier cette idée, et il a parfaitement réussi à intéresser le public. C'est un jeune homme avide de voir la nature là où elle se présente sous des aspects plus riants, plus majestueux que dans notre pays, et surtout avide de voir les grands écrivains dont les ouvrages ont développé les facultés de son âme. Il s'arrache des bras de ses amis, il part.

« Tout l'intéresse : les curiosités des villes, les nuances qui distinguent leurs habitants dans la manière de vivre, les monuments qui lui rappellent quelques faits d'histoire, les traces des grands hommes qui ne sont plus, les sites agréables, la vue des champs fertiles et celle de la mer immense. Tantôt il visite un vieux château abandonné et en ruine pour y rêver à son aise ; tantôt il se présente chez des écrivains célèbres, sans autre recommandation que son enthousiasme pour leurs écrits ; et presque toujours il en est bien reçu. Mais quelquefois il essuie aussi de petites mortifications. Kant, Nicolaï, Ramler, Moritz, Herder, l'accueillent avec une aménité et une cordialité qui l'enchantent ; et alors il se croit transporté dans ces temps anciens où les philosophes allaient voir leurs semblables dans les pays les plus éloignés et trouvaient partout des hôtes hospitaliers et des amis sincères. Mais quand l'illustre auteur d'*Agathon*, dans un accès de mauvaise humeur, lui dit : « Monsieur, je ne vous connais pas! » il est étonné, pétrifié. Déjà il veut s'éloigner et renoncer à sa manie pour cette sorte de visites ; mais le bon Wieland s'adoucit, change de ton, le retient, lui parle avec confiance ; et le jeune voyageur, après avoir passé trois heures dans le cabinet de ce grand poëte, lui dit adieu, pénétré de reconnaissance et pleurant d'attendrissement.

« C'est à Francfort-sur-le Mein qu'il apprend la nouvelle de la Révolution française ; il en est vivement agité. Il entre en Alsace, n'y voit que des troubles, n'entend parler que de vols, d'assassinats, et court en Suisse pour y respirer l'air d'une liberté paisible. Il traverse ces beaux vallons où les laboureurs jouissent tranquillement des fruits de leur travail ; il gravit les montagnes les plus élevées, couvertes de neiges éternelles, et là, sur leur cime majestueuse, il fléchit le genou pour adorer le père de l'univers. Il vit familièrement avec les bergers des Alpes, ne devient que trop sensible à la beauté des bergères, et ne descend qu'à regret dans les plaines. A Zurich, il fréquente Lavater, dont il aime la franchise et la philanthropie, sans partager néanmoins toutes ses opinions. Il se plaît à Berne, à Lausanne, à Vevey ; il relit à Clarens les lettres les plus passionnées de la *Nouvelle Héloïse*, et se fixe à Genève. Il est admis dans tous les cercles, dans toutes les sociétés de cette charmante ville, assiste dans la maison de Mme C... aux leçons mystiques d'un comte émigré, fait la connaissance du savant Bonnet, et passe à Genthod des heures délicieuses, *en contemplant*, comme il le dit, *le contemplateur de la nature à la veille de son départ pour les régions célestes ; en lisant sur son front auguste cette douce tranquillité, ce paisible sommeil d'une âme qui, après avoir déployé toute son activité et atteint le plus haut degré de la perfection intellectuelle, n'a plus rien à faire sur la terre.* On trouve d'intéressants détails sur cet homme célèbre, ami fidèle, bon époux, plein de bienveillance pour les hommes et bienfaiteur des pauvres.

« L'auteur fait des excursions en Savoie, en Suisse ; croit voir l'ombre de J. J. Rousseau dans l'île de Saint-Pierre, lui parle dans ses extases, et revient à Genève lire la suite de ses *Confessions* qui venait de paraître. Il visite souvent le château de Ferney, d'où partaient autrefois ces traits de lumière qui ont dissipé les ténèbres de la superstition en Europe, ces traits d'esprit et de sentiment qui faisaient tantôt rire et tantôt pleurer tous les hommes.

« Enfin il dit adieu au beau lac de Genève, attache à son chapeau la cocarde tricolore, entre en France, et après un court séjour à Lyon arrive à Paris.

« C'est ici que le lecteur l'attendait ; c'est ici que ses lettres acquièrent plus d'intérêt et de variété. D'abord il est étourdi par le spectacle de la plus grande et de la plus bruyante ville du monde ; il sent le besoin du recueillement, et sort de Paris pour le peindre. C'est dans le charmant bois de Boulogne, à l'ombre des arbres touffus, tandis que des cerfs viennent jouer autour de lui, qu'il esquisse le tableau de cette capitale, et qu'il rend compte des impressions qu'elle a faites sur lui. « L'histoire de Paris, dit-il ensuite, est celle de la France et de la civilisation. » Il donne en abrégé cette histoire dans ses traits les plus caractéristiques et conclut ainsi :

« *La nation française a donc passé par tous les degrés de*

la civilisation pour arriver au point où elle se trouve actuellement. En comparant sa marche si lente au vol rapide de notre peuple vers le même but, on crie au miracle; on s'étonne de la toute-puissance d'un génie créateur qui, arrachant tout d'un coup la nation russe au sommeil léthargique dans lequel elle était plongée, l'a poussée dans la carrière des lumières avec tant de force que bientôt elle a marché de front avec des peuples qui y cheminaient depuis des siècles. Mais ici, d'autres idées et d'autres images se présentent à mon esprit. Ces édifices qu'on élève avec trop de précipitation sont-ils solides? La marche de la nature n'est-elle pas toujours graduelle et lente? Ces déviations brillantes peuvent-elles être durables et sûres? Ces enfants, à qui l'on apprend trop de choses dès leurs premières années, deviennent-ils de grands hommes?... Je me tais.

« Notre voyageur assiste aux discussions bruyantes de l'Assemblée nationale, admire les talents de Mirabeau, rend justice à l'éloquence de son adversaire l'abbé Maury, et compare leurs luttes à celles d'Achille et d'Hector. Il est introduit dans quelques sociétés de Paris, voit encore d'aimables marquis, de charmants abbés, des femmes auteurs; il les entend raisonner sur la sensibilité *expansive* et se lamenter sur la ruine de la bonne compagnie, comme sur l'effet *le plus funeste* de la Révolution. Il s'ennuie passablement dans leurs salons, et court, pour se délasser, aux théâtres qui l'enchantent. Les académies, les monuments des arts, le Palais-Royal, les environs de Paris, font le sujet de quelques lettres assez longues. Celle qui contient des anecdotes curieuses, des traits singuliers, des caractères remarquables, est très-piquante. Le voyageur qui est allé frapper à la porte des écrivains allemands manquerait-il de présenter ses hommages aux littérateurs français ? Dans une séance de l'Académie des belles-lettres, il aborde avec respect l'auteur d'*Anacharsis,* et lui fait quelques compliments *à la scythe* ou *à la russe,* que le sage Barthélemy accueille avec cet air d'aménité qui caractérisait la politesse athénienne. Notre voyageur croit voir en lui le sage Platon recevant chez lui le jeune Anacharsis, et cette analogie de situation le flatte infiniment. Il réfute un romancier allemand qui avait dépeint Marmontel comme un homme peu poli et d'un extérieur désagréable ; il trouve au contraire dans le ton et dans la physionomie de l'auteur des *Contes moraux* cette finesse et cette douce expression de sentiment qui fait aimer les productions de sa muse. Ce qu'il dit de Bailly et de Lavoisier est comme un pressentiment douloureux de leur fin tragique.

« Enfin, l'auteur va parler de la Révolution... On s'attendrait à une longue lettre ; mais elle ne contient que quelques lignes ; les voici :

« *La Révolution française est un de ces événements qui fixent la destinée des hommes pour une longue suite de siècles. Une nouvelle époque commence, je le vois ; mais Rousseau l'a prévu. Lisez une note dans* Émile, *et le livre vous tombera des mains*[1]. *J'entends des déclamations pour et* contre, *mais je suis loin d'imiter ces crieurs. J'avoue que mes idées là-dessus ne sont pas assez mûres. Les évé-*

---

1. « Nous approchons de l'état de crise et du siècle des révolutions. » Et en note : « Je tiens pour impossible que les grandes monarchies de l'Europe aient encore longtemps à durer : toutes ont brillé, et tout État qui brille est sur son déclin. J'ai de mon opinion des raisons plus particulières que cette maxime ; mais il n'est pas à propos de les dire, et chacun ne le voit que trop. » *Émile,* liv. III, p. 348 (édition de 1823).

nements se suivent comme les vagues d'une mer agitée, et l'on veut déjà regarder la Révolution comme finie! Non! non! On verra encore bien des choses étonnantes; l'extrême agitation des esprits en est le présage. Je tire le rideau.

« Puis, en parlant du caractère français, il dit : « Je vous nomme l'*air* et le *feu*, et le caractère des Français est défini. En effet, c'est la nation la plus spirituelle, la plus sensible et la plus légère. Toutes les qualités sociales et tous les mouvements qui en proviennent sont chez les Français à l'apogée de leur perfection. Tout vous sourit ici; et ce sourire de politesse, que nous voudrions imiter en vain, et qui, chez un Allemand, chez un Anglais, n'est très-souvent qu'une affectation désagréable (pour ne pas dire une *grimace*), est quelque chose de si naturel, de si gracieux chez ces Français aimables! Je chéris ma patrie; mais que l'on me permette d'aimer aussi ce peuple et ses manières séduisantes, qui attireront toujours les étrangers en France. On dit que ce n'est pas ici qu'il faut chercher des amis sincères. Des amis! Ah! ils sont rares dans tous les pays, et ce n'est pas à un voyageur d'en trouver, lui qui n'est qu'une comète qui paraît et disparaît. L'amitié est un besoin de la vie; on veut quelque chose de solide pour son objet. Mais tout ce qu'un étranger peut raisonnablement exiger des gens qu'il vient voir de loin, les Français le lui offrent de la manière la plus obligeante. Cette légèreté, cette inconstance, qu'on leur reproche justement, et qu'il faut bien placer parmi les défauts de caractère, sont rachetées chez eux par de belles qualités de l'âme, qui tiennent à ces mêmes défauts. Le Français est changeant; mais, en revanche, il n'est pas haineux; l'admiration le fatigue; la haine aussi. Étourdi, il quitte souvent le bien pour autre chose, rit le premier de ses erreurs, et en pleure même, s'il le faut. La gaieté, la folie, sont les compagnes de sa vie ; *le petit mot pour rire* leur fait autant de plaisir que la découverte d'une nouvelle île à l'Anglais avare, qui regarde le monde et les hommes comme un objet de spéculation pour la Bourse de Londres. Sensible à l'extrême, il devient l'amant le plus passionné de la vérité, de la gloire, de tout ce qui est grand et beau ; mais les amants sont volages ! Ces moments d'engouement, d'enthousiasme, de colère, peuvent le porter à des excès terribles : ceux de la Révolution en fournissent la preuve. Enfin ce serait bien dommage si ce grand événement devait changer tout à fait le caractère de la nation ; je crois qu'elle perdrait au change et cesserait d'être ce qu'elle a toujours été à mes yeux, *la plus aimable* de toutes les nations. »

« Après un séjour de près de quatre mois à Paris (qui lui ont paru bien courts), notre voyageur fait ses paquets, monte en diligence, et le voilà à Calais, cueillant des fleurs sur le tombeau prétendu du père Lorenzo. Il s'embarque pour Douvres, jette sa cocarde tricolore dans la mer, fait à la France ses derniers adieux, forme des vœux pour son bonheur, met pied à terre ; — et la première chose qui le frappe en Angleterre c'est la beauté des femmes, la douce langueur de leurs regards, l'expression de sensibilité dans tous leurs traits, qui paraît dire : *Je sais aimer !*

« Je crains que cet extrait ne soit par trop long, et je passe sous silence les dix lettres où le voyageur rend compte de son séjour à Londres, des connaissances, des observations qu'il y fait. Enfin il se résume et dit : « J'aime l'Angleterre, mais je ne voudrais pas y passer toute ma vie. J'aime l'aspect de ses villes superbes et de ses campagnes riantes, ses parcs et ses prairies ; mais je n'aime pas son triste climat, ses brouillards éternels qui cachent le soleil. J'aime le caractère ferme des Anglais et même leurs singularités, mais je n'aime pas leur phlegme morose. J'aime leur industrie, leur probité dans les affaires; mais je n'aime pas leur avarice étudiée, qui médite la ruine des autres peuples, ni leur mépris pour la pauvreté, qui révolte mon cœur. J'aime à les voir fiers de leur constitution; mais je n'aime pas le trafic de leurs votes aux élections. J'aime la facile élocution de Sheridan, de Fox, etc.; mais je n'aime pas leur froide action, ni la chute monotone de leurs périodes. J'aime les tragédies de Shakespeare, mais je n'aime pas la manière insipide dont on les joue à Londres. J'aime assez la cuisine anglaise, mais je n'aime pas du tout cette longue durée des repas, où l'on boit beaucoup et où l'on s'amuse peu. Enfin j'aime les Anglaises plus que les Anglais, parce qu'elles sont, pour la plupart, bien élevées, sentimentales et romanesques, ce qui est de mon goût. Je reviendrais avec plaisir en Angleterre, mais je la quitte sans regret. »

« La dernière lettre est datée de Cronstadt. La voici pour terminer cet extrait :

« Terre, terre! je te salue, ô ma patrie! Je vous salue, ô mes tendres amis! Encore quelques jours, et vous me verrez au milieu de vous! Suis-je content du résultat de mon voyage? Oui, je le suis; j'ai joui, et cela suffit. J'ai vu les bords fleuris du Rhin, les Alpes, le beau lac de Léman, les plaines riantes de la France, les champs fertiles de l'Angleterre, et je ne les oublierai jamais. J'ai vu de grands hommes, et leur image s'est imprimée dans mon âme, idolâtre de tout ce qui est beau dans la nature humaine. J'ai vu les premières nations de l'Europe, leurs mœurs, leurs usages, et ces nuances de caractère qui résultent du climat, des différents degrés de civilisation, et surtout de la forme du gouvernement; j'ai vu tout cela, et j'ai appris à être réservé dans mes jugements sur le mérite et le *démérite* des peuples entiers. Enfin j'ai de quoi occuper ma raison, mon esprit et mon imagination pendant les heures de ce doux loisir qui est l'objet de mes vœux. Que les autres courent après la fortune et les rangs; je méprise le luxe et ces marques futiles de distinction qui éblouissent le vulgaire; mais je voudrais mériter de ma patrie; je voudrais me rendre digne de l'estime publique; — et si l'amour-propre ne m'aveugle point, je peux y parvenir en cultivant le plus beau de tous les arts, celui d'écrire, qui est la source de tant de délices pour les âmes délicates, et qui remplit si bien le vide de la vie. *Il n'y a rien de beau que ce qui n'est pas,* a dit J. J. Rousseau. Eh bien, si ce beau nous échappe toujours, comme une ombre légère, saisissons-le du moins par notre imagination; élançons-nous dans les régions des douces chimères, esquissons le beau idéal, trompons-nous nous-mêmes et ceux qui sont dignes d'être trompés. Ah! si je ne sais pas trouver le bonheur dans la vie, je saurai peut-être le peindre; c'est toujours être heureux en quelque façon : c'est toujours quelque chose!... Mes amis, préparez-moi une habitation champêtre bien simple, mais où règne la propreté, avec un petit jardin, où l'on puisse trouver un peu de tout, de la verdure, des fleurs pour le printemps, de l'ombre pour l'été, des fruits pour l'automne. Que j'aie dans mon cabinet du feu dans la cheminée en hiver, et des livres pour toutes les saisons! L'amitié y viendra partager mes plaisirs et mes peines; quant à l'amour... nous en parlerons dans nos vers! » L'auteur en a beaucoup fait depuis. » (*Extrait du* SPECTATEUR DU NORD, *cahier d'octobre 1797.*)

Les passages imprimés *en italiques* ne se trouvent dans aucune des éditions connues des *Lettres*. L'auteur, usant de son droit, a donné des développements à des pensées qu'il n'avait fait que résumer ou qu'ébaucher auparavant. On remarquera surtout dans l'un de ces passages une évolution de l'idée patriotique chez Karamzine, qui émet des doutes sur la solidité du progrès trop accéléré de la Russie. Il y avait déjà quelque temps qu'il était revenu de l'étranger. Il avait vu l'original, il voyait la copie; il devenait sceptique. Le scepticisme était bien permis en 1797.

Nous sommes heureux de tirer de l'oubli, pour l'offrir au public, le compte rendu que l'on vient de lire, et dans lequel l'auteur s'est impartialement jugé lui-même. Il nous dispense de faire une Table des matières contenues dans ce volume, un pareil travail étant assez embarrassant et à peu près inutile pour une composition aussi fragmentaire de sa nature.

FIN.

PARIS — IMPRIMERIE DE J. CLAYE, RUE SAINT-BENOIT, 7.

www.ingramcontent.com/pod-product-compliance
Lightning Source LLC
Chambersburg PA
CBHW060346190426
43201CB00043B/867